PLAIDOYER POUR LA VIE

DU MÊME AUTEUR

Panzi, avec le Dr Guy-Bernard Cadière, Éd. du Moment, 2014.

DENIS MUKWEGE

avec Berthild Akerlund

PLAIDOYER POUR LA VIE

l'Archipel

Avec le soutien du prix Roi Baudouin pour le développement en Afrique.

Prix Roi Baudouin
pour le Développement en Afrique

Collaboration éditoriale : Marc Schmitz

Ce livre est publié avec l'aimable autorisation de l'agence littéraire Wandel Cruse, Paris.

Notre catalogue est consultable à l'adresse suivante :
www.editionsarchipel.com

Éditions de l'Archipel
34, rue des Bourdonnais
75001 Paris.

ISBN 978-2-8098-2053-9

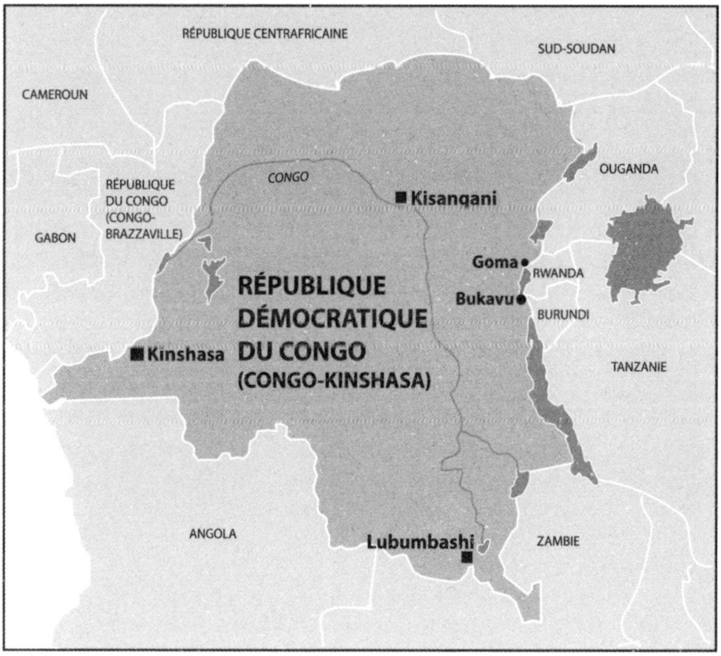
RÉPUBLIQUE CENTRAFRICAINE
SUD-SOUDAN
CAMEROUN
OUGANDA
RÉPUBLIQUE
DU CONGO
(CONGO-
BRAZZAVILLE)
CONGO
Kisangani
GABON
Goma
RWANDA
RÉPUBLIQUE
DÉMOCRATIQUE
DU CONGO
(CONGO-KINSHASA)
Bukavu
BURUNDI
Kinshasa
TANZANIE
ANGOLA
Lubumbashi
ZAMBIE

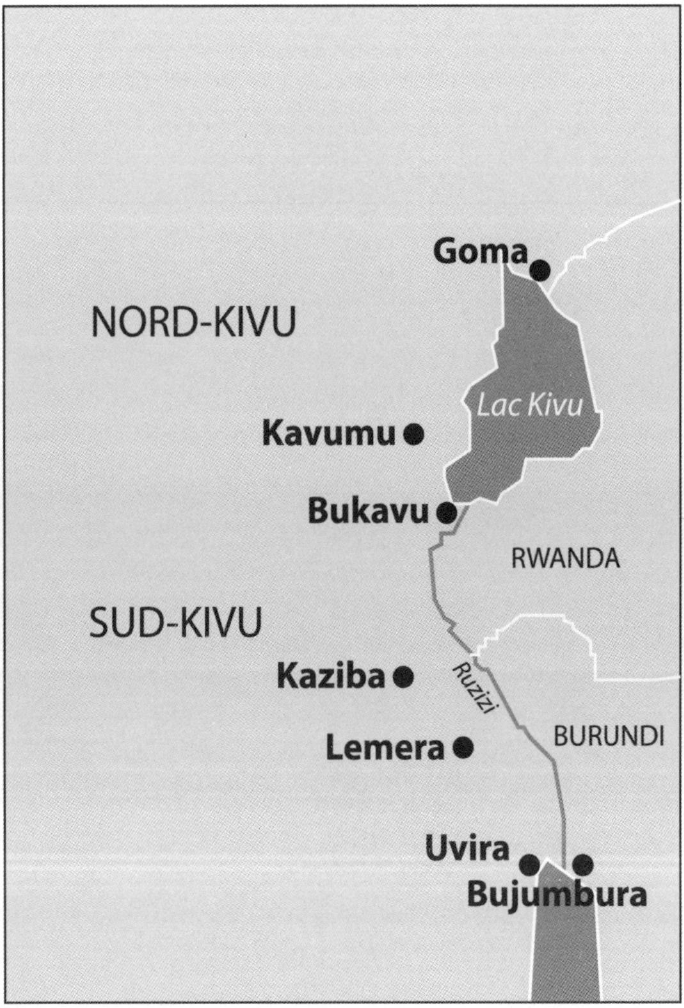
Goma
NORD-KIVU
Lac Kivu
Kavumu
Bukavu
RWANDA
SUD-KIVU
Kaziba
Ruzizi
Lemera
BURUNDI
Uvira
Bujumbura

Prologue

C'était le 25 octobre 2012, en début de soirée. La nuit commençait à tomber quand j'ai arrêté la voiture devant chez moi, dans le quartier nord-est de Bukavu. J'avais fait une petite course ; une vingtaine de minutes d'absence tout au plus.

J'ai tapoté le klaxon – deux coups brefs – afin que le gardien m'ouvre le portail. Mais, curieusement, c'est la petite porte située à côté que j'ai vue s'entrebâiller, puis la tête d'un homme est apparue. Je n'avais encore jamais aperçu cet homme et me suis demandé ce qu'il faisait dans notre cour.

Il a regardé de mon côté avant de disparaître. Le portail s'est ouvert et j'ai vu quelques silhouettes passer vivement devant la voiture. Ils étaient cinq. En quelques secondes, ils se sont engouffrés dans le véhicule, quatre derrière et un devant. Tout s'est passé à la vitesse de l'éclair, je n'ai pas eu le temps de réagir. Ils étaient armés, mais j'ai tout de suite compris qu'il ne s'agissait pas de cambrioleurs ordinaires. Ils avaient l'air disciplinés, et semblaient très bien savoir pourquoi ils étaient là. Dans le plus grand silence, ils m'ont fait signe de rentrer la voiture dans la cour. La maison se trouvait juste en face de nous, et comme toute tentative de fuite paraissait illusoire, j'ai pensé qu'en me tuant moi-même je pourrais les entraîner dans la mort avec moi. La distance entre le portail et la maison suffirait probablement pour provoquer un choc violent.

J'appuyai à fond sur l'accélérateur et le moteur vrombit. L'homme à côté de moi finit par perdre son sang-froid. D'un geste rapide, il saisit mon poignet et le tira pour m'obliger à stopper le véhicule. « Tu veux tous nous tuer ? », dit-il.

C'étaient les seules paroles qui allaient sortir de sa bouche, mais elles suffirent à installer le doute chez moi.

Cette réaction le rendait plus humain. Je me suis alors demandé si j'avais bien évalué la situation. Et si ces personnes étaient venues non pour m'assassiner, mais avec la seule intention de voler ma voiture. À l'un de mes collègues il était récemment arrivé une histoire bizarre. Certes, il n'habitait pas Bukavu mais Goma, à 200 kilomètres environ au nord, mais, tout comme moi, il avait été attaqué par des inconnus dans sa cour. Ils l'avaient forcé à sortir de son véhicule, lui avaient lié les mains dans le dos avant de le pousser de nouveau dans la voiture. L'un de ses agresseurs avait pris le volant et ils étaient partis faire un grand tour, sans but apparent, une balade qui allait durer plus de trois heures. C'est un coup de téléphone leur ordonnant de libérer mon collègue qui mit un terme à leur excursion. Ils le larguèrent dans un cimetière, épuisé mais indemne. Il n'a jamais compris le but de cette expédition… Toujours est-il qu'il n'a plus revu sa voiture. C'est cet épisode qui traversa mon esprit au moment où nous foncions dans le mur. Étais-je en train de me suicider et d'entraîner cinq autres personnes dans la mort pour un simple vol de voiture ?

J'ai appuyé à fond sur la pédale de frein et nous nous sommes arrêtés à un mètre à peine de la maison. J'étais prêt à sortir de la voiture, avec l'idée de la leur abandonner. Mais l'un des assaillants m'a arraché les clés de contact, alors qu'en même temps deux autres pointaient leur arme sur moi ; un pistolet sur la nuque et une mitrailleuse contre ma tempe. Quelques secondes plus tard, celui qui tenait le pistolet m'a pris à bras-le-corps pour me faire sortir du véhicule, tandis que l'homme à la mitrailleuse se postait à côté de moi. J'ai compris pour de bon que ces gens n'étaient pas de simples voleurs de voiture. Que faire ? Peut-être parviendrais-je à m'engouffrer dans la maison ? C'était sans doute l'unique voie de retraite possible. Mais à peine avais-je esquissé un mouvement vers la porte que l'homme à la mitrailleuse me coupa le chemin. Nous nous sommes ainsi retrouvés tous les deux devant ma voiture. Lui tenait le canon à quelques centimètres de mon corps, le doigt sur la détente. Dans son regard et à son attitude, j'ai vu qu'il allait tirer. Accomplir sa tâche. J'allais être assassiné devant chez moi.

Mais, juste au moment où je pensais ma dernière heure arrivée, j'ai entendu des cris, des hurlements. C'était Joseph Bizimana, « Jeff », notre homme à tout faire, qui jaillit de derrière la maison. Les bras levés au ciel, il se précipita sur mon agresseur. Ce fut son dernier acte en ce monde. Chaque fois que j'y pense, une immense peine m'envahit. L'assaillant se retourna rapidement et tira deux coups de feu. Joseph fut touché en plein visage. J'en fus si choqué que je perdis l'équilibre. Un troisième coup de feu allait achever Jeff, cette fois dans le dos, mais je n'eus même pas le temps de m'en rendre compte : je m'écroulai.

Je ne me souviens guère de la suite. Je sais seulement que je suis resté évanoui dans la cour, quelques minutes tout au plus; et, quand j'ai repris conscience, j'étais trop choqué pour comprendre quoi que ce soit. Je me relevai et mes filles Lisa et Denise, elles aussi traumatisées et poussant des cris, me firent entrer dans la maison.

Après avoir entendu ces coups de feu, elles étaient convaincues que j'étais mort, qu'elles avaient perdu leur père. Et voilà que j'apparaissais à la porte, hagard, bouleversé certes, mais sans la moindre égratignure. Comment auraient-elles pu comprendre ce qui venait de se passer?

— Baisse-toi! crièrent-elles. Éloigne-toi des fenêtres, rampe au ras du sol! Ils vont continuer à te tirer dessus!

Cet attentat a eu lieu le lendemain de mon retour d'Europe, où j'avais séjourné une semaine. Après avoir donné une conférence à Genève, lors d'une rencontre importante, j'étais venu à Bruxelles pour participer à la présentation d'un nouveau livre. Un ouvrage auquel j'ai contribué, consacré aux violences sexuelles dans l'est du Congo.

La plupart de mes longs voyages commencent et se terminent à l'aéroport international de Bujumbura, où Ngabo, l'un de mes collaborateurs, vient d'habitude me chercher. Si j'arrive le matin ou en cours de journée, nous prenons directement la route pour Bukavu, mais, cette fois-ci, il s'agissait d'un vol de jour depuis Bruxelles et j'ai atterri vers 20 heures.

Je réserve normalement une chambre d'hôtel quand je sais devoir rentrer tard, mais, ce jour-là, je ne l'avais pas fait. Pour des raisons de sécurité. Personne ne devait savoir que j'avais l'intention de passer la nuit à Bujumbura. Sans avoir le moindre indice d'une menace précise – c'était plutôt le pressentiment que quelque chose pouvait se passer –, je voulais prendre mes précautions.

Mais il était difficile de trouver une chambre. Tous les hôtels paraissaient complets. J'ai même craint à un moment de devoir dormir dans la voiture. Au cinquième hôtel, la réponse fut enfin positive : il restait des chambres libres. Il était 23 heures passées. Affamés, nous avons commandé un repas qu'on nous a servi dans ma chambre.

Nous étions occupés à manger lorsqu'il y eut une coupure d'électricité. Une seconde plus tard à peine, quelqu'un frappa à la porte. Nous n'attendions personne. Mon collaborateur est allé voir et a demandé qui c'était. Silence. Il a répété la question, mais toujours pas de réponse. Nous avons contacté la réception pour avoir une explication : à l'accueil, ils n'avaient rien remarqué d'inhabituel. Tout était comme il se devait, donc pas de raison de s'inquiéter.

Quelques minutes plus tard, un homme est venu raconter que c'était lui qui avait frappé à la porte, dans l'obscurité, pour nous remettre le reçu de la facture d'hôtel. Cette explication nous a paru bizarre puisque nous n'avions pas encore payé – comme d'habitude, nous comptions régler la note au moment du départ, soit le lendemain matin.

Ma nuit en fut gâchée ; je n'ai pas trouvé le sommeil. J'avais de bonnes raisons d'être sur mes gardes. Un mois plus tôt, j'étais intervenu aux Nations unies sur invitation du ministre britannique des Affaires étrangères, William Hague. La Grande-Bretagne, qui allait bientôt présider le G8, voulait mettre à l'agenda la question des violences sexuelles. Une fois de plus, j'avais témoigné en tant qu'expert tout en profitant de cette tribune pour me prononcer sur les causes des problèmes dans les provinces du Kivu. Comme je m'étais par ailleurs livré dans un ouvrage[1], j'avais sans doute, et je m'en rendais compte, défié des forces capables d'aller jusqu'au bout de leur logique. À peu près un an plus tôt, il y avait déjà eu des menaces ; je m'étais alors senti obligé de céder. Et si mon franc-parler avait réveillé de vieux démons ?

Le trajet en voiture entre Bujumbura et Bukavu prend environ deux heures. Quelque 135 kilomètres de route où l'on passe par deux postes-frontières. Nous comptions partir à 7 heures du matin, mais avons finalement reporté notre départ d'une heure. Toujours habité par la peur, je préférais qu'il y ait un peu plus de circulation sur les routes. La fin du parcours passe par le Rwanda et, là, nous avions le choix entre deux chemins. Nous avons opté pour celui que je n'emprunte que rarement. Si quelqu'un nous tendait une embuscade, au moins ne serait-il pas posté au bon endroit, espérions-nous.

Arrivé à Bukavu, j'avais dissipé mes craintes et j'ai aussitôt replongé dans ma vie professionnelle. Nous sommes allés directement à l'hôpital, c'était un jeudi, jour de consultation. De nombreux patients attendaient déjà à la porte. Vers les 15 heures, ma femme Madeleine m'a appelé, me demandant de rentrer à la maison. Comme j'avais été absent durant toute une semaine, elle m'a fait remarquer que je devais aussi penser à la famille.

— J'ai presque terminé, lui répondis-je. Je ne vais pas tarder à me mettre en route.

Après avoir quitté l'hôpital une demi-heure plus tard, je me suis arrêté un instant chez ma mère et, peu après

1. *L'homme qui répare les femmes*, Colette Braeckman, GRIP/André Versaille éditeur, 2012.

16 heures, j'étais à la maison. L'occasion de m'entretenir avec ma femme, de prendre des nouvelles de mes filles. L'intérieur de la maison venait d'être repeint et, vu l'odeur, j'ai préféré dîner dans la cour. Madeleine, très occupée, s'apprêtait pour aller au mariage d'une de ses amies, sa famille ayant organisé le dîner de la cérémonie.

Vers 17 h 30, l'un des responsables juridiques de l'hôpital est passé ; il préparait un voyage et voulait qu'on discute de certaines choses. Il m'a rejoint dans la cour. Notre discussion à peine terminée, Madeleine nous a annoncé qu'elle partait pour le mariage. Le juriste était lui aussi invité, ils ont donc pris la route ensemble. À peine quelques minutes plus tard, quelqu'un a frappé à la porte. C'étaient deux femmes, une mère et une fille, qui voulaient me parler. Ce n'était pas la première fois que des patients débarquaient chez moi. Quand j'en avais le temps et la possibilité, j'acceptais de les recevoir.

La nuit tombait et il commençait à faire frisquet.

— Entrons dans la maison, leur dis-je, je ne veux pas attraper un rhume.

Nous nous sommes assis au salon mais, après une quinzaine de minutes, je leur ai demandé de m'excuser. J'étais très fatigué car je n'avais pas dormi la nuit précédente. Il fallait que je me repose. Alors, me montrant l'un de ses pieds, fort enflé, la plus âgée m'expliqua qu'elle avait du mal à marcher. Si je pouvais seulement les conduire place Molamba, de là elles pourraient prendre le bus ou un taxi.

Ce n'était l'affaire que de quelques minutes. Le temps de faire un ou deux kilomètres, tout au plus… Je suis donc remonté en voiture avec elles. Et c'est pendant ce bref intermède que les cinq assaillants se sont approchés de notre maison. L'un d'eux a probablement sauté par-dessus le mur pour ensuite faire entrer les autres.

Puis ils se sont séparés, et deux d'entre eux ont pénétré dans notre domicile ; mes filles s'y trouvaient, avec une de leurs copines. Ces hommes armés leur ont demandé de s'asseoir sur le sol et de leur remettre leurs portables. Si elles essayaient de crier ou d'attirer l'attention d'une façon ou d'une autre, ils n'hésiteraient pas à leur tirer dessus. Si par contre elles restaient calmes, rien ne leur arriverait.

Nos agresseurs se sont installés tranquillement sur le canapé tout en surveillant les filles, sans piper mot. L'un d'eux avait posé sa mitrailleuse sur ses genoux. Rien ne leur permettait de savoir combien de temps j'allais être absent, mais ils ne montraient aucun signe de stress ou de nervosité. Extrêmement calmes, ils semblaient prêts à m'attendre, quitte à se montrer patients.

Lorsque je suis parti, il y avait quatre hommes dans la cour, dans la petite salle de garde près de la porte : Joseph, le gardien et deux de leurs amis. Pendant que deux des intrus entraient dans la maison, deux autres s'occupaient de la salle de garde : ils ont ligoté mes amis avec leurs propres habits et les ont tenus en joue. Quand à mon retour j'ai klaxonné devant le portail, les assaillants ont réagi au quart de tour. Ils ont immédiatement quitté la salle de garde et la maison, ont ouvert la porte et se sont précipités sur la voiture. En même temps, Joseph a réussi à se libérer et à sortir à leur insu.

C'était à l'instant précis où je me trouvais devant la voiture, une arme braquée sur moi. Joseph s'est enfui en courant vers l'arrière de la maison et a commencé à crier, espérant alerter les voisins. Puis, il est revenu vers l'avant et s'est élancé vers mon agresseur, celui qui tenait l'arme, avec l'intention de le maîtriser. C'est alors que celui-ci a tiré. J'ai eu tout juste le temps d'entendre deux coups de feu avant que tout devienne noir et que je m'évanouisse. De l'intérieur de la maison, mes filles ont entendu plusieurs détonations et, quand les agresseurs se sont enfuis avec ma voiture, six douilles vides jonchaient le sol, devant la porte.

La plus jeune de mes filles m'a pris par la main pour me conduire dans sa chambre; là, elle m'a aidé à m'étendre sur son lit. Je transpirais, je tremblais et je n'avais pas la moindre idée de ce qui m'était arrivé. Tout s'embrouillait dans ma tête.

— Repose-toi, me dit-elle.

J'ai fini par m'endormir. C'est en entendant des voix dans la cour que je me suis réveillé. Quelqu'un venait de mentionner le nom de Joseph. Comme dans un film qui se déroulait sous mes yeux, j'ai revu en rapides et courtes séquences tout ce qui s'était déroulé un peu plus tôt. Au bout de quelques instants, j'avais compris. Comme par réflexe, je me suis assis sur le lit et ma première pensée a été pour Joseph. Je devais sortir, voir dans quel état il se trouvait. Le fait qu'il ait dû être sérieusement blessé par les coups de feu ne m'avait pas échappé mais je ne pouvais accepter l'idée de sa mort. Peut-être qu'une étincelle de vie se trouvait toujours en lui, qu'il pouvait encore être sauvé. J'avais déjà vécu ce genre de situation à l'hôpital – cette femme, par exemple, sur la table d'opération, si grièvement blessée et sans le moindre espoir de survie. Je l'avais néanmoins opérée, c'est mon devoir, en attendant l'issue fatale. Mais la vie avait refusé de céder, elle s'était remise. J'en ai retenu la leçon qu'il n'est jamais trop tard…

J'ai quitté la chambre de Denise et me suis approché de la porte principale. Mes deux filles se sont mises en travers de mon chemin, criant et me suppliant de ne pas sortir.

— Ils vont te tuer!

Pourtant, tel un robot, j'ai poursuivi ; à l'extérieur, j'ai aperçu mon beau-frère. Habitant avec ma belle-mère dans la maison voisine, il avait entendu les cris de Joseph, puis les coups de feu.

— Ils ont tué Jeff, dit-il à voix basse. Ils ont tué Jeff...

En me retournant, j'ai vu Joseph couché par terre, sur le côté. Il saignait du dos. J'ai immédiatement compris qu'il avait été frappé par une troisième balle.

À peu près au même moment, en plein milieu de la cérémonie de mariage, Madeleine a reçu un coup de téléphone aussi bref qu'énigmatique. Une voix lui a dit qu'il y avait des problèmes à la maison et qu'elle ferait bien de rentrer.

Pensant qu'il y avait le feu, elle s'est aussitôt mise en route. Elle ignorait qui était l'auteur de cet appel, et ne le sait toujours pas. Presque arrivée, elle a croisé une connaissance. Le temps d'arrêter la voiture, elle lui a demandé ce qui s'était passé. Sa question est restée sans réponse. Elle a reposé la même question, sans plus de succès. Du petit groupe qui s'était entre-temps rassemblé autour d'eux s'échappaient des paroles confuses :

— Quelqu'un a été assassiné chez elle.

Madeleine, en larmes, les supplia d'être plus précis.

— C'est mon mari ?

Devant le silence embarrassé, elle reprit le volant pour rentrer. La porte de la cour était grande ouverte et des soldats de l'Onu patrouillaient devant la maison. Persuadée que j'avais été assassiné, elle s'est mise à hurler.

Entrée dans la maison, quelle ne fut pas sa surprise de me trouver au salon, assis sur le canapé ! Elle s'est jetée dans mes bras.

— J'ai cru que tu étais mort !

Qui étaient ces hommes qui nous avaient attaqués ; ou, plutôt, qui les avait envoyés ? J'ai bien sûr des soupçons, des hypothèses, mais sans doute n'aurai-je jamais la réponse. Je retiens en tout cas que ces assaillants avaient l'air très sûrs d'eux, comme s'ils se savaient protégés.

Notre maison est située dans une zone bien gardée, à 50 mètres seulement d'une base de l'Onu, à 200 mètres d'un poste de police et proche d'un pavillon qui abrite un restaurant très fréquenté. Ils couraient le risque d'être vus, en particulier lorsqu'ils passaient près du mur. Quelqu'un aurait pu se demander ce qu'ils faisaient là, d'autant que l'un d'eux était armé d'une mitrailleuse. À tout instant, une Land Cruiser pouvait circuler dans les parages et les voir franchir le mur, ce qui aurait donné l'alarme.

Quelqu'un les avait-il déposés en voiture juste devant notre maison ? Peut-être avaient-ils barré quelques instants la route pour rejoindre notre domicile à l'abri de tout regard ? Les mêmes questions se posent à propos de leur départ. Quand ils se sont enfuis à bord de ma voiture, ont-ils fait marche arrière, à toute vitesse, au risque de heurter un autre véhicule dans la rue ? Y avait-il des complices barrant la route pour empêcher ainsi le passage de toute autre voiture ?

Ces hommes ont opéré à visage découvert. Je les ai vus, mais brièvement. J'ignore si je pourrais les reconnaître. Mes filles, en revanche, sont restées un moment assises en face d'eux, du moins deux de leur bande. Ce moment d'horreur et ces visages sont certainement gravés dans leur mémoire. Cela m'étonnerait que ces agresseurs viennent de notre région, ils sont sans doute originaires d'une autre partie du Congo, voire d'un pays voisin. Ils s'entretenaient en swahili, l'une des langues parlées ici dans l'est du Congo, mais le swahili n'était pas nécessairement leur langue maternelle. En réalité, ils n'ont lâché que quelques mots, sans doute pour ne pas trahir leurs origines.

On a perdu leur trace à quelques kilomètres de notre maison. Après avoir abandonné ma voiture, ils se sont emparés d'un autre véhicule, par la force, et ont poursuivi leur route. Ils avaient emporté dans leur fuite le portable de l'une de mes filles et, quand une cousine a appelé ce numéro, l'un des hommes a décroché. Elle leur a lancé que le sang qu'ils avaient fait couler ne serait jamais effacé, qu'il les suivrait à tout jamais. Pour seule réponse, elle a eu droit à un long ricanement.

Quelques minutes à peine après l'attentat, la police était sur place. J'aurais trouvé normal qu'ils bouclent le quartier, posent des questions. Mais il n'en fut rien : personne n'a été interrogé de toute la soirée. Nous nous sommes donc demandé pourquoi elle était venue.

Et les soldats de l'Onu, qu'est-ce qui explique leur arrivée tardive ? Ils ont mis un temps fou avant de se montrer, alors qu'ils avaient sûrement entendu les coups de feu puisque leur quartier général ne se trouve qu'à quelques encablures... Ils ont pour mission de protéger la population et le fait qu'ils soient quasi voisins nous rassurait ; nous nous sentions en sécurité. Leur retard nous a fait comprendre que personne ne nous défendait.

Que faire, dès lors ? Rester à Bukavu ou partir ? Ma première intuition fut de ne pas bouger, car partir, ce serait capituler devant ceux qui avaient envoyé ces tueurs. Malgré la passivité de la police, je restais confiant. Certain que la justice allait poursuivre mes agresseurs, je m'attendais à ce que le lendemain de l'attentat le procureur arrive pour ouvrir l'enquête.

Mais il n'est pas venu… J'ai alors compris que nous ne pouvions pas rester. Les coupables ne seraient pas recherchés et le risque d'un nouvel attentat était grand. Rien ni personne ne nous protégeait.

Toute la famille était sous le choc, et endeuillée. S'habituer à l'idée que Joseph était mort nous était difficile. Cela faisait plus de vingt ans que Jeff travaillait pour nous. Nous le considérions comme un membre de la famille. J'étais conscient, et cela me faisait beaucoup de peine, que je devais ma vie au sacrifice de la sienne. Sans son raffut autour de la maison qui a détourné l'attention des assaillants, l'issue aurait été tout autre.

Se pose évidemment la question de savoir si ces hommes étaient venus avec la seule intention de m'intimider, car pourquoi m'ont-ils laissé en vie ? Je ne peux m'imaginer qu'on rate sa cible à si courte distance, surtout si on est un tueur aguerri. Mais j'ai une autre interprétation de cette soirée. Les gestes de celui qui a tiré le coup fatal me font penser qu'il n'était pas seulement venu pour me faire peur. Son intention était claire : me faire taire à tout jamais.

Je suppose que les balles qui m'étaient destinées sont passées au-dessus de ma tête alors que j'étais en train de m'écrouler, et l'agresseur, voyant mon corps inanimé, a cru que j'avais été touché. La semi-obscurité dans laquelle était plongée la cour et le fait que tout se soit déroulé dans un espace restreint, entre la maison et la voiture, peuvent aussi avoir joué un rôle.

Quoi qu'il en soit, je ne peux y voir qu'un miracle.

D'ailleurs, dans ce genre de situation, je m'en suis toujours sorti. C'est stupéfiant. Ma vie est ponctuée de moments graves et de tournants surprenants. À peine une semaine après ma naissance, j'ai eu une très grosse infection ; ma mère me considérait déjà comme perdu, elle s'attendait à ce que je meure dans ses bras. Mais le destin a voulu que nous rencontrions une personne courageuse dont l'intervention énergique m'a sauvé. Ma mère me dit toujours que c'est à cet instant-là que le chemin de ma vie a été tracé : je consacrerais mon existence à aider les autres, car j'avais moi-même été secouru.

Mais je pense aussi à ce qui m'est arrivé en 2004. Une après-midi, je me trouvais à mon cabinet privé, où j'exerçais en plus de mon travail à l'hôpital. J'y venais souvent vers 17 heures. Ce jour-là, j'étais à peine installé qu'un ami m'appela. Il voulait me voir. De passage à Bukavu, il devait repartir pour Londres le lendemain matin. Il tenait à me rencontrer et voulait que cela se fasse sans délai. J'ai répondu que ce n'était guère possible, que je ne pouvais pas quitter mes patients. Mais il a tant insisté, expliquant qu'il ne me retiendrait qu'une demi-heure, que j'ai fini par céder, à contrecœur. J'ai informé mes patients de ma brève absence.

À ce moment-là, je n'avais aucune idée de ce qui se tramait. À peine avais-je quitté mon travail qu'un tireur a ouvert le feu sur mon cabinet, situé dans un immeuble abritant d'autres cabinets privés. Celui ou ceux qui avaient tiré devaient avoir opéré depuis le toit d'une maison voisine.

À mon retour, c'était la panique générale. Une infirmière a couru dans ma direction, agitant les bras, me barrant le passage.

— Ils tirent sur votre cabinet, partez d'ici, courez vite !

Quand bien plus tard j'ai osé revenir, j'ai longuement observé le mur criblé de balles. Les tireurs avaient visé l'endroit où je devais être assis. Les coups de feu étaient venus de deux côtés, certains à travers la fenêtre à gauche de mon bureau, d'autres par celle située en face. Comment remercier mon ami de Londres ? Sans son insistance, je serais sans doute mort.

Cet événement coïncida avec la recrudescence des violences sexuelles dans la région, en grande partie due au fait que Bukavu était depuis plus d'une semaine en état de siège. Deux anciens officiers de l'armée congolaise s'étaient rebellés et leurs troupes avaient pris la ville par la force. S'ensuivirent des scènes d'une violence inouïe.

Alors que l'attaque venait d'être enclenchée, je me trouvais au bureau de l'International Rescue Committee (IRC). Toutes les voies de retraite avaient été coupées. Pas de doute, nous étions pris au piège, sans rien à manger et presque sans eau. Et il serait compliqué de renouer contact avec le monde extérieur.

Mais, au bout de trois jours, nous avons réussi à faire passer un SOS aux forces locales de l'Onu. Des Casques bleus sont venus nous chercher avec un char. Quelle étrange situation pour un médecin que de devoir prendre place dans la cabine d'un blindé, mais avais-je le choix ? Nous avons parcouru une ville dévastée, au bord de la catastrophe humanitaire et, quand nous avons atteint le camp de l'Onu, je n'ai pas mis longtemps à comprendre. C'est dans ce campement que nombre de civils s'étaient réfugiés pour se protéger ; parmi eux, beaucoup de femmes au vagin détruit. J'y suis resté pour les soigner. Nous étions plusieurs médecins sur place, et le petit dispensaire du camp a rapidement servi de salle de triage.

Chaque jour, de nouvelles femmes arrivaient ; la pression était énorme. Nous nous sommes relayés et avons opéré pratiquement vingt-quatre heures sur vingt-quatre. Quand le siège fut levé, nous avons pu transporter certaines patientes à l'hôpital, mais les besoins restaient immenses. Avec les médecins de Malteser International, une organisation non gouvernementale, nous avons ouvert une clinique provisoire en ville.

Vers la fin de cette année 2004, nous avons dressé un bilan : l'hôpital, seul ou en coopération avec d'autres établissements, avait traité 2 500 femmes victimes de violences sexuelles. À titre de comparaison, on avait relevé un peu plus de 1 000 cas similaires l'année précédente.

Au matin du 27 octobre 2012, trente-six heures après l'attaque de ma maison, nous nous trouvions, ma famille et moi, dans un convoi de voitures protégé par l'Onu, en route vers l'aéroport. Celui-ci est situé au nord de Bukavu. La Mission pentecôtiste suédoise s'était chargée de l'évacuation. Nous allions quitter non seulement la ville, mais aussi le pays.

Je n'allais pas bien, et c'était compréhensible ; je venais de passer deux nuits blanches, la mort de Joseph m'attristait. Lorsque survient un événement terrible, il éveille souvent d'autres souvenirs tout aussi atroces. J'avais l'impression d'être revenu deux ans et demi en arrière, de revivre cet affreux cauchemar : la mort d'un garçon et d'une petite fille que nous considérions comme nos petits-enfants ; une immense douleur nous avait alors submergés.

Ces enfants étaient âgés de dix et onze ans, le garçon avait reçu mon prénom et la petite fille celui de notre cadette. Leur père était un membre de la famille dont nous nous étions occupés, Madeleine et moi, depuis sa plus tendre enfance, comme s'il était notre propre fils. Ses enfants étaient sa fierté, ils avaient donné un sens à sa vie. Grâce à eux, il voyait l'avenir avec optimisme.

Et puis l'impensable était arrivé. Les enfants étaient en déplacement avec leur maman. À un poste militaire, des soldats les ont attaqués. Les deux gamins ont été tués, j'ai vu leurs corps à l'hôpital général de Bukavu : l'aîné avait reçu une balle en plein cœur, sa sœur avait été massacrée à coups de machette.

Après cette mort effroyable, leur papa perdit le goût de la vie, il tomba malade et, deux ans plus tard, il mourut lui aussi.

Et voilà que Joseph était mort à son tour. Assassiné chez nous. Dans ces conditions, comment ne pas se décourager et perdre espoir pour notre région ? Ici, on tuait des innocents sans relâche. Arrêter les forces du mal semblait impossible. Et pourtant, il ne fallait pas que je me résigne, je le savais.

Nous ignorions pour combien de temps nous serions partis, quelques mois peut-être, voire davantage.

Partir pour de bon n'était pas une solution, c'était ici, au Congo, que j'avais mon travail. Et mes projets. Les besoins de mon pays, je les connaissais et vivre tout cela en tant que spectateur depuis l'Occident m'aurait été insupportable. Je dis souvent que la seule chose qui puisse vaincre la violence, c'est l'amour. Et encore l'amour.

Il nous fallait du temps pour nous remettre et cicatriser nos blessures, mais ensuite nous reviendrions. Là où était notre place. Il ne pouvait en être autrement.

Cet attentat est survenu à peu près six ans après ma première intervention à l'Onu. Ce fut un événement décisif à bien des égards et c'est la raison pour laquelle j'ai choisi de commencer le récit de ma vie à ce moment-là. J'étais invité à l'Assemblée générale des Nations unies, nous étions en 2006, au début du mois de décembre.

Le monde entier était là, en face de moi. Comme dans un rêve. J'avais placé le texte de mon discours sur le pupitre et j'arrangeai ma cravate. Était-ce réel ? Je levai les yeux pour balayer l'assemblée du regard. Les plaques portant les noms des différentes nations scintillaient devant moi.

En voyant les ambassadeurs mettre leurs écouteurs, je pris conscience de l'importance du moment : j'allais faire un discours à l'Onu. Une occasion unique m'était offerte. Pouvait-on aller plus loin ? Depuis des années, j'avais essayé de crier haut et fort pour attirer l'attention sur ce qui se passait dans l'est du Congo. Dans des articles de journaux ou lors de passages à l'antenne, j'avais raconté, dénoncé, supplié, mais sans résultat tangible. Les violences à l'égard des femmes n'avaient pas cessé.

Mais, à partir de maintenant, les choses allaient changer, j'en étais convaincu. La communauté internationale avait réagi face aux atrocités en Bosnie et au Liberia, elle les avait fait cesser. Pourquoi ne pas espérer une solution semblable en République démocratique du Congo ?

Je rapprochai mon texte. Il contenait tout ce dont les ambassadeurs devaient être informés. Le grand moment était venu. Je glissai ma main dans la poche intérieure de mon veston pour en sortir mes lunettes. Je les approchai de mon visage quand, soudain, je me suis figé. Je venais de découvrir quelque chose qui me coupait le souffle. Les ambassadeurs de tous les pays étaient présents, sauf un, dont la chaise était vide – désespérément vide –, celui du Congo. Mon propre pays !

Le message était on ne peut plus clair. J'étais boycotté. L'Assemblée générale des Nations unies était au grand complet, à l'exception notable d'un membre. Le choc fut rude. J'avais l'impression que ce siège inoccupé prenait de plus en plus d'importance. Allais-je perdre mon sang-froid ?

Je chaussai mes lunettes et entamai mon discours. Mais les conditions avaient changé, je m'adressai à présent autant à la chaise vide qu'aux ambassadeurs présents…

J'ai fait cette intervention plus de six ans après mes débuts à l'hôpital de Panzi. Si quelqu'un m'avait dit à l'époque que je prononcerais un jour une allocution au siège des Nations unies, je me serais gentiment moqué de lui. Au moment de faire ce discours, la situation me parut toujours aussi irréelle. Je n'étais pas habitué à ce genre de scène. Je ne suis ni politicien ni diplomate, et je ne m'étais jamais retrouvé dans une telle position. En tant que pasteur, ne serait-ce qu'à temps partiel, j'avais certes l'habitude de prendre la parole devant une assemblée. Mais prêcher dans une petite église devant cinq cents personnes est une chose ; parler à l'Onu devant un auditoire de quelque deux cents ambassadeurs en est une autre.

Je fis mon discours en français, l'une des six langues officielles des Nations unies, et il fut traduit dans les cinq autres : l'arabe, l'anglais, le chinois, le russe et l'espagnol. Si, jusque-là, j'avais eu l'impression de m'adresser à un mur, la situation cette fois était différente. Mes paroles se glissaient directement dans les écouteurs des ambassadeurs ; grâce à la traduction simultanée, ils pouvaient me comprendre. Si mon message ne passait pas, on ne pouvait pas l'expliquer par la confusion des langues ou le fait que ma voix ne porte pas.

J'avais été invité en tant que témoin, mon « observatoire » étant le service de chirurgie de l'hôpital de Panzi. Les agressions systématiques contre les femmes dans l'est du Congo n'étaient un mystère pour personne, elles avaient été documentées pour la première fois dès 2001 ; l'étude réalisée alors par Human Rights Watch n'avait guère soulevé l'indignation. Contrairement à d'autres événements, la situation dans ma province natale attirait peu la lumière des projecteurs. En ces mois-là, le monde avait les yeux rivés sur le conflit du Darfour et le tsunami qui venait de dévaster les côtes de l'océan Indien, alors que les provinces du Kivu, à l'abri des regards, s'enfonçaient dans l'horreur. Et les femmes, déjà, affluaient à l'hôpital de Bukavu.

Bien sûr, les violences sexuelles ne sont pas un phénomène aussi visible qu'une catastrophe naturelle ou un conflit armé. Ces agressions sont souvent perpétrées dans le plus grand secret. Dans des endroits reculés et souvent à la faveur de l'obscurité. Les témoins sont rares et, s'il y en a, ils disparaissent ou se taisent. Seules les traces physiques peuvent nous orienter et, pour des raisons évidentes, c'est dans un hôpital que la vérité éclate au grand jour. Rien ne nous avait échappé, c'était chez nous que les statistiques et les témoignages étaient regroupés.

J'avais remué ciel et terre pour que la communauté internationale en prenne conscience. J'osais espérer que l'opinion publique se réveille, que des dirigeants puissants agissent. Comme cela s'était d'ailleurs produit dans d'autres régions du monde.

Mais la réponse tardait à venir et, à l'Onu, d'aucuns s'avouaient déconcertés par le manque de réaction face au drame congolais. Ma présence allait-elle infléchir le cours des événements ? Tel était du moins l'espoir de la direction des Nations unies.

Si j'étais là, ce n'était pas par envie, ou parce que j'y tenais absolument. Non, c'était un devoir, voilà tout. Il ne s'agissait pas de grossir un échelon dans ma carrière, je ne plaidais pas ma propre cause, mais celle des femmes de l'est du Congo – celles qui avaient été admises à l'hôpital, celles qui étaient en route pour y être soignées et puis toutes celles, trop nombreuses, qui n'allaient jamais y arriver et dont la souffrance passerait sous silence.

Jusqu'ici, personne ne leur avait prêté sa voix. Il fallait que quelqu'un le fasse.

La première intervention chirurgicale à l'hôpital de Panzi remonte à septembre 1999, dans des conditions pour le moins précaires. C'était le tout début de nos activités. La stérilisation se faisait dans une cocotte-minute installée dans la cour, les draps étaient à usage unique et provenaient de Suède.

La patiente était une femme d'un certain âge, gravement blessée par balle. Elle avait été attaquée chez elle par un soldat, qui n'avait pas hésité à tirer à travers la porte, depuis l'extérieur. La balle avait frappé sa cuisse gauche et provoqué quatre fractures du fémur. Avec cette plaie très grave et compliquée, on craignait de ne pas pouvoir sauver sa jambe.

Nous étions plusieurs médecins au bloc opératoire. En m'entretenant avec elle, j'ai fini par apprendre ce qui lui était arrivé. Son récit était hésitant, brouillon, elle n'avait pas envie de raconter. Elle avait été violée par six soldats, et l'un d'eux lui avait ensuite tiré dessus. Cela faisait dix ans que j'étais gynécologue, mais, là, je tombai des nues ; je n'avais encore rien vu de semblable : après des rapports sexuels sous la contrainte, cet acte d'une extrême violence, dans le seul but de mutiler. C'était quelque chose de nouveau pour moi.

L'histoire de cette pauvre femme m'avait bouleversé et, cette nuit-là, je n'ai pas fermé l'œil. Comme je me tournais et me retournais dans mon lit, Madeleine a fini par me demander ce qui n'allait pas. Je ne parvenais pas à chasser cette histoire de mes pensées. Comment expliquer une telle cruauté ? Voilà des soldats qui avaient décidé, en toute conscience, de gâcher la vie de cette femme innocente, de surcroît sans défense.

L'intervention chirurgicale avait réussi. Nous avons pu sauver la jambe et la victime s'est totalement rétablie. Mais j'étais loin d'imaginer alors que nous étions témoins d'un phénomène qui n'en était qu'à ses débuts : il se transformerait en une véritable épidémie. La propagation rapide non pas d'une maladie, mais de comportements extrêmement violents, intentionnellement destructeurs. Pas de doute, l'est du Congo prenait le chemin des ténèbres.

L'hôpital a bientôt été pris d'assaut par un afflux de patientes venues de partout. Qu'est-ce qui était en train de se passer ? Manifestement, il ne s'agissait pas de cas isolés. Les parties génitales étaient systématiquement visées et beaucoup avaient subi de graves blessures qui saignaient abondamment. Aucun d'entre nous n'avait l'expérience de pareils traumatismes. Nous aurions voulu comprendre l'origine de cette vague de violences sans précédent, mais nous ne trouvions aucune explication.

Dans la salle d'opération, j'étais assisté par un collègue, un chirurgien autodidacte. Certains jours, nous opérions du matin au soir, et les lésions étaient si particulières que les manuels ne nous étaient d'aucun secours. Nous devions trouver nos propres solutions. Imaginer des techniques pour réparer ces femmes déchirées à l'intérieur et perturbées sur le plan psychologique. J'estimais qu'il était aussi de mon devoir de leur prêter une oreille attentive. Certains des épisodes vécus étaient si horribles qu'ils dépassaient l'entendement, et j'avoue que leurs récits m'affectaient terriblement, à un point tel qu'au bout d'un certain temps je dus me rendre à l'évidence : mon travail en pâtissait.

À une table d'opération, il s'agit d'être concentré. Or, mes pensées étaient tournées vers ces horreurs subies par mes patientes et bien des questions quant à leur avenir trottaient dans ma tête. Quelle serait la réaction du fiancé ou du mari, abandonnerait-il cette femme ? Que diraient ses parents et le reste de la famille ? Serait-elle refoulée ? Ou, après son retour, serait-elle encore agressée et donc bientôt à nouveau chez nous ?

Il va sans dire qu'un chirurgien ne doit pas être distrait lorsqu'il manipule le scalpel… Je suis donc arrivé à la conclusion que je ne devais plus écouter mes patientes, mais laisser ça à d'autres. Ma tâche à moi, c'était de reconstruire ces femmes sur le plan physique, dans la mesure du possible. À partir de là, je me suis protégé de tous ces récits et j'ai décidé de me limiter volontairement aux actes techniques. Cela dit, quand on m'amenait des fillettes de trois ans aux organes génitaux déchiquetés, comment aurais-je pu rester de marbre ? Le monde s'effondrait autour de moi, les larmes coulaient à flots. Je devais alors mobiliser toutes mes forces avant d'entrer dans la salle d'opération.

Ma décision de ne plus écouter m'a aidé un peu, même si c'était de façon très relative… puisque tous ces vagins détruits parlaient d'eux-mêmes.

Au printemps 2006, le Norvégien Jan Egeland est venu nous rendre visite. Il était secrétaire général adjoint de l'Onu, chargé des Affaires humanitaires. Lors de notre première rencontre, j'avais trouvé en lui une personne chaleureuse, d'une grande capacité d'empathie. Et très énergique. Quand il est arrivé, quelque 1 100 femmes victimes d'agressions étaient présentes ; je l'ai emmené dans l'aile de l'hôpital où elles étaient logées et soignées.

J'ai demandé à Jan s'il pouvait leur dire quelques mots, que ce serait important pour elles.

— Je n'ai pas préparé de discours, dit-il, un peu hésitant.

— Laissez parler votre cœur, cela suffira, lui répondis-je.

Il hocha la tête, fit un pas en avant pour se retrouver quelques instants, pensif, devant ses auditrices. Plus tard, il m'a raconté que ce millier de femmes, face à lui, l'avait énormément impressionné. « C'étaient des patientes de tous âges, graves, extrêmement dignes dans leurs beaux pagnes très colorés, et je me suis rendu compte que chacune avait sa propre histoire. Et la portait comme un horrible fardeau. Lorsque je les ai vues, toutes ces femmes réunies, j'ai aussi pu saisir l'ampleur des atrocités commises dans la région. Oui, j'ai vraiment compris. »

Après quelques paroles de réconfort, Jan s'est assis auprès des femmes. L'une d'elles, les mains et les pieds paralysés, était âgée de vingt-six ans quand un groupe de miliciens l'avait fait prisonnière. Ligotée à un arbre, les bras étendus et les jambes écartées, elle a été violée plusieurs fois par jour. Son calvaire dura trois semaines et des trente soldats du groupe, presque tous lui étaient passés sur le corps. Les cordes, qui serraient si fort ses poignets et ses chevilles, avaient pénétré dans sa chair, arrêté le flux sanguin pour finalement sectionner les nerfs ; c'est ce qui a provoqué la paralysie.

Jan et moi sommes ensuite allés dans mon bureau. Il a pris place dans le canapé, moi dans le fauteuil en face de lui. Il était manifestement secoué, je pouvais le voir dans son regard. Cette femme paralysée l'avait touché au plus profond de lui-même.

— Elle était allée dans la forêt chercher du bois, dit-il. Pour préparer le dîner de sa famille. On l'attendait à la maison, mais elle n'est jamais rentrée.

Au cours des dernières années, c'était souvent le même scénario. Ces femmes qui étaient sorties ne rentraient pas. Ou bien les viols se produisaient au moment où elles se trouvaient à la maison, sous les yeux de leur mari ou des enfants, voire devant tous les membres de la famille. Mais, de toute façon, ces femmes disparaissaient. Elles qui avaient été le pivot de la famille, assurant le bon fonctionnement de la vie de tous les jours, étaient tout à coup couvertes de honte et mises à l'écart. Par elles-mêmes et par leur entourage. Car, bien que victimes, elles se sentaient coupables.

Un long silence envahit la pièce. Peu de temps après la visite de Jan, je fus invité à prendre la parole à l'Onu.

Quelques jours avant mon discours, j'essayai d'entrer en contact avec l'ambassadeur de mon pays aux Nations unies. Je voulais lui montrer mon texte et avoir son avis, dans le souci d'éviter tout malentendu. Malgré plusieurs tentatives pour le joindre, je n'y suis pas parvenu. Ses collaborateurs me répondirent seulement qu'il serait à New York le jour où je ferais mon discours. De là à imaginer qu'il serait absent… Et pourtant, le jour venu, sa chaise resta vide. Voilà qui en disait long. Autant déçu que vexé, je me dis que cela ne pouvait en rien remettre en cause ma présence en ce lieu symbolique. Car peu importait l'opinion de mon ambassadeur, la réalité sur le terrain était ce qu'elle était. J'avais pourtant espéré m'entretenir avec lui.

Mais cette étrange situation avait sans doute un rapport avec un autre événement : plus tôt dans l'année avaient eu lieu des élections en RDC, le premier scrutin démocratique depuis quarante-six ans ! Un gouvernement élu au suffrage universel allait entrer en fonctions. En Afrique et peut-être même dans le monde entier, peu de pays avaient une aussi mauvaise réputation que le Congo. On se souvient tous de Mobutu qui, pendant ses trente-deux années de présidence, avait largement puisé dans les caisses de l'État. Il se racontait que sa fortune personnelle dépassait les quatre milliards de dollars.

Mais, à présent, on espérait qu'un nouvel ordre allait s'établir : sans corruption et sans abus de pouvoir, avec une classe politique au service du peuple. Et moi j'étais là, à l'Onu, fixant une chaise vide, la seule restée inoccupée dans toute l'assemblée, et cette chaise me fixait à son tour. Cela ne présageait rien de bon et je me sentais envahi par des sentiments contradictoires. Certes heureux d'avoir eu la possibilité de m'exprimer ici, mais triste de voir mon propre pays me tourner le dos.

Quel paradoxe : se trouver au cœur même de la communauté mondiale, et néanmoins se sentir seul. Singulièrement seul…

Après mon discours, j'ai rencontré la presse internationale. Ce n'était pas la première fois, j'avais reçu nombre de journalistes dans mon bureau, et pourtant la situation était inédite car jamais encore je n'avais rencontré en même temps autant de représentants des grands médias. Quelque peu intimidé par la gravité de l'heure, j'eus tout à coup l'impression de ne pas avoir grand-chose à dire. Au fond, n'étais-je pas qu'un simple médecin ?

Mais Jan Egeland a volé à mon secours et les questions que l'on me posa m'étaient de toute façon familières. Comment expliquer cette violence sexuelle massive et barbare ? Qui en étaient les auteurs ? Le rôle des ressources naturelles dans ce drame ? Une part de responsabilité incombait-elle au régime congolais ?

Pendant mon séjour à New York, d'autres rencontres m'attendaient. C'est ainsi que j'ai fait la connaissance d'Eve Ensler, la dramaturge, auteure des *Monologues du vagin*. Une pièce déjà jouée sur les scènes de 140 pays. Eve est aussi la fondatrice de V-Day, une organisation qui lutte contre la violence et les injustices faites aux femmes ; un combat qui se veut universel. Son engagement s'explique sans doute par les événements tragiques qui ont jalonné son enfance.

À l'initiative de l'Onu fut organisée une conversation en public entre elle et moi, et nous nous sommes bien compris. À travers son association, elle avait croisé des victimes de viol dans un grand nombre de pays mais n'avait encore jamais mis les pieds au Congo. Je l'ai donc invitée à l'hôpital de Bukavu.

« Venez nous aider », lui dis-je spontanément.

Mon invitation l'étonna manifestement, peut-être en raison de nos points de départ si différents. Je suis certes médecin, mais aussi pasteur, et l'hôpital dont je suis responsable appartient à un mouvement très influent de l'Église évangélique. Alors qu'elle est une figure de proue de l'intelligentsia new-yorkaise, grande féministe et auteure couronnée de succès. Sans doute y avait-il des questions sur lesquelles nos positions divergeaient sensiblement.

Toujours est-il qu'elle répondit favorablement. Mais je restai sceptique. J'avais rencontré tant de personnes qui s'étaient déclarées enthousiastes devant le travail de l'hôpital, et qui promettaient trente-six choses autour d'un café... pour finalement ne plus jamais donner signe de vie. Souvent déçu, j'étais devenu méfiant.

Dans le cas d'Eve, mes doutes se révélèrent infondés. Quelque temps après notre rencontre, elle débarqua à Bukavu. J'étais ravi. Je n'avais encore jamais vu un visiteur manifester autant d'empathie envers ces malades. Sans aucune réserve. Elle s'asseyait auprès d'elles, leur tenait la main, essuyait leurs larmes. J'ai vite compris que j'avais trouvé en Eve une vraie alliée, quelqu'un qui m'insufflerait une énergie nouvelle. En marchant dans les couloirs de Panzi, j'avais l'impression de voler.

Très logiquement, ce fut le début d'une collaboration et l'idée de créer un centre de formation pour les femmes qui avaient été soignées à l'hôpital s'imposa rapidement.

Notre rencontre à New York avait été décisive. Cette collaboration, j'en suis très fier, c'est la preuve que l'on peut à certains moments faire abstraction de ce qui nous sépare au profit de ce qui nous unit. Même si l'on vient de milieux très différents.

Quelques jours après mon discours aux Nations unies, j'étais de retour à Bukavu. Quel contraste avec New York!

Dès mon arrivée à l'hôpital, je fus sidéré par l'interminable file d'attente, composée en majorité de femmes. De la cour de l'hôpital à mon bureau, il y a environ 50 mètres; d'ordinaire, j'y suis en trente secondes. Mais, ce jour-là, le couloir était tellement encombré qu'il me faudrait sans doute vingt minutes, voire une demi-heure, pour me frayer un chemin jusqu'au bureau.

Le temps de mon séjour à l'étranger, les problèmes s'étaient accumulés. Il ne fallait pas que je me précipite pour autant. Je crois qu'aucune de ces femmes ne savait où j'étais allé. Pour elles, New York est un lieu parfaitement inconnu; quant à l'Onu, c'est tout au plus un concept abstrait. Elles étaient venues pour se faire soigner, et n'étaient pas toutes nécessairement victimes d'agressions sexuelles car ici la liste des souffrances est infinie, chez les femmes en particulier.

Nos regards se croisèrent. Parmi toutes ces patientes, un visage m'était connu. Je pris de ses nouvelles. « Ça va mieux », me dit-elle; et je vis une lueur d'espoir dans ses yeux. Une autre, à qui j'avais posé la question de son origine, m'a donné le nom d'un village situé à

100 kilomètres de Bukavu. Et de rajouter qu'elle avait marché trois jours pour arriver à l'hôpital.

Je n'avais pas fait la moitié du chemin qu'une autre femme encore se détacha de la foule. D'un pas pressé, elle s'approcha, me prit les mains et les serra contre elle avant de me fixer du regard. Ce message silencieux était clair, sa souffrance était grande et elle espérait recevoir de l'aide – de moi ou de quelqu'un d'autre à l'hôpital.

Entrant enfin dans mon bureau, je sortis mon portable de ma poche, le déposai sur la table et enfilai ma tenue de travail. À peine fus-je installé dans mon fauteuil qu'on frappa à la porte. Je l'ouvris; sur le seuil se tenait une femme vêtue d'un foulard, une poule dans les bras.

— Tu m'as opérée, dit-elle en me tendant la poule. Je viens d'avoir une fille et je suis si heureuse.

Ce n'était pas la première fois que j'étais confronté à cette situation, toujours aussi délicate. Je n'accepte aucun cadeau de mes patients, c'est un principe auquel je tiens. Les rumeurs vont bon train, et en moins de temps qu'il ne faut pour le dire naîtrait l'image d'un médecin qui « se remplit les poches grâce à ses malades ».

Je posai une main sur son épaule, doucement, et lui dis que j'appréciais son geste mais que je ne pouvais l'accepter. Voyant sa tristesse, j'essayai de la convaincre en lui disant que j'avais déjà reçu le plus beau des cadeaux.

— Tu as accouché sans complications, le fait de le savoir me suffit amplement. C'est une récompense merveilleuse, je n'ai besoin de rien d'autre.

Un sourire se forma sur ses lèvres malgré sa déception, puis elle referma lentement la porte. J'avais le cœur tiraillé mais cette décision, je l'avais prise une fois pour toutes. Pas question de déroger à la règle.

Un instant plus tard, mon portable sonna. Un numéro inconnu. J'ai tout de même décroché. La conversation dura quinze secondes, le temps pour l'interlocuteur de critiquer mon discours à l'Onu et de m'exhorter à la retenue ; je devais arrêter de diffamer mon pays. C'était tout, mais le ton n'avait rien d'amical.

J'avais toujours le portable en main quand la porte s'ouvrit. C'était un collègue du bloc opératoire, le masque abaissé sous le menton, le bonnet de chirurgien vert sur la tête. Je savais que six interventions figuraient à mon programme ce jour-là, mais il me restait une demi-heure avant la première. Mon confrère me demanda néanmoins de le rejoindre tout de suite. En train d'opérer une femme avec une lésion compliquée, il souhaitait que je lui vienne en aide. Nous sommes sortis de mon bureau et avons traversé l'hôpital pour aller au bloc opératoire. Mes pensées étaient encore tournées vers ce coup de téléphone ; j'étais quelque peu déconcerté, ou plutôt affligé. Mon interlocuteur n'avait probablement jamais vu un vagin déchiqueté ni entendu une mère de six enfants, auparavant pleine de vie, pleurer à vous fendre l'âme parce qu'elle avait perdu sa féminité. Nous avons croisé quelques malades qui se promenaient et j'ai pensé à ce militaire récemment venu à l'hôpital. En sa qualité de procureur du tribunal militaire, il avait séjourné quelque temps à Bukavu pour participer à un séminaire sur les violences faites aux femmes. Il voulait comprendre, sincèrement, ce qui se passait. C'est pourquoi il avait émis le souhait de rencontrer quelques-unes de ces victimes, soignées chez nous.

Cet homme était costaud et d'une taille impressionnante. Il mesurait près de 2 mètres. De grandes étoiles dorées brillaient sur son uniforme. C'était sans aucun doute un militaire de haut rang. Je l'ai conduit vers un groupe de patientes, et une adolescente s'est approchée de lui. Du haut de ses treize ou quatorze ans, cette jeune fille toute menue – elle atteignait à peine la poitrine du procureur – lui expliqua ce que des hommes en uniforme faisaient subir aux femmes dans ce pays. Aucun détail ne lui fut épargné…

Alors qu'elle racontait son histoire, il se produisit chez ce militaire quelque chose d'extraordinaire : une sorte de métamorphose. Son visage changea et son grand corps vacilla. Il se mit à pleurer à chaudes larmes puis finalement s'évanouit. Il était victime d'une syncope peu fréquente et la situation était à ce point alarmante que je dus alerter le personnel. Après l'avoir aidé à se relever, nous l'avons amené dans une salle de soins et il fut placé sur une civière. Quelques calmants l'aidèrent à se remettre. L'histoire de cette jeune fille l'avait ébranlé, sans l'ombre d'un doute. Nous osions espérer que ce témoignage influencerait désormais son travail de procureur.

Arrivé au bloc opératoire, j'ai changé de chaussures, ai mis ma blouse de chirurgie, le bonnet et le masque. Puis je me suis lavé les mains et les avant-bras, soigneusement. Toujours le même rituel. Dans le bloc opératoire, je me suis approché de la femme étendue sur la table d'opération pour étudier ses plaies, non sans avoir enfilé des gants de chirurgien. Elle était sous anesthésie locale et avait les bras écartés ; ses yeux ouverts scrutaient nerveusement le plafond. J'ai examiné une deuxième fois ses blessures, regardé les instruments étalés devant moi et j'en ai choisi un. Un bref échange de regards avec mes collègues, qui acquiesçaient ; tout était prêt, et j'ai baissé la tête. J'avais traité de pires lésions, pourtant celles-ci étaient horribles. Nul besoin de me demander quel genre d'armes avait été utilisé dans ce cas-ci. On m'en avait informé, mais ce n'était même pas nécessaire, puisque j'avais appris à reconnaître la milice coupable de ce type de violences. C'est que chaque groupe a sa « signature »…

J'étais devenu, malgré moi, expert d'un certain type de lésions – le traumatisme des organes génitaux provoqué par une certaine arme. Une fois le viol achevé, certains auteurs introduisent une baïonnette dans le vagin, voire un bâton couvert de plastique chauffé et coulant. D'autres versent des acides corrosifs sur le bas-ventre ou plantent le canon de leur fusil dans le sexe. Et tirent. Le but est toujours le même : non pas tuer, mais détruire…

Une violence inouïe dont les conséquences sont désastreuses. Nombre de ces femmes violentées ont du mal à retenir leur urine et leurs matières fécales. Sales et sentant mauvais, elles peinent à effectuer leurs tâches quotidiennes. Plus question d'avoir des rapports sexuels. Et leur appareil génital est souvent si abîmé qu'elles ne peuvent plus avoir d'enfants. Leurs maris les considèrent comme souillées, non pas à cause de leurs blessures mais parce que d'autres hommes les ont touchées. Peu importe que cela se soit produit sous la contrainte. Elles sont refoulées et leur seule perspective est désormais l'exclusion sociale. Peut-être un parent ou l'une de leurs connaissances les accompagnerait-il à la clinique, chez nous, pour y être soignées.

Combien de lésions de ce type ai-je déjà opérées ? Trois mille ? Probablement plus. Peut-être quatre mille. Le chiffre exact, je l'ignore, les statistiques de l'hôpital ne sont pas de mon ressort.

Et voilà que je me trouvais de nouveau devant des organes génitaux à réparer. Avec quelles chances de succès ? Difficile à dire ; je ne pouvais que faire de mon mieux. Peut-être qu'une deuxième intervention s'imposerait, voire une troisième. Impossible de le savoir à ce stade, il faut attendre la cicatrisation pour se faire une idée précise. Il m'est déjà arrivé d'opérer huit fois une même femme…

« S'il vous plaît, docteur, peut-être une réparation complète n'est-elle pas possible, mais si, au moins, je pouvais de nouveau ressembler à une femme. Faites de votre mieux, c'est important pour moi ! » Combien de fois ai-je entendu cette supplication avant une opération.

Quand, avec la fine lame du scalpel, je me suis approché de la plaie et que j'ai taillé dans la chair, mes pensées sont allées vers l'ambassadeur de mon pays à l'Onu et à cet homme qui m'avait téléphoné tout à l'heure. Je souhaitais qu'ils aient pu être présents, peut-être auraient-ils compris, eux aussi.

Je suis né le 1er mars 1955. Troisième enfant, j'étais le premier garçon de la famille. À entendre ma mère, mon séjour ici-bas a bien failli être très bref, comme je l'ai dit plus haut. Mes premiers jours, dramatiques, se sont passés sur le fil du rasoir, en raison d'un accouchement qui s'est mal déroulé.

Tout s'est passé à la maison, avec l'aide d'une personne du voisinage, une sage-femme aux compétences plus que lacunaires.

« J'ai bien vu qu'elle s'était trompée, m'a raconté ma mère. Mais j'étais couchée là, je ne pouvais pas faire grand-chose. »

À en juger par le récit de ma mère, l'erreur se produisit lorsque le cordon ombilical devait être sectionné. La sage-femme faisait tout de travers. Normalement, on serre le cordon avec deux fils, l'un à quelques centimètres du corps de l'enfant, l'autre près du placenta ; il s'agit d'interrompre le flux sanguin dans les deux directions. Ensuite, on coupe au milieu.

Mais cette femme qui essayait d'aider ma mère commença par couper le cordon, probablement avec une lame de rasoir. Elle le sectionna bien trop près du corps et lorsqu'elle voulut obstruer le nombril à l'aide d'un fil, il ne restait pas grand-chose pour l'attacher, juste un petit bout. Elle avait ainsi « ouvert la porte » à tous les microbes.

La plaie commença à suppurer et à saigner. Il s'ensuivit une grave infection généralisée. Au bout d'une semaine, la couleur de ma peau vira au jaune et la fièvre fut intense. Ma mère s'inquiéta, bien évidemment. Seule à la maison avec mes deux sœurs, âgées de cinq et sept ans, elle ne savait que faire. Mon père, absent car en formation quelque part dans la province du Kivu, ne pouvait être joint que par lettre.

Il fallait agir sans tarder et ma mère le comprit. Elle ne voyait qu'une seule possibilité – se rendre à l'un des deux dispensaires de la ville – tout en étant consciente que ce ne serait pas facile d'y être admise. Car les deux établissements étaient dirigés par des religieuses catholiques. Il était quasi impossible d'y être soigné, pour une non-catholique...

Maman était protestante, mariée au premier pasteur protestant de Bukavu ; elle pouvait difficilement espérer que les sœurs nous ouvrent les bras. J'étais gravement malade, sans l'ombre d'un doute – ma peau jaune et mes joues fiévreuses parlaient d'elles-mêmes. Quelle serait la réaction des sœurs ? Refuseraient-elles de prendre soin d'un enfant souffrant ?

Nous habitions Kadutu. C'est dans ce quartier de Bukavu que logeait la population noire à l'époque coloniale. Kadutu, sur les collines au sud, était plutôt excentré. Quatre kilomètres nous séparaient du centre-ville, là où s'arrêtait le monde des Noirs et où commençait celui des Blancs.

Les Belges avaient conçu la ville comme une forteresse sur les rives du lac Kivu et ses cinq presqu'îles. Ce qui autrefois était un simple port de pêche avait été transformé en une petite Europe, avec d'imposants bâtiments administratifs, des maisons cossues et des villas de style français ou méditerranéen, des magasins, des restaurants, des hôtels.

Baptisée Costermansville, du nom d'un ancien gouverneur général, la ville – qui deviendra Bukavu en 1954 – attirait à cette époque ses premiers touristes, des Européens aisés qui y retrouvaient un peu de la Côte d'Azur. En plein centre de l'Afrique.

Soleil, baignades, et sur le lac voguaient de splendides bateaux. Au crépuscule, les vacanciers se retrouvaient sous les bougainvillées, un verre à la main ou le cigare aux lèvres, pour observer les pêcheurs sur leurs pirogues, les écouter chanter dans l'espoir d'attirer le poisson.

La soirée devenait alors magique car, avant que la nuit ne tombe, les eaux du lac viraient au turquoise et au violet. C'était comme une peinture gigantesque, un spectacle grandiose qui fascinait ces visiteurs venus de loin. Sans doute ne s'étaient-ils pas imaginé qu'il puisse exister un tel endroit sur Terre.

Les Belges étaient aux petits soins pour leur ville, tout était parfait jusque dans les moindres détails. Des avenues bien asphaltées, bordées de palissandres et de tulipiers. Les plates-bandes qui embellissaient la cité étaient resplendissantes, comme transplantées des jardins d'un palais européen. Costermansville était comme une illusion, un rêve paradisiaque… Et c'était la Vierge Marie, plutôt que Dieu, qui veillait sur elle.

La religion catholique était archi-dominante ; sans surprise, puisque c'était la religion d'État de la puissance coloniale. Et la classe politique était largement sous son emprise. La force de l'Église catholique, mon père l'a bien ressentie lorsque, à la fin des années 1940, lui et un missionnaire suédois, Oscar Lagerström, fondèrent la première église protestante à Bukavu.

La réaction des catholiques ne s'est pas fait attendre : dure, avec des accents parfois haineux. Les provocations pleuvaient, les pierres aussi, quelquefois, quand mon père ou un autre pasteur célébrait le culte en plein air ou dans le hangar en bois qui servait provisoirement de temple.

Mon père était autorisé à diffuser le message du salut mais ne disposait pas de dispensaire pour y envoyer ses fidèles. Les catholiques, eux, en avaient deux, mais l'accueil des « autres » y était plutôt exceptionnel.

Tel était le contexte, ce jour où ma mère m'enveloppa d'un pagne, me prit dans ses bras et descendit à pied vers la ville. Elle voulait croire en la miséricorde, c'est cet espoir qui la porta.

Mais, au dispensaire, la porte resta close. Pour les sœurs belges, pas question de nous admettre. Ma mère me souleva, implorant ciel et terre pour qu'elles nous laissent entrer : elles restèrent implacables. Maman se mit à pleurer, rien n'y fit. Les religieuses lui dirent, sur un ton sec, de s'en aller. Ce qu'elle se résolut à faire, n'ayant guère le choix…

La remontée vers Kadutu fut pénible, jamais ses pas n'avaient été aussi lourds. Arrivée chez nous, elle fut paralysée par un sentiment d'impuissance. Son dernier espoir s'était envolé. Elle avait tenté sa chance mais ne voyait désormais plus d'issue. Effondrée avec moi dans ses bras, elle laissait libre cours à son désespoir et pleurait à gros sanglots. Avec mon corps en feu pressé contre le sien, elle avait le sentiment, me racontera-t-elle plus tard, de m'avoir déjà perdu.

Elle pensait que je ne passerais pas la nuit.

Mais quelqu'un dans le quartier, informé de la situation, rédigea un message sur un petit bout de papier. L'auteur de cette missive ? Apparemment une sentinelle. Il y était écrit que le nouveau-né du pasteur Mukwege était gravement malade, que sa maman l'avait amené au dispensaire, en ville, mais qu'on leur avait refusé toute aide. Qu'elle craignait pour la vie du bébé et était complètement démoralisée.

Ce message était destiné à une institutrice suédoise, Majken Bergman. Elle enseignait à l'école de filles gérée par la Mission pentecôtiste à Kadutu et habitait notre quartier.

Majken Bergman racontera plus tard avoir été réveillée à 3 heures du matin ; quelqu'un avait frappé à sa porte pour lui remettre le message. Après en avoir pris connaissance, elle se rendit chez nous.

Mon état avait encore empiré. Non seulement j'étais jaune et fiévreux, mais j'avais désormais du mal à respirer ; j'essayais désespérément de reprendre mon souffle. L'institutrice saisit tout de suite la gravité de mon état. Après avoir écouté le récit de notre visite chez les sœurs, elle promit de nous aider.

À la première lueur de l'aube, elle fila à l'autre dispensaire de la ville. Ne ménageant pas ses mots, elle décrivit aux sœurs la situation telle qu'elle l'avait comprise et les mit devant leurs responsabilités : ma vie était entre leurs mains. Si elles refusaient de s'occuper de moi, je n'en aurais plus pour longtemps.

L'accueil fut très différent, sans commune mesure avec celui réservé à ma mère par le premier dispensaire. Les religieuses préparèrent un document que Mme Bergman devait apporter à ma mère. De couleur rouge, c'était un laissez-passer ; nous serions admis en priorité.

Avec ces bonnes nouvelles, l'institutrice revint chez nous et expliqua que non seulement les sœurs avaient accepté de nous recevoir, mais que nous étions attendus. Ensuite, elle est allée réveiller le chauffeur de la Mission qui nous a déposés devant le dispensaire entre 7 et 8 heures du matin. Brandissant le fameux laissez-passer, ma mère, qui me portait dans ses bras, put passer la longue file d'attente pour aller directement à la réception.

Les religieuses me placèrent tout de suite sur une table de consultation, comprenant que les propos alarmants de l'institutrice étaient fondés. Mon état était critique, ma vie ne tenait qu'à un fil. Je luttais de toutes mes forces pour avoir de l'air. Les sœurs, par des piqûres et des médicaments à avaler, m'administrèrent un puissant traitement à base d'antibiotiques.

Puis elles invitèrent ma mère à rentrer chez elle avec moi, pour revenir dans six heures, afin que je reçoive une nouvelle dose de médicaments. Un temps interminable aux yeux de ma mère. J'avais toujours autant de mal à respirer, l'inquiétude la rongeait – et si cette aide venait trop tard ? Elle me fixait du regard, scrutant le moindre indice qui confirmerait l'efficacité du traitement.

Mais aucun signe d'amélioration ne se manifesta ; mon état semblait stationnaire lorsque nous nous sommes présentés pour la deuxième fois au dispensaire dans l'après-midi. Lisant l'anxiété dans les yeux de ma mère, les sœurs lui dirent calmement que le changement viendrait, qu'il fallait se montrer patient. Je reçus une troisième dose de pénicilline et, peu de temps après, il y eut de premiers signes encourageants. Ma respiration devint plus calme et l'expression de mon visage changea, traduisant moins de douleur. Les effets du traitement se faisaient sentir, le plus grave était passé.

On m'a administré un traitement antibiotique, trois fois par jour pendant une semaine ; ma plaie au nombril a fini par guérir et la fièvre est tombée. Pendant tout ce temps, l'institutrice assistait ma mère. Sa journée de travail à peine terminée, elle venait chez nous et prenait soin de moi ; maman pouvait ainsi s'occuper de mes sœurs.

Ma mère n'a jamais oublié ce que cette dame a fait pour nous. Au cours des années, il en a été fréquemment question. « C'est à elle que tu dois ta vie », me répétait-elle souvent, et lorsqu'en 2009 je fus invité à Stockholm pour recevoir le prix Olof-Palme, l'institutrice était présente. Elle avait atteint un âge avancé et habitait dans une autre région de la Suède, mais ma mère a insisté pour qu'elle soit invitée à la remise du prix et au dîner qui suivit.

En 1955, rares étaient les Blancs qui habitaient à Kadutu. Pour elle, c'était un choix conscient. Elle voulait vivre avec la population et près de ses élèves. Quand, au petit matin, elle s'était rendue au dispensaire, elle savait très bien ce qu'elle faisait. Certes, elle était protestante comme nous, mais elle n'ignorait pas que sa peau blanche serait un atout.

Ma mère répète souvent que son intervention fut plus qu'une action de sauvetage. Elle se révéla décisive pour mon chemin de vie. Maman est convaincue que, au moment d'entrer chez les sœurs du dispensaire, Dieu a inscrit un message dans mon cœur : je devrais consacrer mon existence à aider les autres, puisque moi-même, j'avais été aidé.

En regardant en arrière, je constate que c'est à l'âge de huit ans que j'ai décidé de devenir quelqu'un qui aiderait les malades – un *muganga*. Cela se traduirait-il par le fait de devenir médecin ou infirmier, je n'en avais pas la moindre idée à l'époque ; pour moi, c'étaient là des concepts inconnus. Il y avait une seule chose dont j'étais sûr : je voulais devenir une de ces personnes en blouse blanche qui distribuent des médicaments.

Je dois souligner par ailleurs qu'à la fin de mes études de médecine générale j'ai changé de cap. Longtemps décidé à me spécialiser en pédiatrie, j'allais finalement suivre une autre voie. Durant mes stages, j'avais en effet rencontré des femmes qui accouchaient dans des conditions inimaginables. J'ai vu des mères et des enfants mourir pendant l'accouchement, des femmes qui arrivaient à l'hôpital leur fœtus mort pendant entre les jambes. Ce fut ma première vraie confrontation avec ces grands problèmes au Sud-Kivu. Pour moi, il devint dès lors évident que je me spécialiserais en gynécologie et obstétrique.

Pendant plus de vingt-cinq ans, je me suis démené pour que, dans notre province, les femmes puissent accoucher dans un hôpital ou dans une clinique. Tant de grossesses se terminaient en tragédie. La plupart des naissances se font encore à domicile, sur le sol de terre battue, dans un village reculé et, dès qu'il y a des complications, les sages-femmes sont démunies. Je suis l'exemple vivant de ce qui peut arriver et, en fait, ce même genre d'infection que j'avais contractée continue de semer la mort parmi de nombreux nouveau-nés dans ce pays.

Je peux donc difficilement contredire ma mère quand elle explique avec tant de conviction les raisons de ma vocation. Elle est l'une des personnes les plus sensées que je connaisse, et elle a certainement vu juste.

L'un de mes premiers souvenirs, peut-être le tout premier, concerne la rue où nous habitions à Kadutu. L'image qui me revient en mémoire est celle du bétail. Des troupeaux à perte de vue. Comme si tout le quartier avait été envahi. Je n'en croyais pas mes yeux, mais il y avait des vaches partout, elles arrivaient en grand nombre et avançaient en une masse fluide, de couleur marron.

Un spectacle fantastique que je regardais, émerveillé. J'étais fasciné. Les cornes se dressaient telle une forêt ; les peaux formaient un tapis sans fin et l'odeur forte et persistante des bêtes m'emplissait les narines.

Pourquoi tout ce bétail subitement, je n'en avais pas la moindre idée. Et même si quelqu'un me l'avait expliqué, je ne l'aurais probablement pas compris. Je n'étais qu'un enfant, mes yeux enregistraient simplement ce qu'ils voyaient.

J'ignorais qu'en réalité je me trouvai aux premières loges d'une catastrophe humanitaire. Ce n'est que bien plus tard que je l'ai compris, quand j'ai entendu parler du conflit au Rwanda. Ce premier affrontement majeur entre Hutus et Tutsis avait engendré des vagues de réfugiés. Les Hutus s'étaient en effet révoltés contre le régime qui les opprimait, et le sang coulait. Les Tutsis avaient alors franchi la frontière du Congo par milliers.

Traditionnellement, ces derniers appartenaient à la classe supérieure, voire à l'aristocratie de leur pays ; c'étaient eux qui possédaient la terre et le bétail, et ils ne se déplaçaient jamais sans leurs bêtes. C'est donc avec leurs vaches qu'ils arrivaient en masse à Bukavu, situé directement à la frontière. Et moi, j'étais là, ébahi par ce spectacle…

C'était en 1959, j'avais quatre ans. De cette année-là, je garde également un autre souvenir. Avec mes parents, je me trouvais au cœur d'une foule, tout ce monde était là pour écouter un discours. Les paroles de quelqu'un dont j'ai oublié le visage – mais comment oublier son nom : Patrice Lumumba, celui qui, peu de temps après, devait être nommé Premier ministre d'un Congo devenu indépendant.

Le 30 juin 1960, notre pays recouvra son indépendance, après soixante-quinze années de domination belge ; au début de la colonisation, pendant un peu plus de vingt ans, il avait même été la propriété privée du roi Léopold II. Le gouvernement belge n'était pas enchanté à l'idée de perdre cette colonie dont les revenus avaient largement contribué à la prospérité de la Belgique. Bruxelles aurait pu accepter une transition progressive, s'étalant sur plusieurs décennies, mais le jeune Lumumba, impatient, imposa un autre calendrier. Il réussit à faire accepter une passation de pouvoir quasi immédiate.

Je me rappelle des défilés et des danses autour de cette date charnière. Le Congo vivait alors au rythme des chants et de la musique ; des drapeaux étaient hissés un peu partout, et tout le monde s'accordait pour dire que, maintenant, nous étions libres et que c'était fantastique. « Indépendance ». J'étais trop petit pour comprendre la signification de ce mot, mais puisque, autour de moi les gens semblaient si heureux, c'était sûrement quelque chose de bien.

Je revois toute la ville en mouvement. Des maisons se vidaient, les camions de déménagement passaient sans relâche tandis que le ciel était occupé par des avions dont le bruit de fond me résonne encore dans l'oreille. Pourquoi tant de personnes devaient-elles s'en aller ? Je l'ignorais. Mais cette agitation avait certainement un rapport avec l'indépendance. Les conversations ne tournaient qu'autour de cela.

Je garde un souvenir très précis de la première fois où je fus confronté à la violence. Nous étions au début de 1961, j'avais presque six ans. Ces images, je les associe à ce qui s'était passé six mois plus tôt.

Un dimanche matin, nous étions au temple où mon père officiait comme pasteur. Assis avec ma mère et mes sœurs sur l'un des premiers bancs, nous occupions notre place habituelle.

Une vague odeur de peinture nous chatouillait les narines car le bâtiment avait été inauguré depuis peu. Dans ce grand espace aux murs clairs illuminé par les nombreuses fenêtres, l'attention des fidèles – répartis selon le sexe : les femmes à gauche et les hommes à droite – se concentrait sur l'imposante estrade. Une croix rustique en bois foncé la surplombait et conférait à ce lieu une atmosphère toute religieuse, voire mystique.

Mon père et moi nous faisions face, en diagonale. À peine nommé pasteur, il s'était vu confier la charge de cette communauté et, pendant le culte, il se trouvait au centre de l'estrade. Au début de la cérémonie, deux des chorales avaient entonné un chant ; par la suite, au moment de la prière, tout le monde s'était levé. S'ensuivirent d'autres chants, cette fois avec toute l'assemblée.

L'église était pleine à craquer, comme souvent, et beaucoup fredonnaient les yeux fermés, les mains levées au ciel. C'était un cantique joyeux et simple, d'origine suédoise ; un missionnaire l'avait traduit en swahili. Avec ma petite voix d'enfant, je participais de mon mieux pour me faire entendre dans ce chœur harmonieux qui s'élevait dans les airs.

C'est alors que survint quelque chose d'épouvantable. Des hommes en uniforme, casqués et lourdement armés, forcèrent l'entrée du temple et, par l'allée centrale, avancèrent vers le podium. Là où se trouvait mon père mais aussi d'autres pasteurs, assis, de même que le missionnaire suédois affecté à notre église. En un instant, l'atmosphère changea du tout au tout. L'atmosphère joyeuse céda la place à une peur immense.

Moi, je n'y comprenais rien. Que faisaient ces soldats au temple ?

Ils encerclèrent l'estrade, semblant surtout intéressés par le missionnaire. D'un ton agressif, ils lui enjoignirent de se mettre debout, pour ensuite le faire descendre. Leurs bottes frappaient le sol avec la même intensité que les battements de mon cœur.

Cette brutalité me terrorisait. Paralysé, la bouche grande ouverte, j'observais leurs moindres faits et gestes sans pour autant trouver un début d'explication. Un profond malaise s'empara soudain de moi. Pourquoi emmenaient-ils notre missionnaire ? Qu'est-ce qu'il avait bien pu faire ?

S'attaquer à un missionnaire, c'était s'en prendre à tout mon univers. Les pasteurs et les missionnaires faisaient partie de ma vie quotidienne, ils nous rendaient régulièrement visite et, d'ailleurs, ils étaient essentiels au bon fonctionnement de l'église, comme j'avais pu m'en rendre compte. En enlevant l'un de ces piliers du temple, ces hommes en armes sapaient ma sécurité, ébranlaient tous mes repères.

Tant de questions se bousculaient dans ma tête. J'avais été entouré d'Européens depuis ma naissance et ne faisais pas de distinction entre Noirs et Blancs. À mes yeux, la couleur de la peau n'était pas un critère. La seule différence qui me frappait, c'était celle qui existait entre pasteurs protestants et prêtres catholiques. Ils occupaient la même position mais, alors que les pasteurs étaient habillés comme tout un chacun, les prêtres portaient un habit distinctif, la soutane. Voilà qui me semblait bizarre.

À un moment, les soldats passèrent si près de moi que j'aurais pu toucher leur uniforme. Je me fis tout petit sur mon banc mais cela ne m'empêcha pas d'entrevoir le missionnaire, entouré de ses assaillants. Ils se dirigèrent vers la sortie. Au début, je n'osai pas me retourner pour les suivre du regard, puis, tout doucement, je tournai légèrement la tête pour observer ce qui se passait sur le côté. Je vis des gens assis, figés. Le visage pétrifié et le regard vide, ils étaient presque méconnaissables. De l'extérieur, on entendit le bruit de véhicules qui démarraient. Les intrus descendirent la colline et disparurent en direction de la ville.

Je vis mon père se lever, probablement pour proposer à l'assemblée une prière pour le missionnaire enlevé. Il était à mi-chemin de la chaire quand mes nerfs ont lâché. Brusquement, un torrent de larmes coula sur mes joues. Le silence de l'église fut déchiré par mes cris. Je sentis sur ma nuque la main chaude de ma mère qui me serra contre elle. Ma jeune vie venait d'être frappée par une catastrophe, et désormais rien ne serait plus pareil.

C'est Anicet Kashamura qui portait la responsabilité de ce triste épisode. Ministre dans le gouvernement éphémère de Patrice Lumumba, il avait par la suite pris le pouvoir au Kivu en enlevant le président élu – mis en résidence surveillée. Kashamura détestait les Blancs et tenait à effacer toutes les traces de la période coloniale. Il avait inscrit cela en tête de son programme. Il ne lésinait pas sur les moyens pour chasser les Blancs, les descentes dans les églises faisant partie de ses « méthodes ».

Parmi ses cibles figuraient aussi des Noirs, du moins ceux qui fréquentaient les Européens. Nombre d'entre eux furent arrêtés, et c'est ainsi que, quelques jours après l'incident au temple, la police s'est présentée chez nous pour arrêter mon père. Je m'en souviens comme si c'était hier. Ils le firent sortir de la maison et l'obligèrent à monter dans leur voiture. Cela se passa calmement, sans l'agressivité affichée quelques jours plus tôt à l'égard du missionnaire. Et, dans notre entourage, personne n'envisagea le pire.

Mais les heures passèrent et nous étions toujours sans nouvelles de lui. Ma mère commençait à s'inquiéter. Entre-temps, la maison s'était remplie de parents et d'amis venus aux nouvelles. Dans une atmosphère à couper au couteau, papa réapparut enfin. Je me rappelle la réaction de maman, qui eut un choc terrible.

Papa raconta comment il avait été conduit au poste et jeté dans une cellule. Peu après, le chef de la police avait débarqué et lui avait brandi une arme sous le nez. L'atmosphère était si tendue que mon père commença à imaginer la suite… Nous étions six mois après l'indépendance et, depuis que les Belges étaient partis, des tas de gens se disaient que, désormais, tout leur était permis. Il fallait profiter de cette liberté nouvellement acquise, au-delà même de la raison. Si on voulait tuer en toute impunité, pourquoi pas ? Le pays était en pleine déliquescence. Quant au Premier ministre Lumumba, il avait disparu… Mon père avait été surpris de ne pas se retrouver entre les mains des militaires mais entre celles de la police, et il ne s'était pas préparé à affronter une telle hostilité. Mais il devenait de plus en plus clair que l'anarchie s'était installée à tous les échelons de la société, la police n'échappant pas à la règle. Personne, pas même un modeste et discret pasteur pentecôtiste, ne pouvait dès lors se sentir en sécurité.

Le chef de la police a levé son pistolet, pointé le canon sur la tête de mon père, le doigt sur la détente. Au moment où il s'apprêtait à appuyer, quelqu'un s'est avancé vers lui, a pris son bras et lui a dit :

— Ne faites pas ça !

Tout surpris, le commandant a fixé la personne qui voulait l'empêcher d'accomplir son méfait. Puis il a baissé son arme, lentement, comme s'il se rendait compte de ce qu'il avait voulu faire, a fait demi-tour et a quitté la cellule.

Mon père avait échappé à une mort certaine, mais qui était son sauveur ? Je l'ignore. Il a préféré garder l'anonymat. Bien connu à Bukavu, papa était apprécié pour sa douceur et sa compassion. Chaque dimanche matin, de bonne heure, il célébrait le culte pour les protestants dans les casernes des militaires ou de la police. Était-ce pour cette raison que sa vie avait été épargnée ? J'y vois en tout cas une explication plausible.

La violence que j'ai rencontrée dans mon enfance n'était pas seulement due aux militaires, elle pouvait prendre d'autres accents… Je pense à l'hostilité des catholiques à l'égard des protestants. Une agressivité parfois très désagréable. Mon père l'a ressentie dès son arrivée à Bukavu vers la fin des années 1940, et, durant toute mon enfance, la situation ne s'est guère améliorée.

Notre province comptait un grand nombre de communautés de chrétiens, souvent plus grandes que celle de mon père. Mais la sienne ne cessait de croître et, au moment de l'inauguration du nouveau temple, en juillet 1960, celui-ci pouvait rassembler jusqu'à 1 500 membres. L'édifice ne ressemblait pas à une église, plutôt à un entrepôt, voire à un immense garage. À l'extérieur, pas la moindre croix, afin d'éviter toute provocation inutile.

Bien sûr, les catholiques ne nous étaient pas tous hostiles, mais certains pouvaient se montrer obstinés. Ceux-là ne pouvaient se faire à l'idée que des protestants s'établissent à Bukavu. Ils manifestaient leur mécontentement de diverses manières, par exemple en nous jetant des pierres en plein culte. J'en étais paralysé de peur. Car, après les premiers crépitements à hauteur des fenêtres suivis de bruits sourds sur le toit, ces fanatiques ouvraient brusquement la porte et il pleuvait des cailloux. Dans le temple ! Nous nous penchions vers l'avant, essayant de protéger nos têtes. Je me recroquevillais sur mon banc. Et il arrivait aussi que les catholiques s'adonnent à des actes de vandalisme quand l'église était vide.

Mais il y avait pire… Notre vie était rythmée par des agressions en tout genre, quasi quotidiennes. Pendant mes études primaires, à partir de la troisième année, je fréquentais l'école de la Mission évangélique de Kadutu. Quelqu'un y avait décidé que nos uniformes seraient jaune et bleu, aux couleurs du drapeau suédois ! La distinction avec les enfants catholiques était dès lors frappante puisqu'ils étaient, eux, tout de blanc vêtus. Nous étions comme stigmatisés. Affichant notre appartenance protestante, qui se voyait de loin, comment aurions-nous pu éviter les injures dès que nous sortions de la mission ? Pour un enfant protestant, aller chercher de l'eau relevait presque de l'impossible : le chemin nous était souvent barré par les petits catholiques. Si nous voulions y arriver, il nous fallait demander l'aide d'un adulte…

Aujourd'hui, les choses ont changé, fort heureusement, même s'il persiste une certaine tension latente, qui se matérialise de temps à autre ; comme le jour où un jeune homme est venu me demander la main de notre fille Sylvie. J'ai donné mon accord, c'était un garçon très bien et je ne voyais pas pour quelle raison j'aurais refusé. Mais, dans notre entourage, ce fut la consternation. Certains ont qualifié ce mariage de vraie catastrophe.

Le fait est que notre famille est *bashi*, un groupe ethnique implanté dans le Sud-Kivu – la plupart des gens y sont catholiques. Mais nos racines sont à Kaziba, à la culture plutôt protestante ; cela s'explique par la présence de la Mission norvégienne installée là depuis une centaine d'années.

Autrement dit, les habitants de Kaziba ou ceux qui y résident depuis plusieurs générations se distinguent des autres membres de cette ethnie et forment en quelque sorte un sous-groupe ; on les appelle communément les *bazibaziba*. Il règne au sein de cette communauté une forte solidarité et l'esprit de groupe y est bien développé, la plupart des mariages se faisant d'ailleurs à l'intérieur. Rares sont ceux qui ouvrent le cercle familial à un catholique.

Mon futur gendre était catholique, c'est ce qui explique la vague d'indignation suscitée par ce mariage. Comment ma fille pouvait-elle faire une chose pareille, alors que son grand-père avait été l'un des grands dirigeants protestants de Bukavu ? Et moi, le docteur Mukwege, où avais-je la tête quand j'approuvai son choix ? N'était-ce pas à moi de défendre les valeurs familiales ?

Non, à mes yeux, accueillir ce jeune homme dans notre famille ne posait aucun problème. Vivre en vase clos n'est jamais bon, même si en fin de compte c'est surtout l'avis de mes enfants qui m'importe ; ils doivent prendre leur vie en main, décider de leur avenir. Et si je constate qu'ils sont heureux dans ce qu'ils entreprennent, je ne peux que les soutenir. Pour un père, quoi de plus normal ?

Et puis, qui suis-je pour faire obstacle à leur amour ? Mon propre mariage, comme d'ailleurs celui de mes parents, avait bousculé les traditions et dépassé certaines frontières. Comment aurais-je dès lors pu barrer le chemin à mes enfants ?

J'ai assisté à leur mariage civil mais pas à la cérémonie religieuse, qui a eu lieu dans la paroisse catholique de Bukavu. J'ai préféré rester à la maison, c'est l'un de mes frères qui m'a remplacé pour conduire ma fille à l'autel.

J'avais pris cette décision pour ne pas jeter inutilement de l'huile sur le feu. Ma communauté rejetant unanimement cette union, j'espérais ainsi désamorcer un conflit sans doute difficile à gérer. Ma fille comprenait mon choix. Et, malgré mon absence à la cérémonie, elle savait qu'elle pouvait compter sur mon soutien total.

Comment ne pas souhaiter la disparition de ces clivages ? Se marier par-dessus les frontières religieuses doit devenir la norme. Ce qui sauve l'homme, c'est sa relation avec Dieu, et non la religion. Tout le reste n'est que mesquinerie. Mais puisque cette façon de penser est profondément enracinée, il faudra donner du temps au temps...

Les manifestations qui réunissent catholiques et protestants sont plutôt rares. Des exceptions existent, toutefois. J'ai été ainsi invité à une cérémonie qu'organise chaque année la communauté catholique. Cette journée commémorative est dédiée à la mémoire de Mgr Christophe Munzihirwa, archevêque de Bukavu, assassiné le 29 octobre 1996. Homme juste, connu pour son franc-parler, il était devenu gênant pour les troupes qui avaient envahi la ville.

Des soldats l'avaient arrêté à un barrage routier et l'avaient forcé à sortir de sa voiture. De la main gauche, il tenait une croix. Ayant manifestement agi sans instruction précise, ses agresseurs contactèrent alors un supérieur par radio. L'ordre fusa : « Tuez-le. » L'archevêque fut emmené à quelques mètres de là et l'un des soldats s'est chargé de la sale besogne.

Je ne connaissais pas personnellement Mgr Munzihirwa mais à cette époque – vers la fin de 1996 – tous ceux qui habitaient ici ont vu leur vie changer. Le jour de son assassinat – je m'en souviens très bien –, je fus moi-même poursuivi et obligé de fuir la ville dans le coffre d'une voiture, accusé de trahison.

Chaque jour, sur le chemin qui mène à l'hôpital, je passe à l'endroit où l'archevêque a été assassiné. Des deux côtés de la route, des images évoquent son souvenir. Elles sont remplacées chaque année lors d'une cérémonie. C'est donc à cette commémoration que j'ai été invité. Il ne s'agissait pas seulement d'honorer une personnalité à l'engagement fort, c'était aussi l'occasion de dénoncer la violence dans la région.

Compte tenu de ce que j'entends quotidiennement à la radio, de ce que j'observe pendant mon travail à l'hôpital et des menaces dont je suis victime, des manifestations de ce genre sont inestimables. Il n'y en aura jamais trop…

Ici, au Congo, il y a ce que nous appelons la « société civile ». Fortes et bien implantées, des associations de citoyens appellent tous les secteurs de la population – notamment les croyants de différentes confessions – à se dresser contre la violence, à dénoncer les abus de pouvoir, la corruption… Tout ce qui trouble ou révolte les habitants est dans leur collimateur. À différentes occasions, ces comités organisent une « journée ville morte », ce qui signifie que toutes les activités sont suspendues l'espace d'un jour. Les usines, les ateliers, les magasins, les écoles… tout est fermé en signe de protestation. Après la tentative d'assassinat dont j'ai été victime en octobre 2012, Bukavu a observé une journée ville morte. Une manière pour la population de protester contre la violence et de témoigner son soutien. En de tels jours, tous sont unis, catholiques, protestants et autres croyants, oui, toute la ville. Le mal qui ronge l'est du Congo fédère les gens du Kivu, cela saute aux yeux, et le pouvoir des églises est très important ; nous sommes écoutés.

Au début du mois d'août 2012, les rues de Bukavu furent noires de monde, remplies d'une foule impressionnante qui refusait ce que nous appelons « la balkanisation » du Congo. Car il existe ici des forces destructrices qui voudraient détacher les provinces du Kivu pour en faire une entité indépendante. Mais le message de cette manifestation était on ne peut plus clair : le Congo doit rester uni et, ensemble, nous lutterons pour la paix. Un jour viendra où nos voix réunies, celles de la population et de toutes les Églises, seront si fortes qu'elles auront raison des forces du Mal. Peut-être que nous pourrons alors enfin aller de l'avant…

Quand j'avais neuf ans, ma famille fut profondément secouée. Des rebelles avaient envahi la partie sud de la province et nombre d'habitants avaient été massacrés, leurs maisons incendiées ou mises à sac.

Ceux qui osaient s'opposer ou qui disaient du mal des rebelles voyaient leur nom inscrit sur une liste noire. Leur vie ne tenait plus qu'à un fil. Parmi ceux qui furent exécutés, il y eut Isaak, le fils d'un des meilleurs amis de mon père. Un deuil profond s'empara de notre famille après l'annonce de sa mort brutale. Lors de ses funérailles, dans l'église de Bukavu, c'est papa qui officia.

Son père, Ibrahim, était à la tête d'une région dans les montagnes de Lemera, non loin de la station missionnaire établie par les Suédois dans les années 1920. Isaak avait été tué sous les yeux de son père, qui devait subir le même sort – sauf que les insurgés l'ont raté. Grièvement blessé, il ne survécut que par miracle. Il savait néanmoins qu'ils ne le lâcheraient pas.

Comme il ne pouvait pas rester dans les montagnes, mon père lui proposa de le cacher chez nous, à Bukavu. Mais, pour cela, il lui fallait parcourir environ 100 kilomètres sans être repéré. Ibrahim y parvint. À cette époque, les rebelles menaient une guérilla dans la province, depuis des mois et, lorsqu'ils essayèrent de prendre Bukavu, les troupes gouvernementales parvinrent chaque fois à les repousser.

Le dirigeant des rebelles s'appelait Pierre Mulele. Jeune politicien, il avait été, comme Kashamura, ministre dans le gouvernement de Lumumba. Pour étoffer les rangs de son armée, il recourait à la superstition et à la sorcellerie. Tout soldat devait subir un rite d'initiation et être aspergé d'une eau bénite, une décoction d'herbes diverses. Grâce à cette « potion magique », les balles de l'ennemi seraient inefficaces ; après l'impact, elles tomberaient tout simplement par terre, telles des gouttes de pluie.

La plupart des soldats étaient de jeunes garçons errant dans la brousse. Le visage peint de kaolin et d'argile rouge, torse nu, portant des coiffures fabriquées avec des feuilles de bananier et drogués à outrance, ils partaient au combat en criant *« Mai ya Mulele ! »* (« L'eau de Mulele ! »), convaincus de leur invulnérabilité. Pour parer à l'éventuel danger, les soldats de l'armée régulière tressaient, eux, une couronne de feuilles autour du canon de leur fusil ; celle-ci devait enlever à la sorcellerie de Mulele sa force, pour autant qu'elle existe.

La rébellion muleliste finit par atteindre Bukavu. Nous étions dès lors en danger puisque notre maison était pleine à craquer : nombre de personnes venues des montagnes et figurant sur cette liste funeste – dont Ibrahim – pensaient avoir trouvé chez nous un havre de paix. Il n'était plus question de rester dans la maison, et, juste au moment où nous nous apprêtions à fuir, les rebelles ouvrirent le feu dans la cour de l'église.

Je vis des hommes tomber sous les balles, des policiers, de simples citoyens… et, pendant que nous fuyions à toute vitesse, les rebelles forcèrent la porte de l'église. Ils étaient à la recherche d'Ibrahim et de tous ceux qui figuraient sur la liste noire. Apparemment, des indicateurs les avaient conduits à penser que les fugitifs se cachaient là ou dans les alentours.

Après avoir constaté que l'église était déserte, ils se dirigèrent vers notre maison, située juste à côté. Et là, même constat : plus une âme. Il n'y avait pas cinq à dix minutes que nous étions partis…

Nous avons traversé la ville à toute vitesse, jetant souvent un regard en arrière ; l'idée de nous trouver nez à nez avec les rebelles nous obsédait. Au bout de quelques kilomètres, nous fîmes halte chez une famille que nous connaissions. Mais il fallut vite reprendre la route et, avant la tombée de la nuit, nous avions atteint un village où nous nous sentions en sécurité. Quant aux soldats de Mulele, ils occupèrent la ville durant trois jours avant que l'armée gouvernementale ne riposte, les obligeant à entamer leur retraite. Après une semaine passée au village, nous avons pu rentrer chez nous. Ma vie avait encore changé. Sous mes yeux, des gens avaient été tués, sans discernement et sans raison. Qui plus est devant l'entrée de l'église… Ce sont des scènes que je n'oublierai jamais.

Nous avions échappé de peu aux rebelles. À quelques minutes près, Ibrahim et ses amis de la montagne étaient voués à une mort certaine. Et qui sait ce qu'il serait advenu de nous ? Heureusement, nous étions tous sains et saufs. Ibrahim n'allait pas tomber dans les griffes des rebelles et il vivrait encore de longues années.

Cet épisode me trottait sans doute dans la tête et c'est ce qui explique ma vive réaction quand, trois ans plus tard, en 1967, une armée de mercenaires blancs se trouva aux portes de Bukavu. Fallait-il s'attendre à une nouvelle occupation ? Joseph-Désiré Mobutu était alors président depuis deux ans. S'appuyant sur ces bandes de mercenaires, il avait définitivement chassé les rebelles mulelistes de la province du Kivu.

Mais le problème était que ces soldats n'avaient pas reçu leur solde. Ils menaçaient d'envahir Bukavu afin de prélever eux-mêmes leur dû. Dans les alentours existaient de nombreuses exploitations de minerais dont ils voulaient prendre le contrôle. Cette armée de mercenaires était dirigée par un Belge, Jean Schramme. Avec ses hommes, il se trouvait pour l'heure au Rwanda, à quelques kilomètres seulement de Bukavu.

Je le percevais comme une sorte de spectre. À la seule évocation de son nom, j'avais des frissons dans le dos. Ma vie en ces temps-là était perturbée, j'avais du mal à trouver le sommeil et faisais de terribles cauchemars.

J'ai dès lors supplié mes parents de me laisser quitter la ville. Mon plan : aller habiter chez des membres de la famille à Kaziba, à une journée de marche. Et, comme certains de ces parents étaient justement en visite chez nous, je proposai de rentrer avec eux et de rester là-bas, le temps que la situation se calme.

Mais pour papa et maman, ce départ était impensable. Ils refusèrent. Et mes angoisses persistèrent. À cette période, il m'arrivait de ne pas fermer l'œil de toute la nuit. Je restais étendu sur mon lit jusqu'au lever du jour. Puis arriva le moment où nos invités devaient rentrer à Kaziba. Ce jour-là, il n'était pas encore 5 heures quand je les entendis se préparer.

Tout juste après leur départ, je me suis levé pour vite enfiler mes vêtements. J'ai marché doucement jusqu'à la porte, l'ai ouverte sans faire de bruit et me suis retrouvé dans la cour. Il faisait encore nuit, la température était fraîche – Bukavu est situé à quelque 1 500 mètres d'altitude et, de surcroît, près d'un grand lac. Pendant plusieurs secondes, je suis resté là, immobile, les oreilles grandes ouvertes. Y avait-il de l'agitation à l'intérieur de la maison ? Non, tout était calme, ma sortie n'avait éveillé personne. Je me sentais soulagé.

J'ai quitté la cour pour prendre la route. Mais, 50 mètres plus loin, je me suis arrêté, me demandant si j'irais au bout de mes idées. Que je désobéisse à mes parents, c'était rare. À vrai dire, cela n'était pratiquement jamais arrivé. Pourtant, j'avais le sentiment que cette fois je n'avais pas le choix. Je ne voulais pas rester plus longtemps en ville, la peur me tenaillait. Quant à la réaction de mes parents, je verrais ça plus tard.

C'était la saison sèche, le ciel était clair, les étoiles illuminaient le chemin. Ma famille de Kaziba avait quelques minutes d'avance, je pourrais facilement les rattraper. Je devais toutefois rester vigilant et maintenir une certaine distance entre nous car, s'ils se rendaient compte que je les suivais, ils allaient certainement me renvoyer sur-le-champ. Et cela, il n'en était pas question. Je me suis mis en marche et pus bientôt les discerner au loin. À la lueur des étoiles, je distinguai clairement leurs silhouettes. La route montait, nous nous dirigions vers le sud. Aux premières lumières du jour, des gens s'activaient le long de la route, la vie reprenait son cours.

Nous sommes passés par le quartier de Panzi, là où se trouve aujourd'hui l'hôpital. À l'époque, ce coin n'était guère habité. La région était alors couverte d'immenses forêts et de plantations, ces dernières restant toutefois abandonnées depuis le départ précipité des Belges.

Après un peu plus de deux heures de marche, j'oubliai ma prudence. Quel ne fut pas l'étonnement de ma famille quand ils s'aperçurent que quelqu'un les suivait. Et que ce quelqu'un était moi.

— Bon Dieu, mais qu'est-ce que tu fais ici ?

— Je suis en route pour Kaziba.

— Tu es sans doute parti sans permission ?

Baissant les yeux, j'ai hoché la tête. J'aurais voulu rentrer sous terre.

Du coin de l'œil, je les ai vus se regarder. Il s'ensuivit un long silence.

— L'un de nous va t'accompagner et te ramener chez toi, dit finalement quelqu'un.

Mes larmes commencèrent à couler.

— Je ne veux pas, j'ai trop la frousse, leur dis-je, dévasté, la mine déconfite.

Dans le groupe, il y avait un certain Zacharie. Habitant la montagne, juste au-dessus de Kaziba, c'est lui qui s'occupait des vaches de la famille.

— Tu peux habiter chez moi, dit-il. Tu m'aideras à garder le bétail.

Dès mon plus jeune âge, j'avais été attiré par la nature. J'adorais me balader dans nos denses forêts ou m'émerveiller devant les somptueux panoramas de la région. Je n'ai jamais cessé de me ressourcer dans la nature.

Chez Zacharie, le décor était grandiose et j'ai beaucoup apprécié les longues marches avec le bétail. Cela m'a apaisé. Jean Schramme paraissait si loin…

Mais ce calme était trompeur, j'avais à peine passé une semaine dans ce cadre idyllique que nous apprîmes la prise de Bukavu. Les mercenaires s'en étaient emparés, mes pires craintes étaient devenues réalité. Et comme si cela ne suffisait pas, on m'avertit aussi que notre maison à Kadutu avait été touchée par une bombe. J'étais choqué, abasourdi.

Apprendre une telle nouvelle quand on a douze ans et qu'on est loin de sa famille, cela vous marque à jamais. Les pensées les plus diverses se bousculèrent dans ma tête. Une bombe sur notre maison, cela signifiait quoi ?

Étais-je devenu orphelin, avais-je perdu des frères ou des sœurs ?

J'ai quitté Zacharie pour aller m'installer au village. La Mission norvégienne y disposait d'une grande station, avec un hôpital et une école. Mon père était très ami avec le directeur de cette école, c'est donc lui qui me logeait.

Face à cette nouvelle flambée de violence, la population de Bukavu tentait de s'échapper. J'observais l'interminable colonne de fugitifs depuis le bord de la route. En demandant aux passants des nouvelles du pasteur Mukwege, j'essayai de savoir ce qui avait bien pu arriver à ma famille. Plus d'un me confirma que la maison avait été partiellement détruite. Mais y avait-il des blessés, voire des morts ? Aucune réponse, ni dans un sens ni dans l'autre…

Pendant un ou deux jours, ce fut l'incertitude totale, jusqu'à ce qu'un homme parmi la foule me raconte avoir vu deux corps étendus dans notre cour. Aucune précision quant à l'identité des morts, qu'il avait aperçus d'assez loin. Il pensait qu'il s'agissait peut-être d'un homme et d'une femme, ou bien de deux adolescents…

Mes craintes finirent par se dissiper quand je vis arriver ma famille à Kaziba. Ils étaient tous vivants, heureusement ; pas un seul blessé. Mon père et ma sœur aînée Elizabeth étaient présents au moment de la déflagration, tandis que ma mère et mes autres frères et sœurs avaient déjà quitté Bukavu, la veille.

Et les deux cadavres dans la cour, qui était-ce ?

— Leah et Job, expliqua mon père, d'un ton désolé.

Cette nouvelle m'ébranla. Ces enfants appartenaient à notre cercle d'amis. La fille avait treize ans, le garçon vingt.

— Leah et Job ! répétai-je, aussi surpris que peiné.

Puis, il y eut un long silence.

— Pourquoi se trouvaient-ils dans notre maison à ce moment-là ?

— Ils fuyaient les combats, répondit mon père.

Les accrochages entre mercenaires et soldats du gouvernement s'étaient poursuivis dans certains quartiers de la ville, mais personne n'avait imaginé qu'ils toucheraient Kadutu. Ce ne fut d'ailleurs pas le cas. Excepté l'attaque de notre maison, qui n'était rien d'autre qu'une erreur tragique. Les troupes régulières ayant été mises en difficulté, l'état-major avait engagé des bombardiers dans la bataille. Mais les pilotes avaient manifestement reçu des informations approximatives et s'étaient trompés de cible. Les bombes avaient été larguées loin des forces ennemies et l'une d'elles s'était écrasée sur notre demeure.

La maison, longue et étroite, avait quatre pièces et était construite en briques sombres à la finition grossière. D'habitude, je dormais dans une chambre du milieu : c'était précisément là que se trouvaient Leah et Job quand survint la catastrophe. Le toit s'effondra, les briques volèrent en éclats ; les deux jeunes gens n'avaient aucune chance de s'en sortir.

L'explosion fut si violente qu'elle causa une onde de choc à travers toute la maison, de sorte que plusieurs personnes qui occupaient les pièces contiguës furent grièvement blessées.

— J'ai enterré les morts devant l'entrée de notre maison, conclut mon père.

Il fallut près de deux mois à l'armée gouvernementale pour venir à bout des rebelles de Jean Schramme. Lorsque ma famille fut sur le point de rentrer à Bukavu, j'ai demandé à pouvoir rester à Kaziba. Je ne voulais pas l'admettre à l'époque, mais, toujours habité par la peur, j'étais encore trop bouleversé pour rentrer. Je n'étais pas prêt.

Nous nous sommes arrangés pour que je puisse suivre des cours à Kaziba, ce qui se révéla d'ailleurs plus compliqué que prévu. Car les rebelles restés dans les parages poursuivaient leurs actions de guérilla, et certaines zones étaient de temps à autre interdites d'accès ; le premier trimestre, je suis ainsi passé d'une école à l'autre.

Au bout du compte, mon absence a duré toute une année et, lorsque je suis revenu à Kadutu, mon regard s'est inévitablement porté vers le petit tertre près de la porte. Là où reposaient les corps de Leah et Job.

Même si, avec le temps, je devais m'y habituer, je ne parvenais pas à me débarrasser de cette idée : là gisaient deux adolescents qui avaient été tués dans ma chambre ; normalement, j'aurais dû me trouver à leur place si je n'avais pas quitté la maison contre la volonté de mes parents.

J'étais un survivant, et ce n'était pas facile à vivre…

Allongé sur son lit, un petit garçon était pris de convulsions et transpirait beaucoup. Appelé à son chevet, mon père sortit son petit flacon d'huile, en dévissa le bouchon et laissa tomber quelques gouttes dans sa main. Il s'inclina au-dessus de l'enfant et lui oignit le front d'huile tout en récitant une prière. J'étais là, à ses côtés, la tête baissée, les yeux fermés, inquiet d'entendre le garçon gémir sous la main de papa, que je savais pourtant très douce.

Cet enfant était fort malade et je souffrais avec lui. Mais cette seule prière allait-elle le guérir ? Rongé par le doute, je me demandais pourquoi papa ne pouvait lui administrer un médicament. C'est ce qu'il faisait avec moi quand j'étais malade – il priait et me donnait des médicaments.

Alors, pourquoi pas lui ? Cette question me tracassait, je décidai donc d'en parler à papa quand nous aurions fini.

C'était un dimanche après-midi, j'accompagnais mon père qui rendait visite à des malades. Le jour du Seigneur, j'étais toujours à ses côtés. Vu son emploi du temps bien rempli, nous nous levions longtemps avant l'aube ; il nous fallait d'abord parcourir 5 kilomètres à pied pour rejoindre l'autre bout de la ville, là où, à la caserne, papa célébrait le culte pour des soldats protestants, dès 4 h 30.

Un horaire fort matinal, mais il fallait avoir terminé avant la messe des catholiques, programmée à 6 heures. Ce n'est qu'à cette condition que mon père avait obtenu la permission d'officier en ces lieux.

Après un autre service à la caserne de la police, c'était enfin le tour de notre église. Et la cérémonie durait plusieurs heures. Dans la foulée, vers les 14 heures, suivait la visite des malades, dans les dispensaires ou à domicile.

Accompagner mon père dans ses déplacements m'avait toujours plu. J'étais impressionné par l'homme, son engagement à toute épreuve, mais c'est surtout dans le contact avec les malades qu'il excellait. Redonner du courage, telle était sa devise ; ses prières étaient marquées d'une sincérité profonde.

Une seule ombre au tableau – les médicaments. À peine avions-nous quitté le foyer du petit garçon alité que la question fusa : pourquoi me donnait-il des médicaments à moi, mais pas aux autres malades ? Beaucoup d'entre eux étaient dans un piètre état, bien plus mal en point que moi quand je souffrais. Notre dernière visite me taraudait l'esprit…

Papa s'arrêta en pleine rue et essaya de m'apporter une explication.

— Moi, je fais ce que je peux faire et ce que je sais faire – je prie. Ce sont d'autres qui donnent les médicaments, ils ont été formés pour ça, c'est leur métier.

J'avais croisé ces gens dans les dispensaires. Reconnaissables à leurs blouses blanches, ils distribuaient des médicaments dans de petits récipients. J'avais entendu qu'on les appelait les *muganga*. L'un d'eux avait sans doute donné à papa les comprimés qu'il m'administrait quand j'étais malade.

— Alors, je serai un *muganga*, dis-je.

— Parfait, répliqua mon père. Nous serons complémentaires, toi tu donneras les médicaments et, moi, je prierai.

Cette discussion n'est pas allée plus loin mais ce fut l'un des moments les plus importants de ma vie. J'allais devenir quelqu'un qui distribue des médicaments. C'était une décision sérieuse, et déjà solidement ancrée en moi. Jamais je n'imaginerais exercer une autre profession.

Je ne serais ni enseignant, ni pilote, je serais un homme en blouse blanche. Nous étions en 1963 et j'avais huit ans.

C'est mon père qui m'a montré la voie. À tous points de vue.

Au fil du temps, papa et moi sommes restés très proches. Il est décédé en octobre 2010. Avec lui, je perdais non seulement un père mais aussi un ami. Il était à la fois mon modèle et mon conseiller. Et un soutien sans faille. Nous avions pris l'habitude de nous retrouver chaque samedi pour prendre le thé et pour prier. Vu notre complicité, j'eus l'impression – après son départ – d'avoir perdu une partie de moi-même.

Son décès inopiné nous surprit tous. Il paraissait en bonne santé, débordant d'activité jusqu'à son dernier souffle. Mais il avait eu comme un pressentiment. Deux semaines avant de mourir, nous eûmes un entretien qui m'avait étonné et mis mal à l'aise.

Il allait partir, m'avait-il dit tout à coup.

Sur le moment, je n'avais pas compris.

— Que veux-tu dire ? Où vas-tu ? lui demandai-je alors.

— Je vais chez mon Père, l'heure est venue. J'ai vécu ma vie et cela me suffit.

— Non, arrête, ne dis pas ça, protestai-je. Il ne faut pas dire des choses pareilles. Tu as encore beaucoup d'années devant toi.

Il rit à sa manière, discrètement. Et de rajouter :

— Cela me suffit. Tout ce que je voulais faire en ce bas monde, je l'ai fait. Il me reste maintenant à rencontrer mon Père au Ciel.

J'ignore pourquoi je me suis un peu fâché, je n'aurais pas dû. Ces pensées et ces paroles étaient celles du théologien. Il en allait ainsi dans notre milieu, le but ultime de la vie étant de rejoindre Dieu au Ciel.

Papa avait suggéré que son moment était venu et je ne voulais pas en entendre parler. L'idée de sa mort suscitait chez moi un sentiment de panique.

— Nous pouvons discuter de plein de choses, lui dis-je. Mais pas de ça, il n'en est pas question.

J'ai par la suite entamé un long déplacement et, pendant mon absence, mon père a été victime d'une grave attaque cérébrale. À mon retour, je l'ai trouvé plongé dans le coma ; on l'avait transféré à l'hôpital de Panzi. Il est décédé peu après, le 7 octobre. Pure coïncidence, cette date ? Toujours est-il qu'elle avait une signification particulière pour notre famille. Car, dix ans plus tôt, papa avait décidé que toute la famille – où que nous nous trouvions – se retrouverait une fois l'an pour être ensemble et pour prier.

« On se retrouvera chaque année le 7 octobre », avait-il décrété.

Aucun d'entre nous n'avait compris le choix de cette date, elle semblait prise au hasard. En attendant, nous retrouver ce jour-là était devenu une tradition et, quand il est mort, nous fûmes non seulement accablés par le deuil mais aussi interloqués par le fait qu'il soit mort juste ce jour-là – comme s'il l'avait su. Dans un certain sens, la tradition avait été maintenue, car une famille n'est jamais aussi unie que lorsqu'elle perd l'un des siens.

Après son décès, j'ai appris qu'une semaine avant son AVC il avait prévenu toute une série de gens de notre entourage qu'il allait « partir ». Troublés, ils avaient tous posé la même question que moi : mais où donc ? Ses propos avaient paru bizarres. Dans sa logique, ils n'avaient toutefois rien d'étonnant, puisqu'il vivait dans la certitude d'être arrivé au terme de sa vie et que le moment de franchir le dernier seuil était venu.

Sans que personne l'ait compris, il avait pris congé de nous...

Cette fin cadrait bien avec la façon dont il avait vécu. Papa était un homme calme. Ici au Kivu, il arrive fréquemment que les pères battent leurs enfants, c'est leur façon de les élever. Ils les menacent et les coups pleuvent, comme si la peur pouvait les amener à obéir. Ils croient bien faire, mais sont-ils seulement conscients de la torture qu'ils infligent à leurs enfants ? Ceux-ci grandissent dans la crainte et l'insécurité, et ce n'est pas par hasard que beaucoup de jeunes de notre province sont atteints de troubles psychiques.

Je suis fier de pouvoir affirmer que j'ai passé mon enfance entouré de parents très affectueux. Pas une seule fois mon père n'a levé la main sur moi, ni sur quelqu'un d'autre. Les conflits, il les évitait plutôt, ne haussait jamais la voix et désapprouvait toute forme de dispute. Quand, avec mes frères et sœurs, nous commencions à nous chamailler et que le ton montait, mon père réagissait immédiatement. Il nous demandait d'aller dans une autre pièce ou de poursuivre notre chamaillerie à l'extérieur. Il était allergique à la discorde.

Pasteur durant plus de trente ans, il s'était vu confier la charge de l'église locale. Après sa retraite, il continua ses visites dans les hôpitaux et les prisons, comme il l'avait toujours fait. Être en contact étroit avec ses semblables, les consoler et les guider dans la vie, voilà ce qu'il préférait par-dessus tout. Il avait fini par gagner le respect de larges pans de la population de Bukavu. Certes, ce n'était pas quelque chose qui se disait à voix haute, cela ne se faisait pas, mais la façon dont les gens parlaient de lui, ne fût-ce qu'en évoquant son nom, trahissait la grande estime qu'ils lui portaient.

Après avoir quitté le pastorat, mon père vit l'atmosphère changer dans notre église. Plus tendue, plus rigoureuse... L'esprit de réconciliation et d'entente qu'il avait prôné durant tant d'années fut remis en question par une direction rigide, aux méthodes sévères. Mon père le regrettait vivement et en était profondément affecté.

Ma mère, quant à elle, avait un caractère fort différent. Maman et papa avaient des conceptions de l'éducation pour le moins contradictoires. Elle réagissait au quart de tour, se mettait en colère quand je me montrais espiègle. C'était la fessée ou une gifle légère, une tape comme on dit, cela se faisait sur-le-champ, puis on n'en parlait plus. Elle ne punissait jamais après coup et n'utilisait jamais de bâton ou tout autre ustensile. Une fois la correction appliquée, la page était tournée.

Pourtant, je préférais que ce soit elle plutôt que papa qui me punisse. Lui, avec ses mots – c'était sa grande force –, avait parfois un plus grand effet que ses gifles à elle. Sur un ton calme et mesuré, il disait des choses qui allaient droit au cœur, qui pouvaient y rester et vous faire mal longtemps. Mon père était une personne profonde.

⁂

Avec son modeste salaire de pasteur et une famille qui ne cessait de s'agrandir – nous avons fini par être neuf frères et sœurs –, il ne lui était pas toujours facile de joindre les deux bouts. D'ailleurs, à un certain moment, il éprouva des difficultés à payer mes frais de scolarité. Je commençais à m'inquiéter. Devoir renoncer à un trimestre, voire à toute une année scolaire aurait été, à mes yeux, une catastrophe, car rien au monde ne comptait pour moi autant que l'école. Dès l'âge de cinq ans, j'avais supplié mes parents de commencer à aller en classe, et j'avais beaucoup pleuré en comprenant que ce n'était guère envisageable. Plus tard, quand j'ai enfin pu fréquenter les bancs de l'école, j'ai été tout heureux et me suis promis de ne jamais y arriver en retard.

D'un pas léger, je dévalais les pentes de Kadutu pour prendre le car qui me menait à l'ancienne école des Belges, située en ville.

Réservée aux enfants blancs avant l'indépendance – à quelques exceptions près –, elle était désormais accessible à tous. Nous étions environ mille élèves dans ce complexe situé près d'un lac et composé de plusieurs bâtiments longs et étroits. Je ne sais pas au juste pourquoi j'étais autant attiré par l'école. Sans doute ma curiosité, ou mon goût d'apprendre tout simplement. Ma mère m'a raconté que j'étais un enfant qui écoutait. Il y avait toujours du monde à la maison – des pasteurs logés pour la nuit, des parents, des amis… On s'entretenait, on discutait à bâtons rompus jusque tard le soir, et moi j'étais là, accroupi sur le sol, silencieux et discret au milieu de ces échanges d'idées, les oreilles grandes ouvertes ; ma mère l'avait bien compris. Avide de savoir, de comprendre, l'école était exactement ce qu'il me fallait.

Après la deuxième année scolaire, je changeai d'établissement. Non pas à cause de l'enseignement – j'aimais beaucoup les cours – mais parce que les écoles de la Mission rouvraient leurs portes. Les troubles qui avaient accompagné l'Indépendance s'étaient quelque peu apaisés et, dès lors, les missionnaires qui avaient fui le pays commençaient à revenir.

Chez beaucoup d'enfants, l'enthousiasme pour l'école tombe au bout de quelques années, mais ce ne fut pas mon cas. Le mien resta intact et je fis tout mon possible pour décrocher de bons résultats. C'est à cette époque-là, vers la fin des études primaires, alors qu'une nouvelle année scolaire s'annonçait, que mon père me fit comprendre que le paiement des nouveaux frais de scolarité lui posait problème. Je réagis avec virulence, sur un ton provocateur :

— Pourquoi es-tu pasteur ? Avec ton petit salaire, tu n'arrives même pas à payer les frais de scolarité de tes enfants ! Pourquoi n'es-tu pas commerçant ou dans une filière qui paie mieux ?

Il me regarda un instant, sans piper mot, puis :

— Jusqu'à présent, tu n'as jamais dû rater une année scolaire. Tu manges chaque jour à ta faim et, pour ce qui est des vêtements, tu as tout ce qu'il te faut.

Devant son regard un peu triste, je n'ai pu que hocher la tête.

— Plusieurs de mes collègues ont abandonné leur travail à l'église au profit d'un emploi mieux rémunéré. Aujourd'hui, tous leurs enfants sont dans la rue. Il n'y a pas que l'argent dans la vie. Tu dois comprendre qu'il existe d'autres valeurs, plus importantes.

Ces paroles venues du fond de son cœur m'ont ému. À force de m'apitoyer sur moi-même, j'étais devenu aveugle. Bien sûr qu'il avait raison, qu'est-ce qui m'avait pris de lui faire de tels reproches ?

Ce jour-là, mon orgueil m'empêcha de lui demander pardon. Mais au bout d'une semaine, n'ayant pas la conscience tranquille, je lui présentai mes excuses.

— Pardonne-moi, papa, je n'aurais jamais dû te parler comme je l'ai fait. Je ne pensais qu'à moi, je suis désolé. Tu fais de ton mieux pour nourrir ta famille, je le sais bien.

En réalité, je me comparais aux autres, comme le font beaucoup d'adolescents… J'étais probablement jaloux des copains qui venaient de familles plus aisées. C'était humain. Au début de mes études secondaires, j'ai dû faire 8 kilomètres pour aller jusqu'au lycée. La plupart du temps en car. Mais les fins de mois étaient parfois si difficiles qu'il n'y avait même pas de quoi payer le ticket. Je faisais alors l'aller-retour à pied. L'école avait un internat, et je rêvais d'y avoir ma place. Les longues marches prenaient beaucoup de temps, aux dépens de mes études. Alors, je me suis de nouveau plaint… Cette fois-ci, la réponse de mon père a sonné comme un coup de tonnerre.

— Comment oses-tu te plaindre alors que tu es inscrit dans les plans du Seigneur, asséna-t-il.

Face à cette réplique, l'adolescent que j'étais prit soudain peur. Les longues marches me fatiguaient et je voulais consacrer plus de temps à mes devoirs, voilà pourquoi j'avais protesté. Rien d'autre. Et puis, je reçus cette réponse écrasante. Quelle parade aurais-je pu trouver ? J'allais continuer à me déplacer à pied…

Mais, en fin de compte, mon père ne m'a jamais déçu. Après avoir réglé tous mes frais de scolarité, il a pris en charge les coûts d'internat de mes deux dernières années de lycée.

Il fallait impérativement résider à l'école ; la concurrence entre élèves était rude et les examens très durs.

L'école, à la périphérie de la ville, était située tout en haut des collines, avec vue sur le lac. Les alentours étaient fantastiques, avec leurs arbres en fleurs et leurs splendides jardins. Un avant-goût du paradis… Et l'enseignement était enrichissant à beaucoup d'égards.

La Mission pentecôtiste suédoise et sa sœur norvégienne géraient ensemble cette école, plutôt destinée à former des élites. Seuls les deux meilleurs élèves des cycles d'orientation dans les différentes écoles de la Mission au Kivu y étaient admis. Je tiens à souligner que, si j'ai pu y entrer, ce fut grâce à mes résultats scolaires et non, comme les mauvaises langues pourraient le laisser entendre, parce que j'étais fils de pasteur.

J'avais intégré la section scientifique – biologie et chimie – car dès le début j'avais choisi l'orientation qui allait me mener vers mon futur métier. Ma première idée était de devenir infirmier, mais quelqu'un me conseilla de viser plus haut, de faire médecine ; on m'estimait capable d'y parvenir. À cette époque, la plupart des médecins de la province étaient européens et, à la station missionnaire des montagnes de Lemera, on venait de prendre la décision d'ouvrir un hôpital. Trouver un emploi ne serait sans doute pas trop difficile ; il restait que mes études allaient peser sur le budget familial.

J'étais fou de joie quand mon père m'annonça la bonne nouvelle : il pouvait assumer mes frais d'internat à l'école. Instantanément, mes pensées allèrent vers ce petit garçon malade auquel nous avions rendu visite.

C'est ce jour que j'avais pris la décision de devenir *muganga*.

Mon rêve allait devenir réalité. Ayant toujours en tête l'image de ce gamin pris de convulsions, je savais définitivement que je voulais être pédiatre. Au service des enfants malades.

À cette époque, du haut de mes dix-sept ans, je n'avais qu'une vague idée de ce qui m'attendait, de l'ampleur de l'engagement que je prenais. Il fallait avancer pas à pas. Premier objectif: terminer mes études secondaires avec de bonnes notes, ensuite essayer d'entrer à l'école de médecine de Kinshasa.

J'avais déjà trouvé un modèle en la personne d'Osvald Orlien, un médecin norvégien exerçant à l'hôpital de la station missionnaire de Kaziba. L'ayant vu en action, il m'avait impressionné par sa façon d'être avec les malades. Un mélange de professionnalisme, de chaleur humaine et d'empathie. Il voyait le besoin médical – mais aussi les besoins humains. Le malade est souvent une personne plus vulnérable. Une main compatissante sur l'épaule, quelques paroles encourageantes ou un regard attentif… Le processus de guérison peut aussi passer par là. Les médicaments restent bien entendu nécessaires. Oui, j'en étais sûr, je voulais être comme ce médecin norvégien. Les enfants se sentiraient en sécurité entre mes mains.

J'allais être un de ceux qui arrachent les gens à la mort. L'idée que ma propre vie puisse être en danger ne m'effleurait même pas. En tant que médecin, je serais immunisé contre le mal, pensais-je. Une vocation, une mission ? Oui, une démarche presque sacrée. J'allais accomplir quelque chose – peut-être pas pour toute l'humanité, mais au moins pour l'être humain. À mes yeux, il était impensable que quelqu'un veuille s'en prendre à un médecin, et un hôpital tient lieu d'espace protégé, d'enceinte inviolable. C'est avec ces convictions bien naïves que je me suis lancé dans la profession médicale.

Le chemin pour y parvenir fut semé d'embûches. Je vivais sous une dictature, le régime détenait un pouvoir absolu. Tout était contrôlé, décidé en haut lieu. C'est ainsi qu'à l'âge de dix-neuf ans je me suis retrouvé tout à coup à Kinshasa, pour suivre des études non pas de médecine, mais d'ingénieur… Car tel était leur bon vouloir. Mais, de tout mon être, je m'y refusai et parvins à m'en sortir. La solution se trouvait de l'autre côté de la frontière, au Burundi ; c'est là-bas que je commençai le cursus auquel j'aspirais.

Vingt ans plus tard, plongé au milieu d'une guerre qui venait d'éclater – la « première guerre congolaise », en 1996 –, je me rendis brutalement compte que rien n'était ni sacré, ni à l'abri du mal. Tout pouvait être attaqué.

Une salve de balles avait frappé ma blouse blanche suspendue à son crochet, dans mon bureau. Par pure coïncidence, j'avais dû partir – en réalité bien malgré moi. Pendant des mois nous avions observé, depuis l'hôpital, les préparatifs de guerre dans les montagnes environnantes. Je m'étais promis de ne jamais abandonner mes patients, quoi qu'il advienne. Un imprévu m'avait toutefois forcé à m'éloigner – temporairement, pensais-je. Mon absence devait être brève. Mais le scénario prit une autre tournure ; revenir se révéla impossible et un beau matin, vers 5 h 15, l'hôpital fut pris d'assaut. Trente malades et trois infirmiers furent massacrés, et le message des assaillants était on ne peut plus clair : ayant pénétré dans mon bureau, ils avaient tiré sur mon vêtement de travail et une photo de moi.

Ce fut un tournant dans ma vie : il y aurait un avant et un après à la suite de cette attaque. Jusqu'alors, j'étais persuadé qu'aucun soldat, quelle que soit son armée, n'oserait s'introduire dans un hôpital et s'en prendre à des malades alités, fraîchement opérés, couverts de pansements, incapables de se mettre à l'abri… Quelle naïveté ! Ma prise de conscience n'en fut que plus douloureuse.

Depuis ce moment – et c'est encore vrai aujourd'hui –, la violence s'est inscrite dans ma vie de médecin, au quotidien. Cela ne veut pourtant pas dire que je l'accepte. Je pourrais bien imaginer une protection armée de l'hôpital, mais comment réagiraient mes patientes ? Peuvent-elles guérir les yeux rivés sur des canons de fusil alors que, chez nous, elles s'imaginent être à l'abri de tout cela ?

Il est hors de question de capituler devant la violence, même si elle est omniprésente. Une attitude digne face au mal n'est-elle pas aussi une arme, du moins à long terme ? La rédaction de cet ouvrage s'est déroulée à une période où j'ai dû faire des concessions – accepter des gardes armés à l'hôpital – et je le regrette. Mais ma position de principe, à savoir que toute arme doit être proscrite dans l'enceinte d'un hôpital, n'a pas changé d'un iota. Le fait qu'elles soient le plus souvent portées par des femmes policières peut à la rigueur être considéré comme un moindre mal…

« Parfait, nous pourrons nous compléter. Toi, tu distribueras les médicaments et, moi, je prierai », avait dit mon père ce dimanche après-midi, après avoir quitté le chevet du petit garçon malade.

Chaque nouvelle journée à l'hôpital de Panzi commence par la prière, l'occasion de réunir les patientes et le personnel. Nous avons, mes assistants et moi, de grandes ambitions pour l'hôpital : y prodiguer les meilleurs soins possibles, et pas seulement à l'aune des « normes africaines ». Nous visons aussi le « niveau acceptable » à l'échelle internationale, même si cela relève du défi quotidien. Comment en effet offrir des soins de qualité dans une ville surpeuplée – dimensionnée pour quelques centaines de milliers d'habitants, Bukavu en héberge à présent plus d'un million –, et alors que les pannes de courant sont fréquentes, tout comme les coupures d'eau ? Cette situation nous met sans cesse dans l'embarras.

Or, c'est justement cette combinaison entre la foi et les soins médicaux concrets qui permet d'opérer des miracles dans un contexte comme le nôtre. Je dois compter environ trente minutes en voiture de mon domicile à l'hôpital, pour une distance de seulement 8 kilomètres ; c'est l'état des routes, mal entretenues, en piteux état, qui explique ce délai anormal. Le long de ce chemin, on passe devant quarante églises – oui, quarante églises ! – et, si l'on peut certainement se poser des questions quant à la gestion de certaines d'entre elles, il reste un constat : voilà ce en quoi les gens d'ici ont confiance.

En mélangeant sa salive à de l'argile, Jésus prépara une « pâte » qu'il appliqua, tel un médicament, sur les paupières des aveugles. Et c'est ce que nous faisons ici à l'hôpital, du moins sur un plan symbolique. Nous préparons une « pâte » qui agit en interaction avec la foi et la prière. Les visiteurs étrangers qui viennent nous voir à Panzi préfèrent souvent esquiver ce sujet, et passent ainsi à côté de quelque chose de pourtant essentiel dans notre travail et les soins prodigués aux patients. Pour ma part, j'ai l'impression d'être encore sur la route avec mon père, et de conclure un pacte non seulement entre nous deux, mais aussi entre la foi et la science.

C'est cette union qui donne son âme à l'hôpital. Cette « dynamique de Panzi » permet de combattre le désespoir et procure aux patients la force de continuer à vivre.

Qu'est-ce qui a contribué à faire de mon père ce qu'il est devenu ? Pourquoi a-t-il refusé de donner des fessées à ses enfants alors que les autres parents le faisaient ? Répondre à ces questions n'est pas facile mais un début d'explication est sans doute à chercher dans sa propre enfance.

Je connais fort peu cette période de sa vie. Il n'en parlait pas volontiers, mais ma mère m'a laissé entendre qu'elle avait été difficile à bien des égards.

※

Mon père n'a jamais connu sa mère – morte à sa naissance –, et son père est décédé quelques années plus tard. Enfant unique, il a été accueilli par une parente et sa famille qui ont pris soin de lui. Sans pour autant l'intégrer vraiment car il s'est toujours senti extérieur au groupe.

Il allait à l'école de la Mission norvégienne de Kaziba, et c'est là qu'il a rencontré la foi. Son avenir ne s'annonçait guère prometteur. Dans notre culture, ce sont les fils qui héritent des terres, et les pères doivent veiller à ce qu'il y ait assez de vaches pour la dot. Sans racines familiales, on aborde l'avenir les mains vides ; trouver une épouse est dès lors compliqué.

Il restait un espoir : rencontrer une personne vivant la même situation. Et c'est ce qui est arrivé à mon père.

À la station missionnaire, il y avait une jeune fille qui était non seulement élève à l'école, mais qui servait aussi de nounou et de bonne à tout faire chez l'un des enseignants. Dernière-née dans sa famille – de quatre frères et sœurs –, elle avait perdu sa mère à l'âge de quatre ans. Son père s'était ensuite remarié et cela avait bouleversé la vie des enfants.

La nouvelle épouse avait été très claire dès le départ ; ce n'étaient pas ses enfants et elle ne voulait pas en entendre parler... Le père s'était laissé faire et tant pis pour ses petits, devenus quasi orphelins. Ne sachant où aller, ils s'abritaient la nuit dans la case où l'on conservait la nourriture. Mais pas question d'y toucher : ils devaient eux-mêmes trouver leur casse-croûte. Les aînés passaient ainsi leurs journées à chercher de quoi manger. Tout au plus parvenaient-ils à survivre.

Dans cette situation catastrophique, l'idée d'aller à l'école ne leur venait pas même à l'esprit. Or, au moins l'un des enfants devait fréquenter l'école, sinon le risque était grand que les autorités interviennent pour saisir les biens voire la maison en guise de punition.

Les frères et sœurs portèrent dès lors leur choix sur la plus jeune, celle qui « représenterait » la famille à l'école.

À la rentrée des classes, chez les missionnaires, elle entra dans l'une des salles et prit place sur un banc. Quand le maître fit l'appel et que son nom fut prononcé, elle s'accroupit derrière un autre élève, leva son bras et répondit à haute voix « présente ! ». Étant admise à l'école, elle permit à sa famille d'échapper de justesse à une enquête policière.

Alors qu'elle n'était dans cette école que depuis peu, un enseignant lui proposa de s'occuper de ses frères et sœurs ; elle accepta avec reconnaissance. Il lui fallait aussi faire un peu le ménage mais elle pouvait, en contrepartie, manger parfois les restes du dîner.

Oublié le temps où elle avait toujours le ventre creux… Elle grandit peu à peu et c'est à la station missionnaire qu'elle rencontra un jeune homme à la voix douce, orphelin de père et mère, qui avait été élevé chez des parents proches. Ils tombèrent bien vite amoureux et commencèrent à parler mariage. Mais le père de la jeune fille ne voyait pas cette relation d'un bon œil. Il y opposa une fin de non-recevoir car le futur mari était pauvre, sans héritage en vue. Ce mariage ne lui rapporterait rien, c'était une évidence.

Sa fille entra alors en rébellion. Après tout, il avait tant trahi ses propres enfants qu'il ne méritait pas une dot. Elle décida de se marier, contre la volonté de son père et en dehors de toute tradition.

Ils étaient encore adolescents et leur mariage débuta sous le signe d'énormes difficultés. La faim et la misère étaient leur lot quotidien.

À travers l'histoire de mes parents je comprends mieux ma propre enfance, mais sans doute est-ce vrai pour la plupart d'entre nous. J'ai l'intime conviction que, dans sa jeunesse, mon père ne se faisait guère d'illusions ; il ne se marierait pas et n'aurait pas d'enfants. C'était un solitaire, et il pensait probablement le rester.

Puis son chemin croisa celui de maman et leurs trajectoires convergentes allaient devenir le fondement de leur avenir commun. Endurcis par leurs années d'enfance, désormais seuls, sans famille ou parents pour les soutenir, ils furent obligés de créer quelque chose malgré d'épouvantables conditions matérielles.

Je crois que l'attitude de mon père à l'égard de ses enfants était marquée par un mélange de modestie et de reconnaissance. Si heureux d'avoir pu fonder une famille, il n'aurait jamais eu l'idée d'user de violence envers elle. Cela reviendrait à s'en prendre au bonheur qui, contre toute attente, lui avait tendu la main. Voilà comment je m'explique son comportement.

Quant à ma mère, qui est toujours en vie, je vois en elle une sorte d'activiste. Une femme très intelligente, aux idées bien arrêtées. Le fait qu'elle ait su résister à son père pour se marier prouve la force mentale qui l'a toujours habitée. Si seulement elle avait pu poursuivre ses études, elle serait certainement allée plus loin. Aujourd'hui, c'est à peine si elle sait lire : sa scolarité a été sporadique et incomplète. Beaucoup de femmes et de filles de notre pays rencontrent encore le même problème, malheureusement.

⁜

En dehors de sa force morale, maman était plutôt fragile sur le plan de la santé. Durant mon enfance, combien de fois n'a-t-elle été malade ? Il arrivait souvent qu'au retour de l'école je la trouve inanimée dans quelque endroit de la maison. Elle souffrait d'un asthme sévère, héréditaire, et son état nous inquiétait ; parfois, elle ne se relevait qu'après avoir reçu une piqûre. Sa respiration était alors difficile, voire pénible. Et puisque personne dans la famille ne savait manipuler une seringue, c'est moi qui me rendais à l'hôpital général pour trouver une bonne âme qui viendrait à la maison et ferait le nécessaire.

C'était après l'indépendance et, en ces temps-là, l'accès aux hôpitaux ou dispensaires de la ville était plus facile ; chacun pouvait s'y présenter et demander de l'aide.

Cela prenait environ vingt minutes pour aller à l'hôpital. La première fois, je courus, affolé, n'osant imaginer la suite si jamais maman ne recevait pas les soins appropriés. Je débarquai dans le hall d'entrée, tout essoufflé, et fis mon possible pour attirer l'attention du personnel.

— Ma mère est en train de suffoquer, criai-je, il faut que quelqu'un vienne à la rescousse.

Le couloir semblait vide. Pendant un moment, je me suis demandé si j'allais être entendu.

— Où est-elle ? fit une voix, sur un ton rassurant.

Je me suis retourné ; un infirmier s'approchait de moi.

— Elle est à la maison, lui répondis-je. Elle ne bouge plus.

— Vous habitez où ?

— À Kadutu.

L'infirmier, venu à ma hauteur, me lança un regard amical.

— Je m'appelle Daniel. Daniel Kagarabi. Je t'accompagne à la maison, à mon avis ta mère a juste besoin d'une piqûre.

En une fraction de seconde, l'inquiétude céda la place au soulagement.

Je n'ai pas idée du nombre de fois exact où Daniel a aidé maman. Je sais seulement que ce fut très fréquent. Il était d'une serviabilité exemplaire. Chaque fois que ma mère avait une crise, je pouvais aller le chercher à l'hôpital. Et si cela se produisait pendant la nuit, on pouvait le réveiller chez lui, sans problème. Il était disponible vingt-quatre heures sur vingt-quatre.

Ces appels à l'aide eurent lieu deux ou trois ans après ma décision de devenir *muganga*. Daniel devenait ainsi, au même titre que le médecin norvégien de Kaziba, une véritable source d'inspiration.

Aux yeux de notre famille, il incarnait la sécurité. Aussi longtemps que nous l'avions à nos côtés, nous savions que maman ne courait pas de risques.

Malgré nos dix ans de différence d'âge, nous sommes devenus de bons amis. Gardant le contact au fil des ans, nous nous retrouvons parfois, juste pour bavarder.

— Bien sûr que je me souviens, m'a dit maman l'autre jour alors que je lui rappelais cette époque, probablement l'une des plus difficiles de sa vie.

Elle qui avait mis au monde beaucoup d'enfants était responsable d'une grande famille. Mes sœurs aînées l'aidaient, certes, mais avoir un caractère bien trempé en même temps qu'une santé fragile, quelle situation angoissante...

Quant à son propre père et aux rapports qu'elle entretenait avec lui, maman mit longtemps à lui pardonner. Comment oublier cette façon de traiter ses enfants ? Mais, petit à petit, elle s'était radoucie. Le premier enfant de mon grand-père était né un an après son mariage, ils étaient alors très pauvres. Avec le temps, ma mère avait pris conscience de l'énorme responsabilité qui incombe aux parents, quels qu'ils soient. Et s'il y avait des circonstances atténuantes qui expliquaient la conduite de son père ? Il s'était remarié pour fonder une nouvelle famille et, de ce fait, n'était plus capable de s'occuper de ses premiers enfants.

Il se peut aussi qu'elle l'ait tout simplement excusé. Il lui était devenu insupportable de détester l'un de ses parents et de ne plus lui adresser la parole. Cette situation était trop lourde à porter...

C'était un dimanche soir et j'étais assis sur un banc de l'église, à peine rentré de mon « année d'exil » à Kaziba. Il me fallait désormais m'habituer à l'idée que deux jeunes gens étaient enterrés à côté de notre porte.

Alors que le culte tirait à sa fin, je joignis les mains et fermai les yeux. J'étais conscient de vivre un moment décisif dans ma vie. Jusque-là, je n'avais pas éprouvé le besoin de me poser des questions quant à la religion. J'avais grandi dans un milieu où cela me paraissait naturel, comme allant de soi. Et embrassé la foi de mes parents sans trop y réfléchir, ainsi que les enfants le font souvent.

Mais j'avais maintenant treize ans, la vie d'adulte s'ouvrait à moi. Pendant mes années d'enfance, le danger avait souvent été au rendez-vous : j'avais connu la guerre, fui les rebelles, survécu au bombardement de notre maison. J'avais de plus en plus besoin de sécurité ; j'étais par ailleurs prêt à penser par moi-même. C'était en tout cas ainsi que je le ressentais. Je voulais à présent placer ma vie entre les mains de ce pouvoir céleste appelé Dieu.

Mes prières avaient gagné en intensité et j'ouvrais mon cœur. Alors que plusieurs personnes m'avaient raconté leur rencontre avec Dieu, il m'avait été difficile d'imaginer ce que cela signifie ; c'était quelque chose de très personnel. Un moment spécial vécu par chaque croyant, dont aucun récit ne se ressemblait.

L'esprit divin s'empara de moi. Gagné par une certaine chaleur, j'acquis l'assurance de ne pas être seul. L'expérience fut extraordinaire et je sus que, dorénavant, ma vie ne serait plus la même. Quoi qu'il advienne, je serais protégé et, quand mon passage ici-bas serait arrivé à son terme, une autre existence commencerait. Beaucoup de prédicateurs l'avaient annoncé mais, désormais, ce n'était plus seulement des paroles : cela devenait une certitude absolue.

Je n'avais plus le moindre doute. Tout devenait tellement évident grâce à cette expérience ; j'ai senti que ma voie était désormais tracée.

Quels que soient les choix auxquels je serais confronté à l'avenir, je saurais dans quelle direction aller.

J'entends souvent dire que ce Dieu est venu en Afrique avec les missionnaires et qu'ils nous auraient imposé une foi qui ne serait pas la nôtre. Je réfute cette interprétation de l'histoire et dirais plutôt que, lorsque les missionnaires ont débarqué avec leur Évangile et le principe d'un Dieu omnipotent, les Africains étaient réceptifs car ce message leur était bien connu. L'idée d'un Père protecteur et garant d'une vie dans l'au-delà existait sur notre continent depuis des temps immémoriaux. Dieu était présent dans la plupart des tribus ou groupes ethniques, même si c'était sous des noms différents et des formes variées. La croyance populaire était bien établie. Ma propre tribu *bashi* ne faisait pas exception et, chez nous, Dieu s'appelle Namuzinda, ce qui veut dire « le Dernier ». Autrement dit, même si le monde venait à disparaître, lui serait encore là.

Pour l'adorer et le servir, il existe des rites bien définis. J'avais un oncle qui était boucher. Dans sa cour, il avait une petite case pour les offrandes. Chaque matin, avant d'aller au travail, il y plaçait toutes sortes de bonnes choses ; un morceau de viande, des céréales, un légume, des fruits, un bol de miel...

Il voulait apaiser son Dieu, s'attirer ses bonnes grâces pour que les affaires prospèrent. Et si Dieu était content, il éloignerait la pauvreté et la faim tout en veillant à ce que sa boucherie ne désemplisse pas. C'est mû par cette conviction et avec cet espoir que mon oncle déposait ses offrandes quotidiennes.

Le soir, de retour chez lui, il pouvait constater que la case était vide. Plus de miel, le morceau de viande avait disparu, le reste aussi. Il était ravi car si ses cadeaux avaient été jugés insuffisants, ils auraient été ignorés. Mais tout avait disparu ; mon oncle pouvait donc se montrer satisfait. Si Dieu était content et certainement rassasié, l'avenir s'annonçait prometteur. Donc, autant continuer à se montrer généreux et, alors que la nuit tombait, il se demandait déjà ce qu'il offrirait à Namuzinda le lendemain.

Mais les plus heureux dans cette histoire, c'étaient les enfants du quartier. Cachés dans les buissons pendant qu'il déposait la nourriture, ils attendaient son départ pour s'approcher de la case. Le miel avait leur préférence, ensuite les fruits, le reste étant partagé et confié à leurs mamans. Il est fort possible que mon oncle ait su tout cela – quelle importance ? L'essentiel était ailleurs : il maintenait ainsi vivante l'idée de son Dieu et, aussi longtemps que la case d'offrandes serait vidée, il se sentirait rassuré. En revanche, les jours où, pour une raison ou l'autre, les enfants ne venaient pas, je suppose qu'un certain doute l'effleurait. Namuzinda était-il mécontent ? Fallait-il s'attendre à des temps plus difficiles ?

Ce rapport à une puissance supérieure n'est pas propre aux Africains, il a aussi longtemps existé dans le monde occidental. Nombre de pays y ont été aussi misérables et mal gérés que certains États africains d'aujourd'hui. Les gens connaissaient une si grande détresse qu'ils invoquaient Dieu et plaçaient leur confiance en Lui.

Mais les temps ont changé. Beaucoup d'Occidentaux sont près de se fâcher si on amène la discussion sur ce terrain-là : « Qui est Dieu, pourquoi parlez-vous de ça ? » Il est évident que le Tout-Puissant a été remplacé par un « système » et rangé au rayon du superflu.

Dieu a cédé la place à l'État, voire à un système d'assurances, car quelles que soient les difficultés de la vie auxquelles vous êtes confrontés, il y a une protection : des médecins pour les malades, un avocat pour celui qui a maille à partir avec la justice et, en cas de perte d'emploi, l'État est là avec son réseau d'aides sociales. Alors qu'au Congo nous n'avons pas toutes ces structures. Pas d'État sur lequel nous pouvons compter ; il existe, certes, mais il est aux abonnés absents. Les gens sont seuls, il devient dès lors normal de se tourner vers quelqu'un que l'on considère comme plus grand et plus puissant que soi-même. Bien sûr, nous aussi nous voudrions vivre dans une société bien organisée, avec de bonnes routes, un système médical plus performant et, pour les plus démunis, une prise en charge par la société. Mais nous avons beau le souhaiter quotidiennement, cela reste un rêve car l'argent qui devrait y servir continue de « se perdre » en cours de route…

Et, pourtant, il n'existe aucun système de sécurité qui réponde de façon absolue à ce besoin de protection essentiel de l'être humain. On l'a bien compris quand les tours jumelles sont tombées à New York, le 11 septembre 2001. Les autorités américaines avaient fait croire à la population qu'elle pouvait se sentir en sécurité. Quand l'impensable arriva, ce fut non seulement une catastrophe pour les victimes et le pays dans son ensemble, mais aussi l'effondrement de tout un système.

La confiance dans le « bouclier de défense » s'est effritée, malgré les discours rassurants des dirigeants, laissant des citoyens américains en état de choc et surtout désorientés. « Comment une chose pareille a-t-elle pu se produire alors qu'on nous avait dit que nous étions en sécurité ? » La grande et puissante nation était mise à nue. Les hommes avaient essayé de se protéger contre l'imprévu, contre le Mal, mais ils avaient échoué. Une fois de plus…

Nous autres Congolais, au cœur de l'Afrique, nous vîmes cet événement comme un reflet dans un miroir. Nous étions englués dans une guerre à laquelle participaient huit nations, et le mot « désespoir » relayé par les images de télévision en provenance d'Amérique nous était familier.

Avec une différence notable, toutefois : nous vivions tous les jours une catastrophe semblable à celle du 11 Septembre, le nombre de victimes atteignant chez nous des chiffres astronomiques, surtout à cause des maladies et de la faim. Pour de larges pans de la population, la foi en une puissance suprême empêchait de sombrer dans la désespérance la plus totale. Tandis que Dieu a perdu de son importance pour les Occidentaux, à mesure qu'ils se sont enrichis et développés sur un plan matériel. Et voilà que survient une catastrophe naturelle, une attaque de terroristes ou tout autre chose qui amène l'être humain à prendre conscience de sa vulnérabilité. Il pensait avoir tout fait pour assurer sa protection, or cela n'a pas suffi…

Chaque jour, dans le flux des nouvelles internationales, des événements de ce type nous sont rapportés, et pourtant, à chaque fois, c'est l'étonnement.

Mon oncle faisait des offrandes à Namuzinda, le Dernier, dans l'espoir d'assurer son avenir. Un moyen pour lui de se forger une « armure » qui le protégerait. Au début de mon adolescence, je suis venu à ce Dieu dont parle la Bible, pour les mêmes raisons. Et même si je n'avais pas grandi dans un milieu chrétien, je serais certainement arrivé à la même conviction : il me fallait quelqu'un qui veille sur moi.

La plupart des gens de notre région éprouvent un besoin de protection permanent et, si chez nous Dieu venait à être renié comme dans certains pays occidentaux, nous perdrions notre dernier refuge.

J'ai commencé mes études secondaires à un moment où le Congo connaissait une certaine prospérité. La « grande époque », en quelque sorte. La paix régnait dans le pays, le prix du cuivre, le plus important de nos minerais, atteignait des sommets et la population n'avait pas encore découvert le vrai visage de Mobutu – un exploiteur sans égal.

Cependant quelque chose se tramait, c'était une évidence. Mobutu, qui avait rendu visite à Mao Zedong, rapporta de Chine de nouveaux concepts, pour lui-même et pour le pays. Il allait rendre au Congo son « authenticité » et ainsi marquer la fin du régime colonial et de l'influence occidentale en général. En route pour la ré-africanisation tous azimuts… Le pays changea de nom pour devenir le Zaïre – un nom pas si authentique que ça puisqu'il provenait d'un mot écorché en portugais.

À l'heure de la zaïrianisation, les changements concernèrent aussi les noms de lieux, voire les citoyens qui portaient un prénom occidental. « Denis » n'était plus accepté. Comme je n'étais pas encore majeur, c'est ma mère qui dut décider de mon nouveau nom. Elle opta pour « Mukengere », ce qui signifie « Celui qui n'est pas oublié ».

Quant au président, il se fit désormais appeler Mobutu Sese Seko Kuku Ngbendu wa Za Banga : « Le guerrier tout-puissant qui, grâce à son endurance et sa volonté d'acier, volera de victoire en victoire sans que personne puisse l'arrêter. »

Le chef d'État mit en place un véritable culte de la personnalité, un modèle directement importé de Chine. La dévotion qu'il attendait, voire exigeait de son peuple était sans limites. Ainsi, dans les écoles et sur les lieux de travail, chaque nouvelle journée commençait par un signe d'hommage au président. Il fallait méditer en silence sur Mobutu, sa grandeur et son importance pour le peuple, ensuite on frappait des mains, on chantait, on dansait...

Bien sûr, c'était absurde, mais Mobutu s'était entouré d'un impressionnant service de sécurité qui avait pour tâche de veiller au respect de ces décrets. Gare à celui qui se montrait hésitant !

De l'instant où j'ai entendu parler de Mobutu pour la toute première fois, je garde un souvenir assez précis. C'était en 1961, en début d'année, quand Anicet Kashamura – celui qui avait envoyé des soldats dans notre église – semait la terreur dans la province. Il avait fini par devenir indésirable aux yeux du régime central et le futur président – à cette époque chef d'état-major de l'armée – était venu avec ses troupes pour le déloger.

Je me rappelle la réaction de mon père : « Mobutu est en route, donc, aujourd'hui, ne sors pas de la maison, c'est trop dangereux. »

Je me souviens aussi du jour où il prit le pouvoir à la suite d'un coup d'État ; c'était en novembre 1965. Peu de temps après, il fit exécuter l'ancien Premier ministre et trois de ses ministres, tous pendus sur la place publique à Kinshasa. La population fut sous le choc mais Mobutu savait très bien ce qu'il faisait. Avec sa politique de la terreur, il voulait faire comprendre aux Congolais qu'il n'hésiterait pas à tuer dans l'œuf toute forme d'opposition.

Jusqu'alors les dirigeants africains, à la tête de leurs pays nouvellement indépendants, s'étaient battus pour la liberté, avaient lutté contre les puissances coloniales... Mais, dans le sillage de Mobutu, on assista à la naissance d'un nouveau modèle : le « dictateur africain ». Beaucoup allaient s'inscrire dans cette logique et suivre l'exemple du président congolais.

Nombre d'anciens héros de l'Indépendance subirent ainsi une métamorphose. Devenus au moins aussi oppresseurs que le régime despotique et le colonialisme qu'ils avaient combattus, ils se soutinrent mutuellement. Comme Mobutu et l'Ougandais Idi Amin, qui donnaient l'impression de bien s'entendre.

L'introduction du « retour à l'authenticité » coïncida toutefois avec l'une des périodes les plus réussies des années Mobutu. Il avait imposé un régime à parti unique et remporté le scrutin présidentiel de 1970 à une écrasante majorité. Sa popularité n'était pas qu'illusoire, de larges pans de la population croyaient sincèrement en lui, surtout quand les indicateurs économiques étaient au beau fixe. Le Congo présentait alors des résultats économiques aussi solides que l'Afrique du Sud, ce qui n'est pas peu dire.

Je vivais moi-même une situation assez spéciale, puisque je fréquentais une école secondaire très marquée par les valeurs chrétiennes, alors que le culte autour de la personne de Mobutu connaissait son apogée. Le président s'était sans doute inspiré de l'imprégnation religieuse car, à cette époque, ce n'était pas le Christ, la Vierge Marie ou Mahomet, qu'il fallait vénérer, mais lui.

L'école dans laquelle j'étais inscrit s'appelait « Bwindi » ; elle était gérée par les missions pentecôtistes suédoise et norvégienne. Un établissement remarquable. Mes quatre années là-bas restent peut-être la période la plus stimulante de ma vie ; l'enseignement des différentes matières était d'une grande qualité et j'ai par ailleurs eu la possibilité d'approfondir la foi que j'avais rencontrée quelques années plus tôt. Nos professeurs nous faisaient découvrir des textes bibliques, nous en discutions le sens profond et leurs applications dans la vie de tous les jours.

Il y avait toutefois dans ce milieu scolaire quelque chose qui me dérangeait ; une certaine étroitesse d'esprit. C'est surtout la conception du péché qui me posait problème. Depuis mon enfance, je savais que la foi est ce qui est dans notre cœur, que ce n'est pas une question d'apparences, du moins si peu… C'est ce que mon père m'avait toujours enseigné. Mais la mission suédoise se fondait sur une définition du péché telle qu'elle était enseignée en Suède, et j'avais du mal à l'assimiler.

Pour me changer les idées, il m'arrivait d'aller au cinéma en ville, sans en parler à personne. Il y avait à l'affiche des films français et américains. J'aimais bien être plongé dans l'obscurité et me laisser emporter par une histoire. Un jour, au retour de mon escapade, le professeur de garde qui avait remarqué mon absence me dénonça. Ma « descente en ville » suscita un certain émoi, surtout lorsqu'on apprit d'où je revenais. Aller au cinéma n'était pas convenable ; à leurs yeux, c'était même considéré comme un péché assez grave.

Mais ils pouvaient dire ce qu'ils voulaient, leurs reproches me passaient par-dessus la tête. Cela n'avait rien à voir avec la foi.

Il y avait cependant pire. À l'école régnaient certaines formes d'intimidation bien plus graves. Des membres du mouvement de jeunesse du régime nous surveillaient du coin de l'œil. Placés au sein même de l'établissement comme « espions », ils devaient, en plus de leurs études, dépister toute poche de résistance ou d'éventuels opposants au président. Et essayer de nous convaincre que Mobutu était le vrai sauveur.

J'avais du mal à garder ma langue dans ma poche et je discutais souvent avec celui qui était leur chef. Mes opinions, je les exprimais ouvertement et leur faisais par ailleurs comprendre que jamais ils ne me gagneraient à leur cause.

Les provoquer de la sorte n'était pas sans danger. Ces jeunes avaient l'obligation de rapporter ce que leurs yeux et leurs oreilles avaient scruté, et mon franc-parler aurait pu me causer des ennuis, de même qu'à mes proches.

Mais leur militantisme était superficiel, il ne pouvait en être autrement : chaque phrase qu'ils prononçaient avait été mémorisée et, entre leur cœur et leur cerveau, il semblait y avoir un problème de connexion. Réfuter leurs arguments n'était guère compliqué. D'ailleurs, nombre d'entre eux ont quitté l'école avec une vision changée du président. Ils avaient aussi trouvé la foi.

Mobutu avait cependant un plan concret et bien arrêté : le contrôle des jeunes jusque dans les moindres détails. C'est ainsi qu'il interdit en novembre 1974 tout enseignement religieux dans les écoles, et le remplaça par des cours de civisme. Les Églises et les missions pouvaient continuer leur office – tant qu'elles se limitaient aux matières laïques. Les conséquences furent désastreuses : toute une génération de Congolais perdue. Sans boussole intérieure, on n'a plus de vision d'avenir !

L'interdiction des cours de religion fut décrétée alors que j'avais terminé mon second cycle depuis quelques mois ; j'allais poursuivre mes études à Kinshasa. À mon arrivée, il y régnait une atmosphère de carnaval, le président ayant réussi à organiser au Zaïre, dans la capitale, le plus grand événement sportif de l'époque. Il ne s'agissait ni plus ni moins que du championnat du monde de boxe version poids lourds, entre George Foreman et Mohamed Ali.

Plus connu sous le nom de « Rumble in the Jungle » ou de « Combat du siècle », ce match constituait un triomphe politique pour Mobutu, alors vraiment au sommet de sa gloire. Cet événement sportif, extrêmement coûteux – mais Mobutu en avait les moyens –, cadrait parfaitement avec son programme « d'authenticité ». Il était présenté comme le retour en Afrique de l'Amérique noire et, dans ce contexte, quelques-uns des plus grands artistes afro-américains donnèrent un concert à Kinshasa.

Au départ, le match était programmé pour le mois de septembre, mais en raison d'une blessure de George Foreman, contractée lors de son entraînement, le combat fut reporté. Mobutu en profita pour attirer encore davantage les projecteurs.

Le 30 octobre, la rencontre eut finalement lieu au grand stade de Kinshasa. Sur le moment, ce fut un succès extraordinaire car ce combat est toujours considéré comme l'un des plus fameux matchs de boxe jamais organisés. Et, contre toute attente, c'est Mohamed Ali qui, grâce à sa tactique un peu spéciale, remporta la victoire au huitième round.

Mais le vrai vainqueur, en fin de compte, n'était-il pas le président Mobutu ?

Tandis que ce président amateur de sport, reconnaissable à son éternelle toque en peau de léopard, éblouissait le monde, dans son propre pays les gens commençaient à découvrir l'envers du décor, les signes précurseurs de l'écroulement. Mon ami et mentor Svein Haugstvedt, à l'époque médecin-chef de l'hôpital de la Mission suédoise dans les montagnes de Lemera, m'a fait part de ses souvenirs. Le changement, il le voyait venir.

« Les camions qui acheminaient les médicaments depuis les dépôts de l'État situés à Kinshasa nous arrivaient de moins en moins chargés. Nous remarquions que le contenu de certains cartons avait souvent été remplacé par des pierres. Pour finir, il y eut des cailloux dans *tous* les cartons et je ne vis plus l'utilité de ces livraisons. Elles n'avaient aucun intérêt. Le régime de Mobutu reposait sur la corruption, le vol, le détournement de fonds, et les gens apprenaient vite à son contact. Et, comme les hommes du président s'infiltraient partout, il n'était plus question de faire confiance à qui que ce soit. »

C'est aussi à cette époque que ma ville natale s'engagea sur la mauvaise pente : ce fut le début des détériorations, d'un certain effondrement, à mon grand regret.

Le Bukavu de mon enfance était certes une ville assiégée par des hommes assoiffés de pouvoir ou attaquée par des mercenaires sans foi ni loi, mais c'était aussi un lieu idyllique, boisé, fleuri et bien entretenu. Dans les rues, l'asphalte était si lisse qu'on pouvait y pratiquer le patin à roulettes.

Et je m'y adonnais volontiers. J'avais alors huit ou neuf ans ; le patin à roulettes était l'un des passe-temps favoris des enfants de Bukavu. J'avais acheté les miens avec l'argent que mes parents m'avaient donné à Noël.

Sans me vanter, j'ose affirmer que j'étais devenu un expert. Mes copains et moi dévalions les pentes de Kadutu à tombeau ouvert ; et, pour que cela aille encore plus vite, il nous arrivait de disposer de grands panneaux de carton sur la route, ainsi il n'y avait plus du tout de friction sous nos roulettes et nous atteignions des vitesses à couper le souffle.

Parfois, je pense à ces folles descentes quand je zigzague en voiture entre les « cratères » qui se sont formés sur la route. La dévaler à patins à roulettes aujourd'hui serait suicidaire. Je suis convaincu que le début de la décadence de Bukavu remonte à cette époque où la corruption s'est banalisée pour finalement gangrener toute la société.

Si la ville n'a jamais eu la possibilité de se développer, les guerres et le climat de violence l'ont même défigurée à partir du milieu des années 1990. Elle est devenue un colosse craquant sous son propre poids. En raison des scènes d'horreur et de l'insécurité sans fin qui régnaient dans leur région, nombre de personnes ont fui leurs lointains villages pour venir s'installer ici, avec l'espoir d'une vie meilleure. C'est ainsi que Bukavu n'a cessé de grandir et que ses splendides espaces verts ont disparu. Je comprends bien sûr ces gens forcés de chercher refuge ailleurs, car, au village, ils risquent la mort à tout instant – ces raisons, j'en constate chaque jour les effets à l'hôpital. Mais je n'en regrette pas moins la ville de mon enfance, à présent engluée dans le chaos et étouffant sous le poids des réfugiés. Dans certaines rues, on trouve encore des restes de dalles de béton datant de l'époque coloniale, il y a de cela presque soixante ans… Voilà qui en dit long sur l'entretien de la voirie. Notre lac est le plus haut d'Afrique, peut-être aussi le plus beau, réputé pour sa lumière envoûtante au crépuscule. Mais il a beaucoup perdu de son charme, l'eau est polluée et les rives sont envahies par les ordures.

Tout cela s'est accentué dans un passé récent. Mais, à l'origine, c'est Mobutu qui porte la responsabilité de la décadence de Bukavu et de bien d'autres villes et villages du Congo. Je lui reproche sa négligence ; il a tout abandonné à un moment où il y avait encore de l'argent pour remédier à cela. Après plus de trois décennies au pouvoir, il a laissé des traces si profondes qu'il demeure présent dans l'inconscient collectif. Certains Congolais semblent oublier qu'il n'est plus de ce monde, et mettent sur son compte ce qui se passe aujourd'hui.

La plupart des hommes du régime jouissaient de superbes maisons et même de palais, ici ou là. Ils n'y venaient que rarement, voire presque jamais. L'une des propriétés de Mobutu, une villa de vacances, était située à Bukavu ; il y faisait un saut de temps à autre. La visite qu'il effectua en 1971 reste gravée dans les mémoires. Venu ici accompagné du président du Burundi, ils devaient faire ensemble une apparition au stade de football de la ville. Une foule nombreuse se pressait déjà avant l'arrivée de Mobutu, mais il n'était pas question que quelqu'un franchisse les portes. Le protocole l'exigeait ; c'était à lui d'entrer le premier dans le stade. Cependant, l'impatience de la foule était palpable, elle poussait de toutes ses forces. Les portes ont fini par céder et ceux qui se trouvaient tout près ont été précipités vers l'avant. Dans la mêlée et le chaos qui s'ensuivit, vingt personnes sont mortes, piétinées ou asphyxiées.

Pendant les années Mobutu, la Sûreté opérait des contrôles tous azimuts. Je me rappelle ce qui m'est arrivé en 1983, alors que je travaillais à l'hôpital de Lemera. Quelqu'un m'avait dénoncé – je ne participais pas aux hommages quotidiens au président, devenus obligatoires. Des agents de la Sûreté m'arrêtèrent pour ensuite m'interroger.

En tant que chef d'équipe, je faisais partie de la sphère officielle ; j'étais en quelque sorte un représentant de l'État, voire du MPR, le Mouvement populaire de la Révolution, seul parti politique autorisé. Mais je ne voulais pas entrer dans ce jeu, c'était contraire à mes convictions.

L'enquêteur me fixa un instant, dans un silence glacial.

— Pourquoi ne suivez-vous pas les directives ?

— Je n'en ai pas envie. Je peux seulement accepter ce en quoi je crois, et ici ce n'est pas le cas. Je préfère rester fidèle à mes principes plutôt que de jouer la comédie, c'est aussi simple que cela.

Loin de sous-estimer la situation, j'étais conscient qu'elle était grave. Ma conduite pouvait être assimilée à de la haute trahison.

D'autres, qui avaient désobéi dans des conditions similaires, avaient été emprisonnés et torturés, certains même exécutés. L'un de mes cousins s'était rendu coupable du même « crime » que moi : refus de frapper dans les mains et de danser le matin. Sa situation était encore plus délicate puisqu'il faisait partie de l'armée. Il avait été jeté en prison et accusé de complot contre Mobutu. Voilà comment fonctionnait la dictature : tous ceux qui refusaient de se conformer aux règles étaient qualifiés « d'agitateurs » ; si de surcroît vous étiez soldat, vous deviez forcément être mêlé à la préparation d'un coup d'État militaire. Mais le régime ne pouvait pas tuer tout le monde, et mon cousin a fini par être libéré.

Dans mon cas, je savais que je disposais d'un atout. Comme j'étais à l'époque l'unique médecin de l'hôpital, une mesure d'écartement, voire ma disparition, aurait probablement signifié sa fermeture. Or non seulement c'était le plus grand de la région, mais il était indispensable à beaucoup d'égards. Sans doute la Sûreté ne voulait-elle pas courir ce risque…

Je reçus un avertissement, bien sûr, et ils allaient continuer à me garder à l'œil – non sans difficulté puisque, peu de temps après, je m'envolai pour la France. J'allais y entamer une spécialisation en gynécologie-obstétrique.

Mon absence allait durer cinq ans, période pendant laquelle la dégringolade du pays se poursuivit. La pauvreté se répandait, villes et villages se mouraient, la végétation reprenait le dessus sur le réseau routier… Alors qu'en même temps les dignitaires du régime transféraient l'argent des caisses de l'État sur leurs comptes personnels à l'étranger. Ces privilégiés vivaient dans un luxe inouï, que même les plus nantis en Occident ne pouvaient imaginer.

J'ai vu Mobutu deux fois, de mes propres yeux. Une première fois à l'aéroport de Kavumu, au nord de Bukavu, alors qu'il passait les troupes en revue avant de s'envoler pour l'étranger.

Comme tant d'autres dictateurs, il avait du charisme. Avec sa haute stature, il faisait forte impression et savait se comporter en homme d'État ; les Congolais le regardaient avec respect, même après s'être rendu compte qu'il avait une drôle de façon de gérer les deniers publics. Il fallait aussi lui reconnaître un certain charme ; il s'exprimait de manière polie, presque sophistiquée, tout en insufflant en même temps la peur. Il était issu d'une famille simple, sa mère avait été femme de chambre dans un hôtel et son père, cuisinier, n'avait pas fait d'études.

Mobutu était intelligent, il n'y a aucun doute là-dessus, et il savait comment s'y prendre pour mater le peuple.

Quand j'étais à l'université à Kinshasa, j'ai vu le président une seconde fois. Arrivé ce jour-là avec des valises pleines d'argent, il distribua des liasses de billets aux étudiants – un peu comme on donne des bonbons aux enfants. En tant que président de l'association des étudiants, je dus moi-même prendre le relais après son départ. L'argent fut alors réparti dans des conditions moins chaotiques.

Dans son obsession de modernité, Mobutu se lançait dans des dizaines de projets pharaoniques, se laissant bercer par l'illusion que le Zaïre se développerait rapidement et qu'il ne tarderait pas à sortir de la pauvreté. Mais la vérité était tout autre : il vidait les caisses de l'État à son profit et, en même temps, faisait tourner la planche à billets pour couvrir les dépenses publiques.

L'argent ne lui manquait pas ; il provenait non seulement de notre très lucrative industrie minière, de nos forêts et de nos plantations, mais aussi des puissances occidentales, les États-Unis en tête. Washington avait fait de Mobutu son allié dans la guerre froide et ce partenariat impliquait des versements d'argent ainsi qu'un soutien militaire. Si les Soviétiques pouvaient compter sur plusieurs alliés en Afrique, ils n'auraient pas le Zaïre : l'appui accordé à Mobutu en constituait la garantie.

Mais la cupidité et la mégalomanie du dictateur allaient finalement causer sa perte. Avec un pays poussé à bout, le président perdant l'un après l'autre tous ses soutiens, le scénario était écrit d'avance.

Mobutu fut renversé en mai 1997. Une rébellion partie de l'est du Congo précipita sa chute, tandis que sa propre armée, démoralisée et sans ressources, n'avait ni la force ni l'envie de voler à son secours. Même sur le plan physique, le président n'était plus qu'une épave, ses jours étant comptés. Il se réfugia au Maroc où il mourut peu de temps après.

La guerre qui allait conduire au renversement de Mobutu éclata en octobre 1996. J'étais alors médecin-chef de l'hôpital de Lemera, au Sud-Kivu. Cet hôpital existait depuis 1971 et faisait partie de la station missionnaire établie par des pentecôtistes suédois. J'y avais travaillé pendant neuf ans en tant que responsable principal, avec une interruption, les cinq dernières années.

Mes collègues et moi consentions de gros efforts pour développer et améliorer cette institution située en plein milieu des montagnes, à 24 kilomètres de la grande route la plus proche. Avec ses trois cents lits, l'hôpital était certainement le plus grand et le mieux équipé de la région. Dans la matinée du 25 septembre 1996, j'ai dû partir pour accompagner un collaborateur malade – il avait fait une phlébite. Mon absence ne devait pas dépasser les vingt-quatre heures mais la route que nous empruntions a été bombardée et fermée à la circulation. Il ne fut dès lors plus question de rentrer comme prévu.

Dix jours plus tard, l'hôpital fut attaqué à son tour, et les malades et mes collaborateurs furent sauvagement assassinés. Je dis souvent qu'un pied infecté m'a valu d'avoir la vie sauve. Sans cette urgence médicale, j'aurais été présent au moment de l'assaut. Et j'aurais certainement été tué.

Le fait que mes compagnons et moi soyons encore vivants relève du miracle. Je ne peux l'interpréter autrement.

Tout avait commencé par un souci à première vue anodin. Notre ingénieur suédois à Lemera, David Eriksson, remarqua un soir qu'il souffrait d'une irritation au pied. Il la ressentait en portant ses chaussures. Sans bien savoir ce que c'était, il localisa le mal : sous le pied, près des orteils. En regardant de plus près, il aperçut une toute petite plaie, un point rouge. Sans doute de la limaille de fer ou une écharde qui s'y était enfoncée, pensa-t-il. Rien de bien grave, le genre de choses qui arrive fréquemment.

Le lendemain, le pied était devenu tout rouge ; l'ingénieur ne s'inquiéta pas pour autant. Engagé sur un chantier de construction, il comptait y retourner. Les égratignures étaient assez habituelles. Celle-ci, sans doute pas plus grave qu'une autre, aurait certainement disparu sous peu.

Mais, au cours de la matinée, le pied enfla. L'ingénieur comprit rapidement qu'il ne s'agissait pas d'une plaie ordinaire ; il avait une grave infection. Il vint la montrer à mon collègue finlandais, le chirurgien Veikko Reninikainen. Perplexe, celui-ci prescrit des antibiotiques tout en lui recommandant de s'aliter et de maintenir le pied en position surélevée.

Le lendemain, aucune amélioration à l'horizon. Pire, au bout de quelques jours, le pied, enflé dans des proportions invraisemblables, avait pris toutes sortes de couleurs. Des nuances de vert, de bleu et de rouge qui se mélangeaient comme sur une palette. Nous avions fait notre possible, à présent il fallait parer au plus pressé. Si l'infection n'était pas rapidement stoppée, notre ingénieur risquait la catastrophe : l'amputation. L'évacuation s'imposait, l'avis de Veikko ne souffrait aucune objection. David devait rentrer en Suède pour y être traité et bénéficier de soins adaptés. Compte tenu du suivi et de la convalescence, c'était son pays natal qui offrait les meilleures garanties.

Restait un gros problème à surmonter, puisque nous étions déjà pratiquement bloqués à l'hôpital. Bukavu était la seule destination qui s'offrait à nous ; or, il n'était pas question d'emprunter la route qui y menait. Celle-ci étant exposée aux tirs des soldats rebelles, l'armée zaïroise l'avait fermée à la circulation.

À certains endroits, la route longeait la Ruzizi, une rivière qui marque la frontière avec le Rwanda, et c'était de là que venaient les tirs.

Nous étions coincés et ne pouvions rien faire d'autre qu'attendre. Attendre que la situation se débloque. Mais les conditions n'étaient guère encourageantes… Quelle serait la suite ?

Deux mois plus tôt, les habitants de la région m'avaient raconté des choses étonnantes : le soir et pendant la nuit, des soldats ennemis se déplaçaient en grand nombre dans les montagnes. À certains endroits, on avait même trouvé des boîtes de conserve vides et des munitions oubliées. De là à penser que ces militaires y avaient campé durant leur marche, il n'y avait qu'un pas…

Mais j'avais du mal à y croire. À quelques kilomètres de l'hôpital se trouvait une caserne, et je me suis toujours demandé pourquoi l'armée n'intervenait pas, si ces histoires d'infiltration se révélaient exactes. J'avais une autre interprétation : je mettais tout cela sur le dos des conflits tribaux qui sévissaient dans la région.

Ce sont les Bafulirus, vivant surtout de l'agriculture, qui constituaient la tribu dominante. Il y avait aussi des Tutsis zaïrois, avant tout pasteurs, qu'on appelait communément les Banyamulenges. Originaires du Rwanda, ils habitaient dans les montagnes de Lemera depuis des centaines d'années.

Les tensions entre ces tribus étaient palpables. Le génocide au Rwanda, avec son afflux massif de réfugiés hutus à l'est du Congo, les avait exacerbées. Mais je n'aurais jamais pu imaginer qu'elles puissent déboucher sur une guerre.

J'étais naïf, je le reconnais volontiers. À ce moment-là, je n'avais pas toutes les cartes en main, ce qui m'empêcha de bien évaluer la situation. S'il y avait des risques de guerre, je ne les comprenais pas. Jusqu'à ce qu'un jour un commandant en chef venu à l'hôpital confirme les craintes de la population locale.

— Oui, c'est exact, dit-il. Les soldats du Rwanda s'infiltrent par milliers dans nos montagnes, en passant par la Ruzizi.

Après cette brève explication, il voulut installer un barrage devant l'hôpital, afin de pouvoir contrôler les malades qui se présentaient à nous.

— Il faut refuser l'entrée à tous les Tutsis, puisqu'il y a de fortes chances qu'il s'agisse de rebelles.

J'ai secoué la tête : c'était non.

— Ce serait de la discrimination, et cela je ne peux l'accepter, lui dis-je. Je ne comprends pas votre raisonnement, vous voulez ériger un barrage pour empêcher les rebelles d'entrer chez nous ? Mais c'est vous qui devez les arrêter à la frontière et les empêcher de venir jusqu'ici. Vous essayez de rejeter la responsabilité sur moi, un médecin, cela n'a pas de sens !

Peut-être avais-je forcé la dose, toujours est-il qu'il se mit en colère. Il se raidit. En réalité, il était désespéré. Ses propres troupes étant en infériorité numérique et sous-armées, comment pouvaient-elles faire barrage aux rebelles ?

Il abattit sa dernière carte, faisant appel à ma loyauté.

— Pour moi, c'est une question d'éthique, lui répondis-je. En tant que médecin, je dois soigner, peu importe que celui qui a besoin d'être secouru soit noir, blanc, tutsi ou hutu, riche ou pauvre, voire un assassin. À mes yeux, c'est un être humain et un patient, rien d'autre. Si je dérogeais à cette règle fondamentale, je commettrais une faute grave.

Le commandant m'a fixé longuement en secouant la tête.

— Je peux faire évacuer l'hôpital et le fermer, dit-il.

— Je pourrais plus facilement accepter ce principe-là. Dans ce cas, personne ne recevrait de soins, tout le monde serait logé à la même enseigne. Mais, pour les malades et les blessés, ce serait une catastrophe.

Je ne pouvais imaginer la fermeture de l'hôpital. S'il l'envisageait malgré tout, lui et les siens en subiraient les conséquences, vu notre accord avec l'armée : nous constituions une structure de soins pour la caserne de la région, responsable des examens et des traitements des malades tant civils que militaires. Soigner tous les patients sans discrimination, n'est-ce pas la vocation d'un hôpital ?

Mais je voyais une autre raison de ne pas fermer notre institution, car je persistais à croire que l'hôpital avait une valeur emblématique – je le considérais comme un symbole de paix. Nos patients étaient issus de différents groupes ethniques et, peu importe leur origine, devant la douleur ils étaient tous égaux. C'est quelque chose qu'ils ressentaient, je pouvais m'en rendre compte ; des gens qui se considéraient normalement comme des étrangers – voire des ennemis – étaient tout à coup unis par ce qui les avait amenés ici. Cela sautait aux yeux ; et nous nous disions que peut-être cela les ferait réfléchir, créerait une plus grande compréhension entre eux, servirait de pont… C'était mon espoir secret.

— Eh bien, qu'allez-vous décider ? demandai-je à ce militaire.

Notre discussion avait été longue et serrée. Finalement, j'obtins ce que je voulais : il n'y aurait pas de barrage.

La situation devenait de plus en plus critique. Ceux qui habitaient dans les environs de la station missionnaire nous racontaient avoir croisé des rebelles qui empruntaient, sans se cacher, les sentiers menant au cœur des montagnes. Ces gars, qui étaient vêtus de survêtements bigarrés, avaient cependant l'air bien entraîné, et ils étaient équipés de tapis de sol individuels, d'appareils de communication modernes, de groupes électrogènes.

Près de l'hôpital, la violence s'intensifiait. Les gens s'armaient de bâtons et d'armes diverses. Il y eut des affrontements sanglants, et les premiers lynchages. Parfois, l'armée réussissait à surprendre quelques rebelles et à les maîtriser. À la suite de l'une ou l'autre fusillade, les blessés affluèrent à l'hôpital. Nous avons notamment accueilli des patients venus des camps de réfugiés le long de la frontière. C'était la Croix-Rouge qui nous les amenait, d'ailleurs souvent contre leur gré. Car, dans ces camps qui abritaient des Hutus réfugiés au Zaïre après le génocide au Rwanda, certains voulaient les empêcher d'aller à l'hôpital. Je refusais d'entrer dans ce jeu ; face à de tels arguments, je me bouchais les oreilles. Comme je l'ai dit, l'ethnicité n'existe pas, pour moi ; en tant que médecin, cette question n'a pas lieu d'être.

L'atmosphère belliqueuse qui s'était emparée de la région déteignait aussi sur l'hôpital ; les malades étaient pris de peur et certains souhaitaient nous quitter. Auparavant, l'hôpital ne désemplissait pas, les lits étaient tous occupés, plusieurs patients étant même logés dans des tentes dressées dans la cour. Mais, à mesure que le climat se détériorait, le nombre de patients diminua. Alors que nous en étions à plus de quatre cents malades, quand arriva la catastrophe, nous tournâmes au ralenti ; nous n'étions plus qu'une centaine.

Dans une vallée située non loin de notre mission se trouvait un centre catholique. Comme la situation ne cessait de se dégrader, j'y suis allé pour m'entretenir avec les prêtres. Je les connaissais bien, je n'ignorais pas leurs contacts étroits avec la population tutsie de la région. Nombre de rebelles étaient justement issus de cette zone ; après s'être rendus au Rwanda pour y subir un entraînement, ils étaient maintenant de retour, les armes à la main.

J'ai demandé aux religieux de parler avec les Tutsis afin d'essayer de leur faire comprendre qu'une guerre n'allait rien résoudre, qu'il valait mieux s'asseoir autour d'une table et chercher, par la négociation, une solution à leurs problèmes.

— J'ai côtoyé la violence toute ma vie. Mais elle n'a jamais rien résolu. Quelle que soit la nature d'un différend, il doit être possible d'en discuter ensemble.

— Alors, je vais te raconter une histoire, m'a répondu l'un des prêtres. Il était une fois un homme qui craignait les poules. Chaque fois qu'une de ces bêtes s'approchait de lui, il hurlait et s'enfuyait en courant. Un psychiatre, décidé à s'occuper de lui et à le guérir, lui demanda comment il expliquait cette peur. L'homme ne savait que répondre. Après un long traitement, il pensait être guéri et dit au psychiatre que les poules ne lui faisaient plus peur. « Va en chercher une et tu verras bien, dit-il. Je ne crierai pas, et pas question que je me sauve. » C'est ce que fit le psychiatre. Il alla chercher une bête et la déposa devant l'homme. Qui resta imperturbable. « Mais il y a une chose qui manque, ajouta-t-il cependant. Tu dois aussi parler à la poule, lui dire de ne pas me manger. » Le psychiatre comprit tout de suite que son traitement avait échoué. Notre homme, toujours malade, continuait à se prendre pour un grain de maïs…

Si cette petite histoire m'a fait sourire, ces paroles avaient néanmoins un sens très profond. L'homme guérirait, mais seulement s'il était sûr que la poule aussi avait été soignée. Cette condition devait être remplie pour que notre homme lui fasse confiance et emprunte le chemin de la guérison.

— C'est pareil pour la paix, ajouta le prêtre. L'apaisement ne peut être décrété par un seul côté, il faut que la compréhension soit réciproque, c'est alors seulement qu'on pourra se rencontrer.

Le prêtre avait ses doutes, il n'ignorait pas que nous étions à mille lieues d'une telle compréhension, et il savait de quoi il parlait. Tué quelques semaines plus tard, il fut l'une des premières victimes de l'attaque de l'AFDL, l'« Alliance des forces démocratiques pour la libération du Congo », cette agression qui allait conduire à la destruction de l'hôpital de Lemera.

Pendant ce temps, le pied de notre ingénieur suédois continuait à enfler et le risque d'une amputation se précisait. Mais nous étions bloqués, impuissants. L'espoir de sortir de cette impasse était mince.

Jusqu'à ce tournant décisif: le gouverneur provincial annonça à la radio un accord de cessez-le-feu avec le Rwanda. La route était de nouveau ouverte et l'évacuation de notre blessé redevint possible. Cette bonne nouvelle arriva trop tard pour partir sur-le-champ, nous n'avions que quelques heures avant la tombée de la nuit; il fut donc décidé d'attendre le lendemain.

J'étais toutefois tracassé par le scénario tel qu'il se dessinait. Je m'étais promis de ne pas quitter l'hôpital, de rester auprès de mes malades quoi qu'il advienne. Mais, dans cette situation, la décision ne me revenait pas, elle devait être prise par les anciens de la station. Et ils n'hésitèrent pas l'ombre d'une seconde: « C'est toi qui pars, me signifièrent-ils, en me désignant du doigt. Laisser partir nos missionnaires tout seuls sur la route serait insensé, vu la situation. »

Avec Veikko, qui devait conduire, il y avait déjà un médecin à bord. Ce n'était donc pas en tant que médecin que je devais embarquer, mais comme interprète, celui qui pourrait communiquer avec les soldats qu'on allait croiser en cours de route. Nous serions obligés de passer plusieurs barrages dressés par les militaires; or, la plupart des soldats congolais parlent le lingala, l'une de nos langues nationales, toutefois peu pratiquée dans l'est du Congo. Il se trouve que je maîtrise cette langue, d'où la nécessité de ma présence. En discutant avec les soldats, sans doute parviendrais-je à nous faire franchir les différents obstacles. Mais la tension était à son comble, rien n'était gagné d'avance…

Il était à peine 9 heures quand j'ai attrapé un sac en plastique pour y fourrer ma Bible, mes pièces d'identité et quelques effets personnels. Un bagage léger, mais je n'avais pas besoin de plus pendant ma courte absence. Je comptais être de retour dès le lendemain – pas question de rester éloigné de l'hôpital plus longtemps que nécessaire.

Après une petite séance de travail ce matin-là, je déboutonnai ma blouse blanche et l'accrochai à sa place. Je quittai le bureau pour rejoindre la Land Cruiser que nous allions utiliser.

David était déjà installé sur la banquette arrière, à moitié allongé ; son épouse Astrid, assise à côté de lui, tenait le pied infecté sur ses genoux, aussi haut que possible. Je montai dans le véhicule, posai mon sac en plastique à mes pieds et, du coin de l'œil, vis Veikko desserrer le frein à main. Notre plan était d'arriver à Bukavu, d'y passer la nuit et de conduire le lendemain matin le couple à l'aéroport. Ils prendraient l'avion pour Nairobi, au Kenya ; puis, de là, un vol direct, et seraient pris en charge dès leur arrivée en Suède.

Nous avions à franchir une centaine de kilomètres. Suivant d'abord la route sinueuse vers la plaine de la Ruzizi, nous avons bifurqué vers l'ouest pour longer la plaine et emprunter la route de Ngomo, une montée en lacets dans les collines de Kamanyola. Ngomo signifie « tam-tam » en swahili. Autrefois, quand des véhicules y circulaient sur cette route, les villageois communiquaient à l'aide de tam-tams. À cette époque, la route était si étroite qu'on ne pouvait l'emprunter que dans un sens, et dès qu'une voiture apparaissait, les tam-tams le faisaient savoir, relayant le message de village en village, jusqu'à l'autre bout. Là, un garde dressait une barrière pour empêcher tout départ dans l'autre sens. Le véhicule qui voulait se lancer sur cette voie devait attendre que l'autre soit passé – les tam-tams reprenaient alors du service, mais en sens inverse. Le système fonctionnait grâce à ces feux rouges sonores.

Après quelques kilomètres sur la route de Ngomo, un barrage entrava notre progression. Dans un premier temps, il fut hors de question que les soldats nous laissent passer : nous irions droit à la mort, pensaient-ils. Ils n'avaient pas entendu parler du cessez-le-feu, ou peut-être ne s'en souciaient guère, car ils semblaient disposer d'informations toutes fraîches les obligeant à nous sommer de rebrousser chemin. J'expliquai alors notre situation ; pointant David d'un geste vers l'arrière du véhicule, je leur décrivis l'urgence de notre mission. L'un des militaires s'approcha de la portière arrière et se pencha pour vérifier. À la vue du pied enflé et tuméfié, il recula instantanément tout en portant la main à la bouche. C'était manifestement trop dur pour lui.

Ils nous laissèrent passer sans plus d'hésitation. Le soldat incommodé se proposa même pour nous accompagner, ne fût-ce que sur une partie du trajet. Il se glissa à côté de moi et Veikko redémarra.

Après une longue montée, nouveau barrage. Là encore, les hommes de troupe affichèrent leur scepticisme quant à notre expédition.

L'un d'eux attira notre attention sur la pente d'une colline, quelques centaines de mètres plus loin. On pouvait très clairement distinguer des soldats ennemis qui la gravissaient. Occupés à transporter des armes et divers équipements, ils cheminaient sans doute en direction des montagnes au-delà de Lemera. Depuis leur poste, les soldats congolais ne pouvaient qu'assister, impuissants, à ce défilé pour le moins inquiétant. L'ordre donné par le haut commandement était formel : pas d'attaque des troupes adverses, ni de riposte à leur feu car on risquait de provoquer un conflit majeur. Ce qui était précisément ce que l'armée zaïroise, très affaiblie, voulait éviter à tout prix.

Ce soldat tenait à nous faire voir de nos propres yeux le risque que nous courions. Les troupes ennemies qui montaient à flanc de coteau avaient traversé la rivière, mais sans doute y en avait-il d'autres à l'arrière, qui nous attendraient.

Cela dit, il n'insista pas davantage pour se mettre en travers de notre chemin. Lui aussi avait jeté un coup d'œil par la portière et compris qu'il ne s'agissait pas d'un voyage d'agrément. Après avoir échangé quelques phrases avec son collègue qui nous accompagnait, il fit un signe de la main : nous pouvions passer.

Désormais, nous descendions en zigzags. À chaque kilomètre, la nervosité montait d'un cran. La frontière rwandaise était toute proche. Par endroits, on entrevoyait la Ruzizi. Cette route en lacets était bordée de falaises verticales d'un côté, d'un ravin à pic de l'autre.

À un certain moment, alors que la rivière était bien visible, notre passager nous demanda d'arrêter le véhicule. Il voulait maintenant en descendre. Avant de nous quitter, il nous décrivit, détails à l'appui, l'endroit d'où partaient habituellement les tirs du côté rwandais. Un lieu distant d'environ un kilomètre, situé 200 mètres au-dessus de la rivière. Nous serions donc à leur merci… Notre soldat n'était pas sûr à cent pour cent que l'on nous tire dessus mais la probabilité était très forte, d'après lui. Et si nous étions pris sous le feu, toute retraite serait impossible. Il fallait surtout ne pas hésiter, ne pas s'arrêter et encore moins faire demi-tour : nous serions alors irrémédiablement perdus. Notre seule chance était d'accélérer autant que possible. Les rebelles étaient postés à une certaine distance et tiraient vers le haut. À différents endroits le long de la route, il y avait des tas de gravier ou un talus ; là, il leur serait sans doute plus difficile de toucher notre voiture. Ce qui nous laissait une petite chance de nous en sortir… En maintenant une vitesse assez élevée, les secousses et les rebonds de la voiture sur le gravier feraient de nous une cible mouvante, difficile à atteindre. Nous étions conscients de vivre un moment décisif. Interrompre le voyage et rentrer à l'hôpital était encore envisageable. Mais, dans ce cas, notre ingénieur perdrait plus que probablement sa jambe, et toute notre vie nous resterions hantés par cette question : « Avons-nous pris la bonne décision ? »

Un autre scénario fut évoqué, celui d'abandonner la voiture et de traverser le massif à pied. Une marche de quelques kilomètres à peine et nous serions en sécurité. En théorie c'était jouable, mais pas en pratique. Car il nous aurait alors fallu soit laisser David dans le véhicule, soit le porter. Or l'abandonner était impensable et, vu l'état des chemins, embroussaillés et accidentés, la deuxième solution était trop compliquée, trop risquée. C'était donc exclu, et cette piste fut vite écartée.

Nous avons redémarré, laissant notre soldat sur le bord de la route. Dans quelques centaines de mètres, nous allions arriver sur ce tronçon qu'il nous avait décrit comme particulièrement critique. J'ai vu Veikko appuyer fortement sur l'accélérateur ; vision assez insolite puisqu'il portait des sandales… En temps normal, Veikko était plutôt du genre « conducteur prudent », un peu effacé et tranquille. Mais, en un instant, il se métamorphosa. Le véhicule prit de la vitesse et tangua jusqu'à faire trembler toute la carrosserie dans les virages.

Puis, subitement, nous nous sommes retrouvés face à un camion et sa remorque. Placés en travers de la route, ils la bloquaient, mais, en un éclair, nous avons réalisé que nous pouvions continuer en passant du côté de la cabine. Veikko a freiné, nous avons contourné l'obstacle et, une fois celui-ci dépassé, en jetant un regard en arrière, nous avons découvert un trou béant. La carrosserie du camion était tordue et son moteur désormais hors d'état de tourner. Il avait été touché par « un ananas », traduisez « une grenade » dans le jargon militaire. À l'hôpital, quand nous écoutions la fréquence utilisée par la radio de l'armée, en ondes courtes, nous entendions tout le temps parler d'« ananas », ainsi que de « petits pois » – le feu des mitrailleuses.

Une fois le camion passé, ce fut comme si nous avions franchi la frontière entre la vie et la mort. Un tir massif commença presque instantanément, des mitrailleuses se mirent à crépiter et leur bruit assourdissant emplit l'air. Au moins deux engins nous tiraient dessus. La route était criblée de balles qui rebondissaient sous le véhicule, cailloux et gravier giclaient sur le châssis et leur tintement métallique se mêlait au vacarme des armes automatiques.

Veikko fit tout son possible pour rester tête baissée tout en gardant un œil sur la route. J'étais convaincu que s'il était touché, nous serions fichus : nous basculerions dans le ravin, ou bien nous irions nous écraser contre la falaise. Pour provoquer notre perte, il leur suffisait aussi d'atteindre nos pneus. Dans tous les cas de figure, nous allions certainement y passer. J'étais certain de mourir. Il ne me restait plus qu'une chose à faire : implorer le Créateur.

Mais il n'arriva pas, ce coup fatal tant redouté. Veikko passa entre les balles. Ses mains serraient le volant comme un étau, son long dos restait courbé, penché en avant, et son regard fixait la route, quelques centimètres au-dessus du tableau de bord. Sans doute terrifié, il resta néanmoins concentré à fond. Les balles sifflèrent autour de nous, mais quelque part, là-bas, devant nous, cet enfer allait prendre fin. Nous y arriverions. Il nous conduirait à la vie, c'était le message de son dos voûté…

On aurait dit que la pluie de balles tombait entre les roues car, curieusement, la carrosserie fut à peine touchée. J'entrevis vaguement une trace de pneus sur la route. Je continuais à invoquer Dieu, de toutes mes forces.

Combien de temps tout cela a-t-il duré ? Je n'en ai pas la moindre idée… Une éternité, m'a-t-il semblé. Quand les mitrailleuses se turent enfin, nous eûmes l'impression de sortir d'un cauchemar, étonnés d'être toujours de ce monde. Traverser cette portion de route sous un feu nourri et en sortir sain et sauf relevait de l'impossible. Les soldats de l'autre côté de la Ruzizi voulaient-ils seulement nous effrayer, leur ligne de mire était-elle défectueuse, ou bien s'agissait-il tout simplement de piètres tireurs ? On pouvait vraiment se le demander car ils avaient probablement vidé tout leur chargeur sur nous.

Mais étions-nous hors de danger ? Comment le savoir ? Ils étaient peut-être en train de recharger, pour nous montrer ce qu'ils avaient dans le ventre. Non, avec ce qui était arrivé au camion, nous avions eu la preuve qu'il ne s'agissait pas de si mauvais tireurs. Ce tir-là avait été bien ajusté et confirmait les propos entendus plus tôt : les soldats des berges de la rivière étaient également équipés d'une artillerie plus lourde.

En me retournant, je vis l'épouse de l'ingénieur évanouie, plaquée contre l'épaule de son mari. La tension avait été trop forte. Elle avait enroulé le pied de David dans un linge, mais ce dernier était trempé et taché tant le pied suppurait. Quant à l'ingénieur, il était épuisé ; cette semaine de fièvre l'avait abattu, son regard s'obscurcissait. Ce voyage qui devait le sauver risquait aussi de causer sa perte.

— Arrêtons-nous, proposai-je. Il nous faut reprendre notre souffle, et prier.

Après avoir quitté la route et cahoté sur un petit sentier, nous nous reposâmes derrière une butte. Assez haute, elle nous servait de rempart. Ici, les balles ne nous atteindraient pas. Sur le chemin, au-dessus de nous, il y avait un barrage. Un des soldats de l'armée zaïroise finit par s'approcher.

— La Peugeot rouge ? demanda-t-il.

— Quelle Peugeot rouge ?

— Vous l'avez croisée, cette voiture ?

— Non, pourquoi ?

— Nous venons de laisser passer une Peugeot rouge. Vous devez l'avoir rencontrée.

— Non, nous ne l'avons pas vue.

Soudain, je compris : les traces de pneu, c'étaient certainement les siennes.

— Il y a combien de temps ?

— Oh, quelques minutes à peine.

— Combien de personnes à bord ?

— Trois.

La voiture avait plongé dans le ravin, et cela s'était sans doute produit juste après que nous avions dépassé le camion. J'essayai de me remémorer l'instant où j'avais aperçu des sillons creusés dans le gravier, au bord de la route. Nous n'avions pas vu le véhicule ; un doute subsistait.

Plus tard, nous apprendrions que c'était bien les traces de la Peugeot et qu'aucun de ses passagers n'avait survécu. Nos pires craintes furent ainsi confirmées.

Les soldats nous ont vite fait comprendre que c'était loin d'être fini : nous étions toujours en danger.

— Nous avons besoin de boissons sucrées, a fait remarquer quelqu'un dans la voiture.

La peur nous avait desséché la gorge et l'épreuve subie sur la route avait pompé toute notre énergie.

Nous avions emporté des bouteilles de soda et nous nous apprêtions à nous désaltérer lorsqu'un objet traversa l'air en sifflant. Après avoir décrit un grand arc dans le ciel, il manqua de peu l'endroit où nous nous trouvions, allant exploser de l'autre côté de la route. Pas de doute, les soldats d'en face connaissaient notre position. Ne pouvant plus nous atteindre avec leurs mitrailleuses, protégés comme nous l'étions par cette butte, ils tentaient leur chance avec des grenades. Veikko démarra instantanément, la Land Cruiser fit un bond en avant et reprit directement de la vitesse. Située derrière une colline, la route n'était guère visible, alors les soldats envoyaient leurs grenades à l'aveuglette, avec l'espoir qu'au moins l'une d'elles atteindrait sa cible. C'était comme si nous avancions dans un couloir où la mort nous guettait à chaque instant. Mais les projectiles finissaient soit trop loin, soit à côté de la cible.

Nous avions quelques difficultés à comprendre cet acharnement. Tenaient-ils à humilier l'armée zaïroise ? De nombreux soldats de l'armée officielle étaient présents autour de nous, mais ordre leur avait été donné de ne pas riposter. Ils étaient confinés à un rôle de spectateurs, assistant les bras croisés au massacre des civils. Il y avait une autre hypothèse : les rebelles souhaitaient voir cette route définitivement fermée, d'où l'intérêt de la rendre si dangereuse. L'importance stratégique de la région n'était plus à démontrer, c'était par là qu'ils traversaient la frontière depuis le Rwanda et s'infiltraient dans nos montagnes.

Les grenades continuèrent à pleuvoir, pendant une minute peut-être. Ensuite, le tracé de la route nous éloigna de la rivière et nous fûmes enfin hors de leur portée. Dix minutes plus tard, nous rencontrions un véhicule de l'entreprise propriétaire du camion touché par une grenade. Ses hommes étaient probablement en route pour tenter de le réparer. Comme nous nous croisions, l'un d'eux tendit la main par la portière pour faire le signe V. Il croyait sans doute que la route était praticable.

À 14 heures précises, nous sommes arrivés à Bukavu. Là aussi, il y avait eu des tirs. Des grenades envoyées par l'armée rwandaise depuis l'autre côté de la frontière avaient touché deux quartiers.

Mais, pour le moment, tout était calme et nous nous sentions en sécurité.

Le désespoir m'envahit, non seulement à cause de tous ces tirs mais aussi parce que je pris conscience que j'étais bel et bien coupé de l'hôpital. Impossible de rentrer le lendemain comme prévu. Et je ne le pourrais sans doute pas de sitôt. Le cessez-le-feu annoncé par le gouverneur n'était pas respecté par les Rwandais, comme nous avions pu le constater durant notre voyage.

Sur la route de Ngomo, les tam-tams s'étaient tus et c'est un bruit bien plus sinistre qui retentissait. J'avais cru m'absenter pour vingt-quatre heures – en réalité, j'étais parti pour de bon.

L'attaque de l'hôpital de Lemera eut lieu onze jours après mon départ. À la lumière de la lune, juste avant l'aube.

Pendant les jours qui suivirent, la région resta coupée du monde et il se passa beaucoup de temps avant que l'on apprenne la terrible nouvelle. Les premiers témoignages furent livrés par deux collaborateurs de l'hôpital qui avaient rejoint Bukavu à pied, en passant par les montagnes. Un massacre avait eu lieu, mais ils ne pouvaient se montrer précis quant au nombre de victimes. Eux-mêmes s'étaient enfuis pour avoir la vie sauve.

Franck Rubota, l'un de mes proches collaborateurs et gestionnaire de l'hôpital, réussit à se rendre sur place, en empruntant une route qui part de la frontière du Burundi. Il fut accueilli par une vision dantesque et un silence de mort. Ce lieu auparavant si accueillant, bourdonnant de vie, s'était transformé en cauchemar. Des dossiers de patients déchirés et jetés à tous vents, des éprouvettes et des bandes de gaze éparpillées dans les allées et la plupart des façades portant les traces d'un début d'incendie…

Parmi les habitants des alentours, une majorité avait fui pendant l'assaut ; quelques-uns étaient toutefois restés, en se terrant. Quand ils virent le véhicule de

Franck, ils osèrent sortir de leur cachette pour raconter ce qui s'était passé.

Tout avait commencé par une attaque de la caserne située à quelques encablures. À peu près au même moment, non loin de là, les deux prêtres du centre catholique avaient été abattus, de sang-froid. La confusion la plus totale s'était emparée de l'hôpital dès les premiers coups de feu. Nombre de patients s'étaient enfuis, paniqués, certains avec la canule de perfusion et les tubulures toujours dans le bras, pour disparaître le long des pentes ou se cacher dans les bananeraies voisines.

Aucune possibilité de fuite ne s'offrait aux malades du service de chirurgie, retenus par leurs pansements et les accessoires de perfusion. Ils furent exécutés dans leur lit, certains d'une balle dans le cœur, dans la bouche pour d'autres ; quelqu'un fut même achevé à la baïonnette. Les cadavres n'avaient pas bougé de place quand mon collaborateur a débarqué. Six jours s'étaient écoulés depuis le massacre. Avec l'aide d'un pasteur et de quelques habitants des environs, ils firent de leur mieux pour enterrer les morts. Mais l'unique sépulture à laquelle eurent droit ces malheureux fut un grand trou creusé près des latrines, là où la terre marécageuse était la plus malléable.

Lors de l'attaque, les rebelles s'étaient introduits dans les moindres recoins de la station, soucieux de causer un maximum de dégâts. Ils avaient tiré avec leurs mitrailleuses en direction des fenêtres, et passé les logements au crible afin de s'assurer qu'il n'y restait personne. La blouse blanche que j'avais pendue à son crochet avant de partir avait été criblée de balles ; ils avaient aussi vidé un chargeur sur une photo de moi. Le message était on ne peut plus clair : voilà le sort qui m'aurait été réservé si j'avais été présent…

Dans la cour de l'hôpital, tout au fond, il y avait une longue maison étroite où logeaient trois infirmiers. Réveillés aux premiers coups de feu, ils s'étaient barricadés, mais en vain. Les rebelles avaient fracassé les portes, entrant brutalement. Ces infirmiers ne pouvaient offrir la moindre résistance et deux d'entre eux avaient été tués presque aussitôt après avoir été maltraités. Le troisième avait été forcé d'acheminer toutes les réserves de la pharmacie jusqu'à un village voisin, dans l'un des véhicules de l'hôpital, avant d'être abattu à son tour.

Tout ce qui pouvait être volé avait été emporté par les rebelles : meubles, équipement technique… Certains malades avaient dû leur servir de porteurs ; ceux qui n'en avaient pas la force avaient été exécutés sur-le-champ.

En quelques heures, la messe était dite. Dès la matinée, les Banyamulenges descendirent des montagnes voisines pour venir inscrire leur nom sur les maisons du village – celui de la station missionnaire. Ils voulaient s'assurer que ces habitations seraient désormais à eux, puisque les précédents propriétaires avaient fui.

Après quelques jours, le nombre exact de victimes put être établi : trente-trois personnes avaient été massacrées ce jour-là. L'hôpital le mieux équipé de la région offrait ses soins à quelque cent cinquante mille habitants, dont les plus pauvres parmi les pauvres. D'un seul coup, tout cela était anéanti. Ne subsistaient que des bâtiments vides et noirs de suie. Ce lieu était devenu un cimetière…

J'avais toujours cru qu'un hôpital était une zone protégée ; cette conviction se fondait sur l'idée qu'il existe des conventions internationales en attestant. Comment imaginer que des forces armées osent s'en prendre à des patients sans défense ?

C'est pourtant ce qui était arrivé… Naïf, j'avais mal interprété la situation. Sur la vidéo que je pus visionner plus tard, les dégâts me sautèrent aux yeux. Revoir mes anciens patients assassinés dans leur lit me fut insupportable. J'avais opéré moi-même plusieurs d'entre eux, notamment deux femmes qui s'étaient présentées à ma petite clinique de Bukavu mais que j'avais envoyées à Lemera. Les ayant emmenées en voiture, je leur avais promis de les ramener après leur opération, une fois qu'elles seraient guéries. Je n'en ai pas eu le temps, bloqué que j'étais à Bukavu à cause de cette fichue route fermée. Les deux patientes sont restées là-bas et ont perdu la vie…

Autrefois, je considérais la région où se situe l'hôpital comme l'un des plus beaux endroits du monde. Les paysages y sont fantastiques pour qui aime la nature. Des montagnes couvertes de forêts m'entouraient telle une immense cathédrale et, chaque samedi après-midi, je gravissais l'un des sommets où m'attendait une vue imprenable. Je voyais se rencontrer trois pays, le Zaïre, le Burundi et le Rwanda. Je pouvais y rester des heures, le regard fixé sur l'horizon, le temps de recharger mes batteries. Je portais Lemera dans mon cœur et l'idée d'y habiter même sans exercer la médecine me titillait. Ce cadre, cette nature, grandiose par sa beauté, étaient à mon goût et incitaient à la méditation. Mais tous ces coups de feu avaient brisé cette superbe image. Et l'avaient tachée de sang.

Plongé dans un deuil profond, je m'en voulais d'avoir abandonné mes patients. Je m'étais promis de ne pas quitter l'hôpital ; si la guerre éclatait, je serais là, à leurs côtés. Le pied de l'ingénieur avait chamboulé tous mes plans, ce déplacement était devenu inévitable. Ma conscience avait beau me dire que j'avais fait ce qu'il fallait, que mon départ était justifié, ce sentiment d'avoir abandonné le navire persistait.

Je savais pourtant pertinemment que ma présence n'aurait rien changé : le massacre aurait eu lieu quand même. Mais tous ces raisonnements ne me consolaient guère, et même l'idée que j'eusse sans doute été tué, moi aussi, ne me libérait pas de mes remords. Ceux-ci avaient planté leurs griffes en moi et ne me lâcheraient pas avant un bon bout de temps.

Pour des raisons de sécurité, il était hors de question d'y retourner et de constater de mes propres yeux l'étendue des dégâts. D'ailleurs, même si cela avait été possible, je n'aurais certainement pas pu l'endurer. C'était comme une plaie qui ne voulait pas guérir… Huit longues années devaient s'écouler avant que je ne revienne à Lemera, et quatre années supplémentaires pour que j'y passe une nuit.

Réflexion faite, peut-être que la Providence avait voulu que j'échappe à la tuerie… Quant à l'ingénieur suédois, il fut opéré dès son arrivée en Suède, son pied fut ouvert et vidé d'un liquide purulent – en quantité impressionnante. Les médecins ne parvinrent pas à identifier l'infection dont avait été victime David, alors que leur hôpital avait la réputation d'être le plus grand et le mieux équipé de Suède. Cela resterait une énigme. Toujours est-il que c'est grâce à ce microbe pernicieux que j'ai survécu.

D'autres lui devaient également une fière chandelle, à savoir le médecin finlandais, l'ingénieur et son épouse. Car, quelques années plus tard, des sources bien informées nous apprirent que les rebelles avaient envisagé l'enlèvement des missionnaires. Emmenés dans les montagnes, ils auraient servi de monnaie d'échange avec l'armée régulière.

Le massacre de Lemera signifiait que la guerre n'en était plus à ses prémices, elle avait bel et bien commencé et ce ne serait qu'une question de temps avant qu'elle n'atteigne Bukavu. J'étais en ville avec mon épouse et mes enfants. Auparavant, mes enfants avaient vécu avec moi à l'hôpital, mais quand ils avaient atteint l'âge d'être scolarisés, ils étaient partis s'installer dans notre maison de Bukavu.

Quelques jours après ce massacre, une équipe de CNN est venue au Kivu pour m'interviewer sur ce tragique épisode. J'ai décrit les dégâts tels qu'ils m'avaient été relatés, et bientôt le monde entier apprit ce qui s'était passé dans cet hôpital, quelque part au milieu des montagnes du Zaïre. Je sais que cette nouvelle a largement choqué – sans doute n'étais-je pas le seul à nourrir l'illusion que l'on n'attaque pas un hôpital, qu'on ne tue pas des patients sans défense, même si c'est la guerre.

À Bukavu, la situation empirait d'heure en heure, c'était le chaos total. Devant l'assaut inexorable des rebelles, la ville croulait sous le flot de réfugiés, civils mais aussi soldats de Mobutu. Dans cette cohue, comment savoir qui était ami ou ennemi ? Je croyais surtout avoir à redouter des rebelles, puisqu'ils nous avaient menacés, ma famille et moi, mais en réalité la plus grande menace venait d'ailleurs.

Un jour, je reçus la visite d'un membre de la police militaire. Me prévenant que je courais un gros risque, il me conseilla de quitter la ville au plus tôt.

— Les militaires vous cherchent. Ils pensent que vous aidez l'ennemi.

— Moi ? protestai-je, sidéré. Ce n'est pas possible. Je n'ai pris le parti de personne.

Mon interlocuteur me rappela alors la discussion que j'avais eue, quelques mois plus tôt, avec ce commandant en chef. Celui qui m'avait sommé de mettre une barrière devant l'hôpital afin d'empêcher toute entrée de Tutsis. J'avais refusé et, à présent, cet acte se retournait contre moi. Il faut préciser qu'après l'attaque de l'hôpital l'armée avait envoyé une force spéciale depuis Kinshasa dans les montagnes de Lemera et que tous ces soldats étaient tombés sous les balles des rebelles. Le commandement militaire en avait conclu que l'ennemi disposait d'un informateur dans le coin. Mon nom avait été mentionné. J'avais expliqué un peu plus tôt que je n'avais pas le droit de refuser des soins à qui que ce soit, que c'était là un principe fondamental auquel souscrit tout médecin. Mais les militaires étaient convaincus que ce refus cachait d'autres motivations. Mon entêtement avait été interprété comme un soutien aux rebelles.

Me soupçonner d'une chose pareille, quelle absurdité ! Plus inquiétant, le fait qu'ils puissent y croire me mettait sérieusement en danger. Dans le meilleur des cas, c'était la prison qui m'attendait, ou plus probablement la mort.

Cet homme qui était venu me prévenir m'intriguait. Il prenait de gros risques car, s'il était découvert, la même épée de Damoclès pendrait au-dessus de sa tête.

— Pourquoi tenez-vous tant à m'avertir ? lui ai-je demandé. Pour quelle raison voulez-vous m'aider ?

— Mon épouse était malade et elle a été hospitalisée à Lemera. C'est vous qui l'avez soignée...

— Elle va bien, maintenant ?

— Oui, dit-il en hochant la tête. Je vous suis très reconnaissant. Vous l'avez aidée dans une situation difficile, à mon tour de vous rendre service.

Le geste très courageux de cet homme me toucha.

— Mais que faire pour m'en sortir ?

— Vous devez fuir.

— Où ça ?

— Il y a encore des vols qui relient Bukavu à Kinshasa. Vous pouvez essayer d'avoir une place, mais c'est urgent, le temps presse. Les rebelles seront bientôt ici, on va fermer l'aéroport.

Restait la question de savoir comment rejoindre l'aéroport lui-même. Y aller avec ma propre voiture était exclu, les militaires me reconnaîtraient dans la minute. Me faire conduire par quelqu'un n'était pas non plus une solution. Pour le moment, il n'y avait presque que des soldats dans les rues et des civils circulant en voiture seraient tout de suite remarqués et suspectés.

— Je porte l'uniforme, je peux vous y conduire.

— Mais on va me reconnaître quand on nous arrêtera aux barrages.

— Non. Personne ne vous apercevra. Car vous ne serez pas assis, mais couché.

— Où ça ? Sur le siège arrière ?

— Non, répliqua le soldat, confiant. Dans le coffre.

C'était tôt le matin, le 29 octobre 1996, en pleine saison des pluies. Des nuages pesaient sur la ville. Le soldat ouvrit le coffre et je m'y glissai. La lumière pâle de l'aube fit place devant mes yeux à une obscurité protectrice. Il nous faudrait un temps assez long pour rejoindre l'aéroport. Les pluies abondantes de la nuit avaient rendu les routes boueuses et glissantes. Couché en chien de fusil, l'oreille collée au fond du coffre, j'entendais la boue gicler sur les pare-chocs.

La perspective d'être découvert me terrifiait et le trajet jusqu'à l'aéroport me parut interminable. Mais l'uniforme que portait cet homme était une assurance, pour nous deux d'ailleurs. Nous sommes ainsi arrivés à destination sans avoir été inquiétés.

Il arriva en même temps ce que tout le monde avait pressenti… Les rebelles s'emparèrent de la ville. L'armée zaïroise reculait depuis plusieurs jours et, dans l'aéroport, c'était la pagaille. Affolés, les soldats de Mobutu essayaient d'échapper à l'envahisseur et se battaient pour arracher une place dans un avion. Malheur aux civils qui avaient acheté leur billet et s'obstinaient à vouloir embarquer; ils étaient abattus sur place, sans hésitation. Avec ce déchaînement de violence, je fus témoin de choses atroces.

Je compris vite que je ne devais pas m'accrocher à l'idée d'aller à Kinshasa. Je n'avais aucune chance d'arriver à destination dans ces conditions: si j'essayais de monter à bord, je serais descendu sur le tarmac. Comme les autres.

Craignant à tout instant d'être reconnu, je ne savais plus très bien où me réfugier. Sur le terrain de l'aéroport, il y avait quelques hangars et des toilettes. J'eus l'idée d'aller me cacher derrière les latrines.

Grâce au téléphone satellite que j'avais sur moi, j'appelai Roland Stålgren, le responsable de la mission pentecôtiste suédoise dans l'est du Congo. Il avait quitté Bukavu une semaine plus tôt et se trouvait à Nairobi. Je lui décrivis la situation.

— Les rebelles ont pris la ville. Je suis à l'aéroport et j'avais espéré pouvoir gagner Kinshasa. Mais ça paraît tout à fait impossible car c'est la panique totale.

— J'appelle la MAF et je te rappelle.

La MAF ou Mission Aviation Fellowship («Aviation missionnaire internationale») disposait d'une base à Nairobi. Mais y avait-il un avion disponible d'urgence? Rien n'était moins sûr.

Le téléphone ne tarda pas à sonner et Roland, satisfait, m'apporta la réponse.

— Il y a des avions. Ils peuvent venir avec deux appareils de douze sièges.

Depuis Nairobi, le vol de ces avions à hélices prendrait environ six heures. Cela signifiait qu'ils seraient à Bukavu vers 14 heures. Le soldat qui m'avait aidé étant toujours présent, je lui demandai s'il pouvait retourner en ville chercher ma famille. À cause des menaces qui pesaient sur nous, nous avions circulé entre notre maison et celles de mes parents et de mes beaux-parents.

— D'accord, j'y vais, me dit-il.

À présent, je n'avais plus qu'à attendre dans ma cachette. Pendant ce temps, Bukavu connaissait des heures terribles. Devant l'avancée des rebelles, presque toute la population avait pris ses jambes à son cou. En quelques heures seulement, un demi-million de personnes avaient essayé de se sauver. Ce fut le début d'une longue marche qui allait déboucher sur un épilogue catastrophique. Dans les manuels d'histoire, cela resterait comme l'une des pages les plus noires de notre époque. Cette marée humaine était en partance pour Kisangani, à plus de 700 kilomètres au nord-est de Bukavu.

Alors que cet immense exode n'en était qu'à ses débuts, je fus contacté par mon beau-père. Terrifié, il me demanda si je pouvais les aider à partir, lui et son épouse.

— Tu peux nous trouver un avion ? implora-t-il.

Je lui répondis brièvement que j'allais me renseigner auprès de la MAF.

J'ai alors demandé à mon ami Roland de se renseigner sur le coût d'une telle opération. Car je savais que pour mon beau-père l'argent n'était pas un frein : il était l'un des plus gros négociants de la ville. Je pus le rappeler avec une réponse positive.

— Tout va bien, lui dis-je en lui précisant l'heure à laquelle son avion était attendu.

— Nous sommes prêts, répondit-il.

Un peu avant 14 heures, un avion de ligne, en provenance de Kinshasa celui-là, se posa sur la piste. Dans la minute, des hordes de soldats se précipitèrent pour tenter de s'y engouffrer. Au même moment, ma famille arriva à l'aéroport. Il y avait déjà sur place la direction du mouvement pentecôtiste, mon employeur pendant toutes ces années. Eux aussi étaient menacés, comme leurs familles d'ailleurs, et il fallait qu'ils s'en aillent.

Nous étions très inquiets car si les soldats pensaient que nous avions, nous aussi, des visées sur certaines places d'avion, tous les scénarios étaient envisageables. Mes enfants étant encore petits, je voulais leur épargner une scène d'horreur. Mais il y allait de notre vie, et c'était sans doute notre unique chance de partir d'ici. En outre, nous n'avions probablement que quelques heures devant nous avant que les rebelles ne s'emparent de l'aéroport.

C'est avec une impatience non dissimulée que nous attendions l'arrivée de nos deux petits avions. Nous savions qu'ils étaient en route. Qu'allait-il se passer au moment de leur atterrissage ? Que feraient les soldats ? Tenteraient-ils d'y embarquer de force ? Quoi qu'il en soit, dès qu'ils seraient posés, il faudrait aller très vite. Nous avions compris que dès l'instant où les appareils s'immobiliseraient en bout de piste, nous devrions foncer et sauter dedans.

Les voilà ! Nous les vîmes percer les nuages et s'approcher de l'aérodrome ; nous étions fin prêts. Ils atterrirent, c'était le moment. Les soldats nous remarqueraient-ils ou n'avaient-ils qu'une chose en tête, leur propre plan de survie, au point que tout le reste passait au second plan ? Nous courûmes à toutes jambes sur le tarmac et, dès l'ouverture des portes de l'avion, nous nous jetâmes littéralement dedans. Tout se passa heureusement en un clin d'œil et les deux appareils commencèrent immédiatement à rouler.

Après le décollage, nous vîmes de nos propres yeux, d'en haut, Bukavu et ses alentours qui se vidaient de leurs habitants. Je compris à l'instant qu'on allait au-devant d'une catastrophe humanitaire de grande ampleur. Car les provisions que ces gens avaient emportées, pour autant qu'ils aient eu le temps d'en prendre, seraient consommées en l'espace d'un jour ou deux, et la faim et la soif leur succéderaient. Pour beaucoup, ce serait un rendez-vous avec la mort. Nul besoin d'être médecin pour se rendre compte qu'une intervention humanitaire d'urgence devait rapidement être organisée.

Notre avion nous amena 500 kilomètres plus au nord, à Bunia, où une station missionnaire américaine nous offrait l'asile. Le lendemain, la nouvelle de la fermeture de l'aéroport de Bukavu nous parvint. Nous étions parmi les tout derniers à en être sortis. Et, malheureusement, nous n'avions pas eu le temps d'aller à la recherche de mes beaux-parents, qui se trouvaient à présent sur la route de Kisangani. Logés à la même enseigne qu'un demi-million d'autres personnes…

※

La guerre dans l'est du Congo avait été planifiée depuis le Rwanda et dirigée par Laurent-Désiré Kabila, cet ancien révolutionnaire congolais qui avait fait ses premières armes aux côtés de Lumumba. Les provinces orientales une fois conquises, il poursuivit le combat à travers tout le pays et, sept mois après le début des hostilités, prit le pouvoir. C'en était fini de Mobutu. J'avais quant à moi une lecture particulière de cet événement :

la personne que je considérais comme responsable du massacre de Lemera était désormais le nouveau président de mon pays.

Kabila ne devait rester que quatre ans à ce poste. Après son assassinat par un garde du corps en 2001, c'est son fils Joseph, alors inconnu de la plupart des Congolais, qui prit la relève. Il avait grandi en Tanzanie aux côtés de son père, qu'il avait d'ailleurs suivi durant la guerre ayant conduit à la chute de Mobutu.

La présidence de Joseph Kabila coïncida dans une large mesure avec la période où l'est du Congo fut gangrené par un nouveau fléau, celui des violences sexuelles. Nos chemins se sont croisés et j'ai même eu, indirectement, affaire à lui. Je l'ai supplié de prendre ce problème à bras-le-corps, de s'attaquer à ses causes fondamentales. Mais le sujet ne semble pas l'intéresser outre mesure. C'est mon impression et je le dis avec beaucoup d'amertume.

En décembre 2008, je me suis vu décerner le prix des droits de l'homme des Nations unies, à New York. Des quatre coins des États-Unis, des Congolais ont accouru pour me voir, m'écouter. L'un d'eux, un jeune homme de dix-huit ans, m'a dit quelque chose qui m'est allé droit au cœur. Et que je n'oublierai jamais :

« Pour la première fois de ma vie, je suis fier d'être congolais. D'habitude, je n'insiste pas sur mes origines, car je risque d'être tenu pour responsable de toutes ces horreurs dans mon pays. Mais, après vous avoir vu recevoir ce prix et depuis votre discours, je n'ai plus de problème pour m'afficher comme congolais. »

C'étaient des paroles très encourageantes, et je reçus cette récompense avec à la fois beaucoup de modestie et une grande fierté. Pour ce prix qui n'est distribué que tous les cinq ans, je m'attendais à ce que quelqu'un de notre ambassade aux États-Unis vienne à la cérémonie, ou à la réception qui s'ensuivit. Une présence officielle n'était-elle pas de mise ?

Comment ne pas établir un parallèle avec ce qui s'était passé deux ans plus tôt, quand j'avais alerté les ambassadeurs depuis la tribune des Nations unies ? À l'époque, aucun représentant de mon pays n'avait été présent. Cette fois encore, leur absence n'était pas anodine. À mes yeux, il n'y avait qu'une seule explication : les autorités de mon pays me considéraient comme un citoyen déloyal. Et plus j'exprimais publiquement et librement mes opinions, plus leur irritation grandissait.

Or, mon intention n'était pas de critiquer les dirigeants du Congo, je ne menais pas une campagne politique. Je disais simplement qu'il fallait protéger les femmes dans l'est du Congo et que la responsabilité du gouvernement était engagée. Puisque la situation restait figée, il fallait bien que quelqu'un élève la voix, et si c'était interprété comme une critique, je n'y pouvais rien. Moi, je n'accusais personne, j'avais pour seul objectif de me faire le porte-parole de ces femmes.

Après New York, je filai directement à Kinshasa pour rencontrer le président Kabila. Il ne m'avait pas invité mais, étant donné le prestige qui entourait ce prix, je me sentais, en tant que citoyen congolais, obligé de lui « faire rapport ». Furent aussi présents à cette rencontre deux représentants de la Cepac (Communauté des Églises de Pentecôte en Afrique centrale), propriétaire de l'hôpital de Panzi.

Joseph Kabila ne s'est guère montré enthousiaste. Alors que nous discutions, dans une atmosphère feutrée, pas une seule fois je n'ai eu l'impression qu'il voulait trouver une solution à la situation des femmes du Kivu. Quant à son soutien vis-à-vis du travail que nous menions à l'hôpital, on attend toujours…

À travers le monde, beaucoup voient dans ces violences sexuelles un phénomène qui serait propre à notre culture. Ce serait une question de gènes, les hommes chez nous seraient prédisposés à violenter le sexe opposé. Sur ce point, je vais être très clair. Quand on me sort ce genre d'arguments, je coupe court à toute discussion, immédiatement. Ce n'est pas sérieux. S'il est vrai que la place réservée ici aux femmes n'est pas enviable, et c'est déjà assez grave, ce n'est pas non plus tellement inhabituel puisqu'elles connaissent le même sort dans bon nombre de pays. Sans pour autant être systématiquement exposées à une violence qui se révèle souvent mortelle.

C'est pour cette raison aussi qu'il ne faut pas laisser planer le moindre doute dès lors qu'on essaie d'expliquer ces sévices. Cette violence bestiale que l'on constate aujourd'hui et dont je vois les effets depuis des années était quelque chose de tout à fait nouveau pour moi quand sont apparus les premiers signes inquiétants. Qu'elle ait un rapport avec la guerre qui a éclaté dans l'est du Congo en août 1998, c'est incontestable. J'en suis intimement convaincu.

Comment expliquer ce conflit ? Le fait que Laurent-Désiré Kabila, qui avait renversé Mobutu l'année précédente, ait tourné le dos aux armées et aux pays qui l'avaient soutenu y est certainement pour beaucoup. Ces hostilités – qualifiées parfois de « Première Guerre mondiale d'Afrique » – ont vu s'affronter sept pays voisins du Congo, plus un certain nombre de milices.

Plus tard, quand ces histoires de viols au Kivu sont venues aux oreilles du monde, cela n'a pas provoqué chez certains plus qu'un haussement d'épaules ; il fallait s'y attendre, pensaient-ils. Et c'est aussi pour cette raison qu'il a été si difficile de mobiliser la communauté internationale contre la guerre et contre les violences faites aux femmes.

Le monde extérieur ne semblait pas comprendre qu'il avait sa part de responsabilité dans ce qui se passait au Congo. Avait-on oublié l'époque du roi Léopold II ? Et si les événements actuels n'étaient que la répétition des drames d'antan, sous d'autres formes ?

À la fin du XIXe siècle, le roi des Belges a soudain décidé que le Congo serait sa propriété privée. Après avoir dépouillé le pays de son ivoire, il a mis la main sur le caoutchouc de nos forêts. Ce qui était en train de se produire dans le monde industrialisé ne lui avait pas échappé : la bicyclette connaissait un succès foudroyant, au point de devenir un objet à la portée de tous ; la voiture allait suivre. Il ne faisait aucun doute qu'on aurait grand besoin de caoutchouc pour fabriquer les pneus. S'ensuivit le boom du caoutchouc, qui devint pour nous la plus grande malédiction, l'une des pages les plus noires de notre Histoire. On peut la redécouvrir en lisant le livre accusateur d'Adam Hochschild, *Les Fantômes du roi Léopold*[1]. Le caoutchouc se trouve dans une plante parasite qui grimpe le long des troncs d'arbres. La seule présence de cette plante signifiait que la population était réduite à l'esclavage. Ceux qui habitaient dans ces zones étaient envoyés en forêt pour y recueillir le caoutchouc selon un quota établi. Gare à celui qui n'y arrivait pas, il était sévèrement fouetté ou, pire, on lui coupait les mains.

C'est un missionnaire baptiste suédois qui fut parmi les premiers à attirer l'attention du monde extérieur sur l'exploitation cruelle et impitoyable du Congo par le roi des Belges. Je suis heureux de pouvoir dire « suédois » car j'entretiens avec ce pays une relation particulière ; j'y compte de nombreux amis. La critique de ce missionnaire fut implacable et il fit preuve d'un grand courage puisque, par son intervention, il mettait en danger non seulement son œuvre, mais aussi sa propre vie.

---

1. *Les Fantômes du roi Léopold: La terreur coloniale dans l'État du Congo, 1884-1908,* traduit de l'anglais, Tallandier, 2e édition, 2007.

Peu de pays recèlent autant de ressources naturelles que le Congo. Avec une superficie équivalente à celle de l'Europe de l'Ouest, ces ressources – eau, forêts, terre, minerais… – devraient assurer la prospérité de la nation. Mais cela n'a jamais été le cas. Les richesses du Congo, quel fléau ! Ce sont nos énormes gisements de minerais, avant tout le cuivre, qui ont permis à Mobutu de se hisser au rang des hommes les plus fortunés du monde. L'est du Congo est incontestablement l'une des régions les plus riches en minerais. On y trouve de l'or, des diamants, de l'étain, du coltan. Je suis presque sûr qu'il y a dans votre ordinateur, comme dans le mien et dans nos portables, quelques grammes de tantale. Cet élément métallique très résistant à la chaleur est utilisé comme condensateur dans les petits appareils électroniques tels que les ordinateurs et les téléphones mobiles. Le tantale est extrait du coltan ; et 80 % de la totalité des gisements mondiaux se trouvent dans l'est du Congo…

Lors de la deuxième guerre du Congo, celle de 1998, les minerais ont joué un rôle décisif, plus particulièrement le coltan. Une fois encore, notre pays recelait des matières premières qui se trouvaient convoitées par le monde industriel, et quand, au début du XXIe siècle, les multinationales de l'électronique se sont mises à réclamer du coltan à n'importe quel prix, on a vu s'établir un marché illégal encourageant le recours à la violence. Les armées et d'innombrables milices se sont emparées du pouvoir dans ces eldorados et leurs bénéfices ont permis d'acheter encore plus d'armes. Le moment où ce commerce a pris son envol coïncide avec les premières violences à l'égard des femmes…

Il y eut certes un cessez-le-feu en 2002, mais la violence n'a pas disparu pour autant, car les milices continuaient à contrôler les régions riches en minerais. Pour y avoir accès, il faut défricher de vastes étendues de forêt et de cultures diverses, parfois même par le feu. Une opération impossible si les populations locales se mettent en travers. Et c'est ici qu'on se sert systématiquement des viols. Bien sûr, les milices brûlent les villages, tuent les hommes, mais leur première arme, c'est la violence sexuelle.

La sauvagerie à l'égard des femmes n'est pas un phénomène nouveau. Pour s'en convaincre, il suffit de plonger dans l'histoire des conflits armés, comme ceux qui ont ravagé la Bosnie dans les années 1990 ou le Liberia dans les années 2000. Soulignons toutefois une grande différence : dans le premier cas, ces actes barbares se produisaient dans le sillage de la guerre ; alors qu'ici ils sont devenus une arme centrale.

Que les milices agressent les femmes pour prendre le contrôle de villages ou d'agglomérations peut paraître paradoxal. Dans la société congolaise, la femme paraît reléguée au second plan, je l'ai déjà fait remarquer ; elle n'a que rarement le dernier mot. C'est pourtant elle la première cible quand l'oppression s'abat sur une région. Preuve qu'elle occupe, tout compte fait, une position forte. La femme assure l'essentiel des tâches familiales. Celui qui la frappe s'en prend en même temps à ses proches, forcément. Travailleuse et responsable, elle veille à faire marcher le foyer, jour après jour. La maltraiter, c'est attaquer la cellule familiale et saper sa sécurité. Mais c'est aussi une façon de briser son mari car, pour beaucoup d'hommes, il n'y a pas pire honte que de vivre avec une épouse violée.

Pour détruire et souiller, nul besoin de chars ou de bombardiers, il suffit de violer les femmes. Les ravages produits sont comparables à ceux d'une campagne « normale », et c'est la raison pour laquelle les milices et les petites armées temporaires se servent de cette arme. Qu'elles y perdent l'honneur et leur sens de l'empathie, peu importe ; financièrement parlant, c'est une façon de faire la guerre très économique.

Ce désastre qui frappe aujourd'hui l'est du Congo est intimement lié au passé, et même à mon propre parcours. J'ai déjà évoqué l'année 1959 quand, à l'âge de quatre ans, j'ai vu des Tutsis du Rwanda envahir les rues de Bukavu avec tout leur bétail. Le conflit à l'origine de cet exode n'aura été qu'une première étincelle. L'explosion eut lieu trente-cinq ans plus tard, avec le génocide qui emporta en l'espace de trois mois quelque 800 000 Rwandais, avant tout tutsis mais aussi nombre de Hutus jugés trop modérés.

Cette tragédie a laissé des traces. Incontestablement. On ne vit plus de la même façon dans cette partie de l'Afrique, non seulement au Rwanda mais aussi dans l'est du Congo. Les guerres, l'épidémie de viols et l'extraction illégale du minerai prennent racine dans les conflits perpétuels entre Hutus et Tutsis avec, en point d'orgue, le génocide de 1994. Qui ne se souvient des Interahamwe, véritable fer de lance des concepteurs de la solution finale ? Quand la tuerie vint à son terme, nombre de ces miliciens hutus s'échappèrent au Congo, dans le sillage de l'armée rwandaise et d'un bon million de civils. Quelques groupes d'Interahamwe, restés chez nous, se sont alors regroupés sous le nom de « Forces démocratiques pour la libération du Rwanda » (FDLR), une organisation qui a mené la vie dure aux habitants du Kivu. Une grande partie des viols de masse sont à mettre à leur actif, et ce sont ces mêmes hommes qui ont pris le contrôle de toute une série de régions riches en minerais. Mais les FDLR ne sont pas les seuls à s'être rendus coupables de viols, il y a aussi les membres de l'AFDL, du RCD (« Rassemblement congolais pour la démocratie »), du CNDP (« Congrès national pour la défense du peuple »), et plus récemment du M23 (« Mouvement du 23 mars »)...

Les Maï-Maï, autre groupe armé, peuvent être considérés comme un ramassis de commandos locaux et de milices. Ces nationalistes, qui veulent défendre le pays contre l'influence du Rwanda, ont adopté les idées de l'ancien chef rebelle Pierre Mulele, celui qui se fiait aux forces surnaturelles pour remporter le combat. Mulele était quelqu'un de très bizarre, plutôt cruel. Comme je l'ai déjà raconté, j'ai été obligé de fuir ses soldats avec ma famille quand j'avais neuf ans. Mais, entre les rebelles des années 1960 et les Maï-Maï d'aujourd'hui, il existe une différence notable : leur vision de la femme. Mulele venait du sud-ouest du Congo, de la tribu pende ; dans cette société matrilinéaire, la transmission, par héritage, de la propriété, des noms de famille et titres passait par le lignage féminin. Les Pende pratiquaient le culte des ancêtres et vénéraient les femmes importantes du passé.

Concernant la gent féminine, les ordres de Mulele à ses troupes étaient on ne peut plus clairs : pas question d'y toucher ! On ne pouvait pas les offenser, il ne fallait certainement pas les tuer. Avec cette consigne sans équivoque, malheur au soldat qui passait outre, il encourait la peine de mort.

Les soldats maï-maï d'aujourd'hui s'aspergent toujours d'eau sacrée, comme du temps de Mulele, convaincus d'être ainsi invulnérables aux balles ennemies. Mais, contrairement à leurs ancêtres, ils ne respectent d'aucune façon les femmes et se sont, eux aussi, rendus coupables d'atrocités bestiales.

Le même constat vaut pour les soldats de l'armée congolaise, les FARDC (Forces armées de la RD Congo). Très mal payés, ils vivent dans des conditions déplorables. Leurs fusils d'assaut leur permettent toutefois de se montrer menaçants, et souvent leur comportement n'est guère meilleur que celui des miliciens qu'ils sont censés combattre. Sur le tableau noir des violences sexuelles, ils sont bien représentés…

C'est l'État qui devrait avoir le contrôle des minerais et c'est encore à lui qu'incombe la tâche de protéger la population contre toutes sortes d'abus. Aujourd'hui, il a failli dans ce rôle. Résultat : les régions riches en minerais se trouvent entre de mauvaises mains et des dizaines de milliers de citoyens congolais craignent pour leur sécurité, voire leur vie.

Pire, on assiste à une désintégration sociale : l'inquiétude, la guerre latente et la conduite des soldats déteignent sur l'état d'esprit de toute la population. On rencontre à présent des hommes qui portent la main sur leur femme alors qu'on ne leur connaissait pas cette brutalité auparavant.

Le premier responsable, celui qui devrait mettre un terme à cette violence et s'attaquer aux causes, est bien sûr notre président. Ce jour de décembre 2008, je me trouvai donc face à lui et nous discutâmes. Dans une atmosphère tendue. Chaque fois que j'essayai d'amener la conversation sur les violences sexuelles, il esquivait, commençant à évoquer autre chose. Le sujet le gênait manifestement et sans doute préférait-il ne pas en entendre parler. Le désespoir s'empara de moi ; c'était quand même le président que je rencontrais, et si lui ne voulait pas aborder cette question, qui le ferait ?

Il ne montra aucun intérêt pour la distinction que j'avais reçue, et il n'avait même pas besoin de faire semblant puisqu'aucun média n'était présent. Si en entrant au palais présidentiel j'avais encore un mince espoir, celui-ci se dissipa très vite. Je n'en faisais pas une question personnelle, je pouvais vivre avec le fait qu'il refuse d'applaudir à ce prix des Nations unies, mais j'étais préoccupé en pensant à toutes ces femmes souffrantes. C'est le cœur bien lourd que je repris l'avion qui me ramena au Sud-Kivu, au bout de deux heures de vol.

Pendant un certain temps, le nombre de viols dans l'est du Congo avait connu une baisse. La majorité des femmes venues à l'hôpital le bas-ventre déchiré avait subi cette lésion six mois auparavant, voire plus. Mais, à présent, la courbe était repartie à la hausse et je savais ce qui m'attendait au bloc opératoire. Joseph Kabila ne semblait pas s'en soucier, et cela m'inquiétait beaucoup.

Une patiente à l'hôpital de Panzi. Grâce au Dr Mukwege, les femmes peuvent y bénéficier d'un suivi et de soins adaptés, notamment lors des grossesses à risques. *(ph. Thierry Michel)*

La vallée de la Rizizi, frontière entre la République démocratique du Congo, le Burundi et le Rwanda, vue depuis l'escarpement de Kamaniola. *(ph. Thierry Michel)*

À l'Est du Congo, on assiste désormais à l'émergence d'une conscience féminine et féministe. *(ph. Thierry Michel)*

Dans les villages du Sud-Kivu, les femmes s'organisent pour lutter contre les violences sexuelles. *(ph. Thierry Michel)*

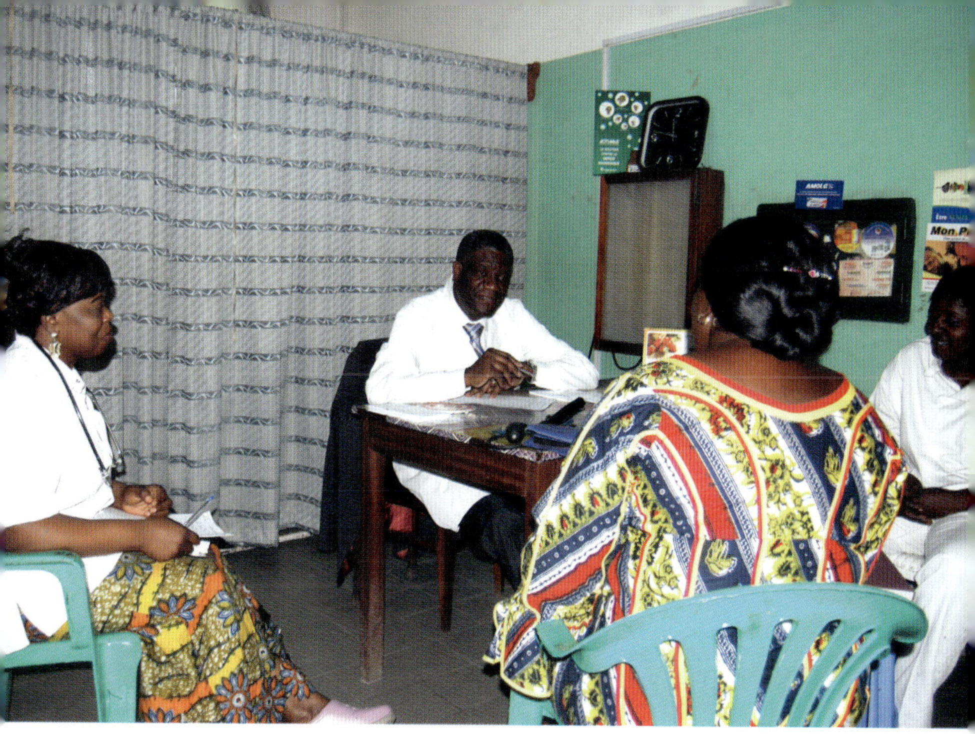

Le docteur Mukwege en consultation. *(ph. Marc Schmitz)*

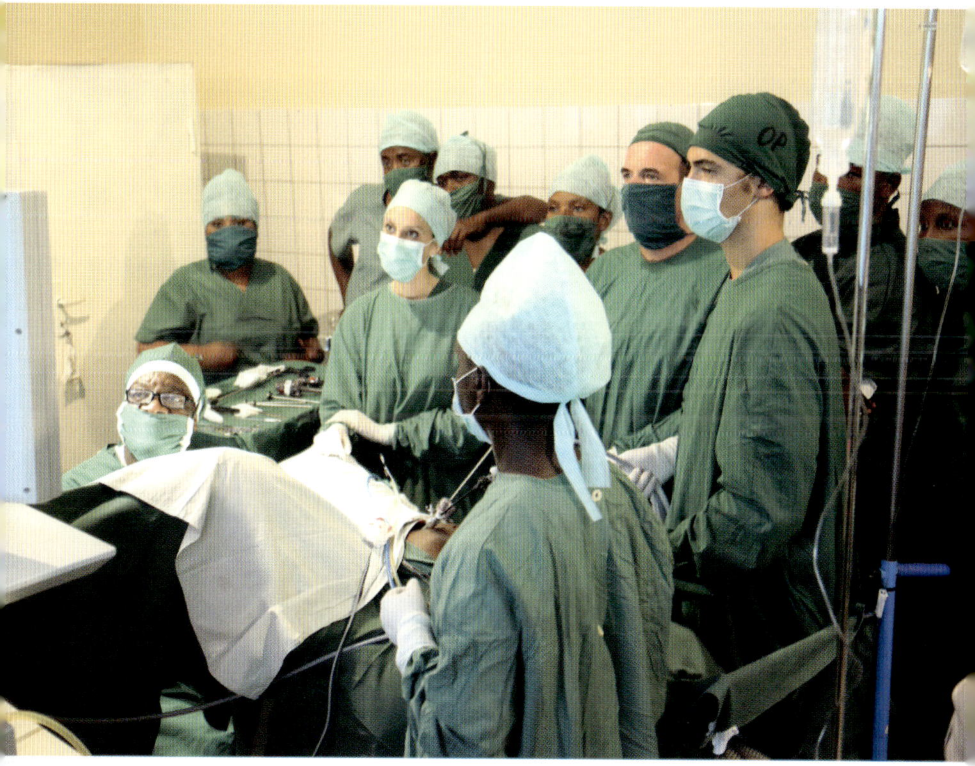

Certaines blessures nécessitent des interventions longues et délicates. L'hôpital de Panzi dispose, grâce à l'aide internationale, d'un matériel de pointe. *(ph. Thierry Michel)*

Réunion de l'équipe médicale. *(ph. Thierry Michel)*

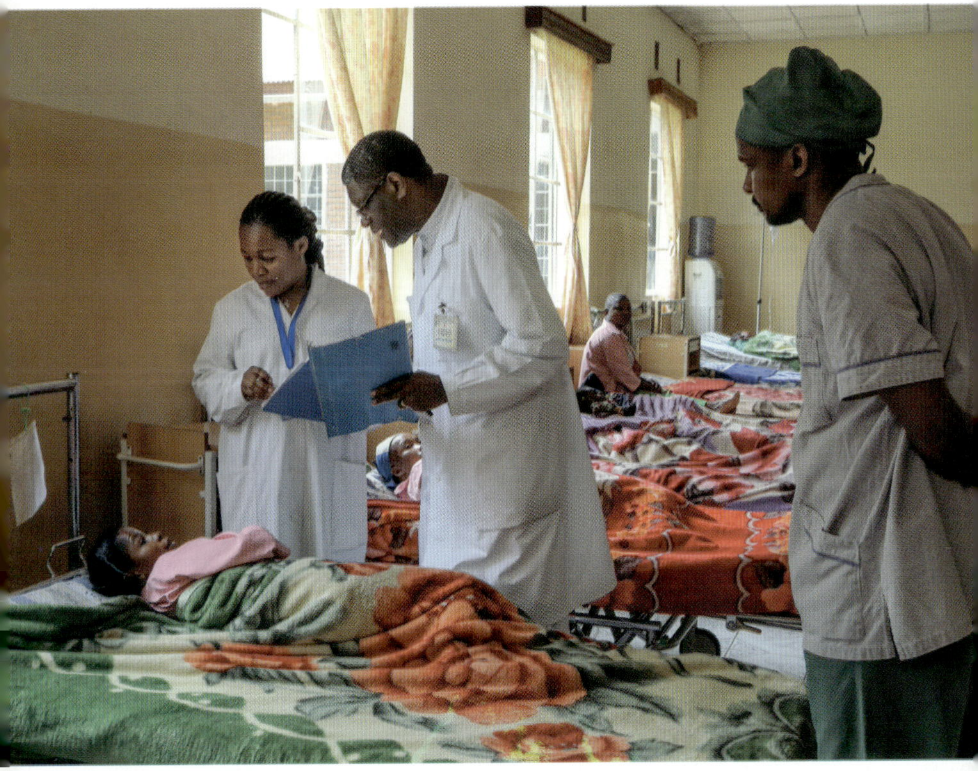

Le Dr Mukwege au chevet d'une de ses jeunes patientes. *(ph. Thierry Michel)*

À l'hôpital, les patientes vivent au calme. Un temps de repos leur est nécessaire pour se reconstruire avant d'envisager le retour dans leur famille, qui peut se révéler difficile.

(ph. Thierry Michel)

(ph. Thierry Michel)

Menacé, le Dr Mukwege vit sous protection rapprochée, au sein de son hôpital ou lorsqu'il est en déplacement, comme à Lemera. Ici, il est en compagnie de Colette Braeckman, auteur de sa biographie et coréalisatrice du film « L'homme qui répare les femmes ». *(ph. Thierry Michel)*

Le mercredi 26 novembre 2014, lors de la remise du prestigieux prix Sakharov pour la liberté de l'esprit, le président du Parlement européen, Martin Schulz, a salué « un homme qui se bat pour la dignité des femmes, la justice et la paix dans son pays. »
(ph. Union européenne)

L’actrice américaine Charlize Theron, ambassadrice de l’Onu pour la paix, en visite en République démocratique du Congo. *(ph. Nations unies)*

En compagnie de Ban Ki-moon, secrétaire général des Nations-Unies. *(ph. Nations unies)*

Pasteur comme son père, Denis Mukwege continue à célébrer régulièrement le culte.

(ph. Thierry Michel)

Son épouse Madeleine, son plus fidèle soutien, lors de la remise du prix Sakharov.

(ph. Union européenne)

Un an et demi après mon entrevue avec le président, un accident très grave se produisit dans le petit village de Sange, situé à 70 kilomètres au sud de Bukavu. Un camion-citerne plein à ras bord se renversa alors qu'il traversait le village, l'essence commença à couler, déclenchant un violent incendie. Le bilan fut terrible : 269 morts et environ 200 blessés.

Les victimes furent transportées dans quatre hôpitaux de la région et, compte tenu des capacités de l'hôpital de Panzi sur le plan de la chirurgie et de l'anesthésie, on nous demanda d'accueillir les cas les plus compliqués.

Joseph Kabila décréta un deuil national et, deux jours après l'accident, le ministre de la Santé rendit visite aux hôpitaux qui soignaient les blessés. Puis, le président lui-même se déplaça ; accompagné d'une petite délégation de collaborateurs et de gardes du corps, il arriva ainsi à Panzi.

Quelques jours plus tôt, on nous annonça officiellement sa venue ; je prévins dès lors le personnel et les patients que le président était en route. Comme il n'avait encore jamais visité notre hôpital, je trouvais normal qu'il honore de sa présence *tous* les services. Je voulais qu'il rencontre aussi les femmes violées.

Dès qu'il sortit de sa voiture, je m'avançai pour lui souhaiter la bienvenue. Je m'étais attendu à un échange de quelques phrases de politesse, mais il n'en fut rien.

— Vous savez pourquoi je suis venu, n'est-ce pas ?
— Oui, bien sûr.
— Pourquoi suis-je ici ? demanda-t-il, comme pour me tester.
— Vous souhaitez rencontrer les survivants de l'accident du camion-citerne.
— C'est exact, dit-il, sur un ton condescendant. Ce n'est pas pour rencontrer les femmes qui ont été victimes de violences sexuelles que j'ai fait ce déplacement.

Quel choc ! Était-ce vraiment le président du Congo qui se tenait devant moi ? Si on est chef d'État, on l'est pour tous les citoyens du pays, ceux qui sont malades comme ceux qui sont en bonne santé. Et s'il y a des gens qui craignent pour leur sécurité, on se doit de les écouter, *a fortiori* si leur chemin croise le vôtre. Ce qui était précisément le cas. Les femmes s'attendaient à ce qu'il vienne les voir, prête l'oreille à ce qu'elles avaient sur le cœur. Aussi longtemps qu'elles séjournaient à l'hôpital, elles pouvaient se sentir en sécurité, mais bientôt elles seraient de retour au village. Quel serait alors leur destin ? Vivraient-elles dans la peur d'être à nouveau maltraitées ou pourraient-elles, au contraire, espérer une protection ? C'était ce genre de questions qu'elles voulaient poser au président Kabila lors de sa visite. Elles avaient déjà entonné un chant, que tout le monde pouvait entendre, car elles étaient plusieurs centaines à chanter. J'ai respiré un bon coup, afin de ne pas réagir à chaud à ces propos sans équivoque et pour le moins provocants du président.

Je l'emmenai, lui et son escorte, jusqu'au pavillon où l'on soignait les grands brûlés. Il leur parla, leur exprimant sa sympathie pour ce qu'ils avaient enduré. Je lui expliquai les différentes étapes du traitement, et quel serait le processus de guérison pour ces patients.

Il enchaîna en me demandant si nous avions bien reçu les médicaments qu'il avait fait envoyer de Kinshasa, des produits pour soigner les brûlures. Et répartis entre quatre hôpitaux. Ma réponse ne se fit pas attendre : des cartons nous avaient été livrés mais ils contenaient des médicaments qui ne soulageaient pas les brûlés ; ils ne nous étaient donc guère utiles en ce moment…

Il me questionna alors sur ce que nous avions reçu, et je ne pus que lui dire la vérité :

— Du paracétamol, des préservatifs et des produits pour le traitement des vers parasites.

Il jeta un regard gêné sur son entourage.

— Comment ça se fait ? s'exclama-t-il, irrité.

La question resta en suspens, et elle n'aurait pas de réponse. À mes yeux, il n'y avait qu'une explication plausible : le président avait bien dégagé un budget pour l'achat de médicaments soulageant les brûlures, mais l'argent avait disparu, pour une raison ou une autre, et ceux qui étaient en charge de la livraison avaient envoyé ce qu'ils avaient sous la main. Il fallait que des cartons partent, quel que soit leur contenu…

Pas de doute, cette histoire de colis a mis le président de mauvaise humeur. Il perdit de sa superbe, alors qu'après la catastrophe il voulait apparaître comme le père de la Nation.

Je choisis ce moment pour lui proposer de se rendre à la clinique des femmes. Une façon pour lui de retrouver un peu de contenance. Je précisai que les patientes étaient prévenues et qu'elles nous attendaient.

Visiblement agacé, il expliqua que cette visite n'était pas prévue dans le programme. Ne l'avais-je pas compris dès le départ ? Je me sentais de plus en plus frustré. Comment accepter l'idée qu'il quitte l'hôpital sans avoir rencontré ces femmes ?

La catastrophe du camion-citerne était certes horrible, mais il s'agissait là d'un accident isolé. Petit à petit, la vie reprendrait le dessus pour les survivants et leurs familles. Mais, avec les violences sexuelles, on s'inscrivait dans un scénario catastrophe qui condamnait les victimes « à perpétuité »… Ce mal gangrenait toute la société, voilà pourquoi le président *devait* absolument s'engager. Cependant, il ne le souhaitait pas, un point c'est tout.

Un an plus tôt, son épouse Olive était venue à Panzi pour y organiser un grand repas destiné aux victimes de viols. L'engagement dont elle fit alors preuve paraissait authentique, elle semblait vouloir faire quelque chose pour que les femmes de l'est du Congo ne vivent plus dans la hantise des agressions. Je la considérais comme une personne compatissante, quelqu'un de bien. Elle avait par ailleurs pris part à des campagnes et des meetings contre les violences sexuelles, ce qui avait fait naître l'espoir qu'un changement était en vue.

Mais la visite de la première dame du Congo à l'hôpital fut suivie par un long silence. Plus un seul mot de sa part… Je me demandai pourquoi. Avait-elle été réprimandée par son mari pour s'être trop avancée ? Impossible de le savoir, je ne pouvais que spéculer.

Avec le président et son escorte, nous avons quitté le service des grands brûlés pour nous diriger vers le parking au fond de la cour de l'hôpital. Alors que nous passions devant la clinique des femmes, je lui dis, une fois de plus, combien j'aimerais qu'il s'y rende.

— Il se peut que je revienne dans un mois, j'irai alors leur rendre visite, dit-il à mon grand étonnement.

Presque arrivé à sa voiture, je compris que le moment du départ était venu. Il ne se passerait plus rien. Joseph Kabila avait fait son devoir. Quant à son retour d'ici peu, était-ce une promesse ou une simple tentative pour me faire taire ?

Toujours est-il que je n'ai pu me retenir, j'ai sorti ma dernière carte :

— Excellence, dis-je de ma voix la plus douce, je trouverais dommage que vous partiez d'ici sans avoir rencontré ces femmes qui ont tant souffert. Sincèrement, elles le prendraient très mal. Pourriez-vous au moins les saluer ?

Le président me lança un regard furieux. Sans doute avais-je été trop loin. Au vu de sa réaction, j'eus presque peur qu'il m'arrive quelque chose.

L'instant d'après, Joseph Kabila me répondit mais j'eus toutes les peines du monde à le comprendre.

— Ce problème sera résolu d'ici six mois. À ce moment-là, les femmes ne seront plus ici.

J'étais stupéfait. Comment interpréter ces paroles énigmatiques ? Pensait-il vraiment que le problème des violences sexuelles allait être réglé dans les six mois ?

Ce scénario me paraissait illusoire. Car même si, contre toute attente, une solution politique se dégageait, les femmes auraient quand même besoin de rester ici. Il faut bien se rendre à l'évidence : quelqu'un qui vient de subir une colostomie ne peut pas quitter l'hôpital du jour au lendemain, le traitement est long et nécessite des visites de contrôle. C'est la même chose pour celles qui souffrent de traumatismes, la thérapie ne se fait pas en quelques jours.

En un instant, cette déclaration pour le moins bizarre sema le trouble dans mon esprit. Le président comptait peut-être fermer l'hôpital… J'essayai d'avoir plus de précisions, mais il n'était pas d'humeur à s'étendre davantage. J'en conclus qu'il avait lancé ces paroles uniquement pour ne pas nous laisser sur une image trop négative.

Après un court silence, il me regarda tout en pointant, au hasard, l'un des bâtiments dans la cour.

— Et là, qu'est-ce que c'est ? demanda-t-il brusquement.

— C'est le service de nutrition. Nous y traitons les enfants qui souffrent de malnutrition.

— Ça, c'est un travail que je voudrais voir. Je veux que vous me le montriez.

Quel revirement ! J'étais sûr qu'il allait partir, mais il avait dû se passer dans sa tête quelque chose qui expliquait son souhait de prolonger la visite.

— Bien sûr, dis-je, avant de le précéder, lui et son entourage, vers le pavillon en question.

Le service se composait d'une salle unique, avec sept ou huit lits le long de chaque mur.

Les patients étaient tous des enfants, des tout-petits mais aussi des plus âgés, jusqu'à douze ans. La raison de leur présence sautait aux yeux. Certains étaient si maigres, avec leur thorax saillant et leurs yeux enfoncés dans les orbites. Sur la plupart des lits étaient assises des mamans, l'inquiétude se lisant dans leur regard.

— Nous soignons quarante enfants par mois, expliquai-je au président. Normalement, le traitement ici sur place demande une dizaine de jours, cela suffit en général pour aider les enfants à dépasser l'état le plus critique. Nous leur donnons une boisson nutritive riche en vitamines, selon une cadence bien déterminée. Par la suite, les mamans peuvent amener leurs enfants à notre centre de nutrition, où les attend une bouillie nourrissante une fois par jour.

Le service de nutrition existe pratiquement depuis l'ouverture de l'hôpital. En raison de la guerre, nombre de Congolais ont été chassés de leur village. Dès lors, plus question de cultiver la terre. Et même ceux qui restent au village manquent rapidement de nourriture, puisque les femmes n'osent plus s'aventurer aux champs. Elles ont trop peur d'être attaquées par des miliciens qui traînent dans les parages.

Comme souvent, les enfants paient le plus lourd tribut. Les distances sont longues et les moyens de transport inexistants ; ainsi, quand ces enfants dénutris arrivent jusqu'à nous, il est quelquefois trop tard. Nous avons beau déployer tous nos efforts, nous ne parvenons pas à les sauver.

En outre, un traitement efficace ne signifie pas que ces filles et ces garçons survivront. Car ils peuvent replonger et se retrouver à nouveau dans le même état qu'au moment de leur arrivée.

Ce que nous pouvons faire, c'est prodiguer certains conseils aux mamans. Les personnes obligées de fuir ou de se déplacer sont précipitées dans de nouvelles conditions de vie. Avec des connaissances peut-être dépassées, elles doivent réapprendre, et c'est ainsi que nous leur donnons quelques notions simples d'hygiène, d'élevage et d'agriculture. Nous leur apprenons aussi comment détecter les signes de malnutrition. Les mamans pourront alors amener leurs enfants à temps soit au dispensaire, soit chez nous.

Nous avons l'espoir que les enfants quittent le programme de nutrition sans devoir y revenir. Mais, pour l'instant, cela relève du vœu pieux. Tant qu'on n'aura pas trouvé de solution de fond aux problèmes de la région, notre service de nutrition restera nécessaire. Et risque de ne pas désemplir…

Après mon petit exposé, le président fit deux ou trois pas en direction des enfants et de leurs mamans, afin d'échanger quelques mots. Il se tourna ensuite vers moi pour me dire qu'il voulait soutenir cette cause.

— Vous aurez 50 000 dollars pour le service de nutrition, m'annonça-t-il. Je veillerai moi-même à ce que l'argent vous soit remis en mains propres par le gouverneur.

J'ai retenu mon souffle face à ce changement d'attitude tout à fait imprévisible. Voilà qu'il voulait maintenant donner de l'argent à l'hôpital, de l'argent destiné plus particulièrement au service de nutrition. Sur le principe, je n'avais aucune objection. Mais quelle était sa véritable motivation ? Cette question me turlupina. Jusqu'à présent, son attitude à mon égard et vis-à-vis du travail que nous effectuons à Panzi avait été pour le moins réservée. Je n'avais pas perçu la moindre marque de soutien de sa part. Et, quelques minutes plus tôt, son regard glaçant m'avait fait trembler…

Est-ce la détresse affichée par ces enfants squelettiques qui l'avait bouleversé, l'incitant à vouloir soutenir notre action, ou y avait-il d'autres raisons qui se cachaient derrière ce geste inattendu ? Et s'il voulait soulager sa conscience après avoir refusé, ou n'avoir pas osé prendre position contre les violences sexuelles ?

Lorsqu'on est président, toute prise de position doit normalement être suivie d'actions. Au-delà des paroles, il faut du concret. Créer des conditions de vie sécurisées dans l'est du Congo se révèle une tâche extrêmement complexe. Voire impossible, semble-t-il… C'est en tout cas l'avis de tous ceux qui essayent de comprendre ce qui se passe ici. Sans doute faudrait-il reprendre le contrôle dans toute une série de domaines. En attendant, il n'est pas question de décevoir le peuple, c'est essentiel pour tout chef d'État ; même si, à notre connaissance, il en existe peu qui font passer les intérêts de la collectivité avant les leurs.

Ces 50 000 dollars, était-ce le prix que Kabila consentait à payer pour donner l'impression qu'il prenait ses responsabilités ? Alors que, dans le même temps, il laissait des centaines de femmes durement frappées l'attendre en vain, à seulement 50 mètres de là... Notre service de nutrition était déjà financé par des organisations internationales, le besoin de fonds n'était donc pas urgent ; cela dit, cet apport nous serait bien sûr utile.

Ce n'était pas tant l'argent qui nous manquait que la communication entre les dirigeants et le peuple. Les gens étaient prêts, mais pas les autorités politiques. Voilà pourquoi je m'entêtais. Le président n'allait pas s'en tirer à si bon compte.

Concernant l'attitude négative de Kabila, je me suis dit qu'il ne fallait pas en faire une affaire personnelle, car tous ceux qui essayaient de le gagner à la cause des femmes essuyaient le même refus.

Déjà en 2006, mon ami Jan Egeland avait rencontré le président à Kinshasa et lui avait soutiré la promesse d'une visite de l'hôpital.

— Oui, je vous le promets, je vais y aller, avait-il fini par acquiescer.

Par la suite, chaque fois que Jan et moi nous revoyions, il me demandait si le président était venu. Ma réponse était toujours la même, accompagnée d'un sourire amer.

— Non, pas encore.

Et chaque fois mon ami soupirait, avec indignation.

— Il s'y était pourtant engagé !

Au début de 2010, Margot Wallström fut nommée représentante spéciale du secrétaire général des Nations unies pour les questions de violences sexuelles en temps de guerre. Première personne à occuper ce poste, elle travaillait directement sous les ordres de Ban Ki-moon. Très rapidement, elle voulut s'entretenir avec le président Kabila, mais il la fit patienter… Qu'une telle rencontre ne l'intéresse pas était une évidence. Elle dut réitérer sa demande plusieurs fois avant qu'il n'accepte finalement de la recevoir.

Dès le lendemain de la visite présidentielle à l'hôpital, le gouverneur, accompagné de ses collaborateurs, vint me remettre l'argent promis. La situation fut pour le moins cocasse ! S'amenant avec un sac en papier renfermant les 50 000 dollars en billets, ils en firent toute une affaire.

Un vrai cirque médiatique, avec une foule de journalistes dans leur sillage. Le président et l'État congolais prenaient leurs responsabilités : voilà le message qui nous était adressé.

Mais comment ne pas être intrigué par toute cette mise en scène ? Je connais le parcours du combattant lorsqu'il s'agit de solliciter des fonds auprès des organisations internationales. Pour les projets ici à l'hôpital, il faut la plupart du temps rédiger des demandes de vingt à trente pages, expliquer avec le plus grand soin le pourquoi du programme, et la somme sollicitée doit être motivée dans ses moindres détails. Un an après, il faut rédiger un rapport sur l'utilisation des fonds et l'impact du projet sur le groupe cible. Aucune négligence n'est tolérée, chaque chiffre doit être correct et, pour espérer de nouveaux fonds, il faut recommencer la procédure et soumettre la nouvelle requête à qui de droit. C'est un travail fastidieux qui exige une bonne dose de patience. Certains de mes collaborateurs consacrent beaucoup de temps à la rédaction de ces demandes et des rapports de suivi.

Et voilà que, tout à coup, je me trouvais dans une situation où l'hôpital se voyait octroyer de l'argent que nous n'avions même pas sollicité. Les fonds étaient remis sans document à signer, et sans instructions quant à leur utilisation. Je connaissais le souhait du président – soutenir le service de nutrition –, mais aucun écrit ne le confirmait. Les yeux fixés sur ces liasses de billets, je m'interrogeai sur ce qu'il fallait en faire. C'était l'après-midi, le comptable étant déjà rentré chez lui et les banques étaient fermées. Finalement, c'est une collaboratrice suédoise qui trouva la solution. Elle emporta l'argent chez elle en ville et le cacha dans une armoire.

J'aurais dû être satisfait et reconnaissant de ce don, y voir le signe que Joseph Kabila appréciait notre travail... Mais je n'y arrivais pas ; cet argent me gênait. Comment me départir de l'impression que l'hôpital de Panzi avait été manipulé ? Le président, se sentant coincé, avait trouvé une solution pour détourner l'attention. C'est ainsi que je voyais les choses. En vertu de sa fonction et au prix de 50 000 dollars, il avait pu transformer une défaite en victoire, endossant par la même occasion le costume de protecteur des enfants. Sans doute était-ce aussi son intention et probablement se félicitait-il à présent du résultat. Et peut-être pensait-il avoir agi comme il le fallait, avoir fait preuve d'engagement, et ne plus devoir se sentir obligé de revenir. Je n'en sais rien. De toute façon, il n'a jamais remis les pieds à l'hôpital et personne ne sera surpris de m'entendre dire que cela ne m'étonne guère...

Dans la vie, quand la voie qu'on a choisie semble bouchée, quelle attitude adopter ? Faire le gros dos tout en espérant des jours meilleurs ? Avec le temps, on commence à se faire du souci. On essaie de trouver un sens à la situation dans laquelle on est plongé mais cela n'aide pas ; l'apathie prend peu à peu le dessus. On se sent perdu, la déprime s'installe et on ne sait plus à quel saint se vouer.

J'avais un plan de carrière tout tracé : après la fin de mes études secondaires, j'entrerais en médecine. Tel avait été mon projet tout au long de mes années de lycée ; et même, en fait, depuis que j'étais petit garçon.

Je voulais devenir une personne en blouse blanche – un *muganga*. Comme j'ai toujours été un élève assidu, mes notes plaideraient certainement pour moi, il n'y aurait pas de problème. Je me suis inscrit à la faculté de médecine de Kinshasa, sûr d'y être admis.

Quelle ne fut pas ma déception quand je reçus la réponse. Les autorités en avaient décidé autrement.

« Il n'y a plus de place à la faculté de médecine, se justifiaient-ils. Nous vous proposons une formation d'ingénieur. » Une formation d'ingénieur ? J'étais déconcerté. Ce n'est pas cela que j'avais envisagé.

Leur verdict ne souffrait aucune discussion, c'était ingénieur ou rien, point d'autre solution alternative.

« Mais si vous obtenez de bons résultats dans la section pour futurs ingénieurs, vous pourrez par la suite continuer dans la formation que vous voudrez. »

J'ai serré les dents en me disant, d'accord, je ferai l'impossible, mes résultats seront si convaincants qu'il ne pourra y avoir de nouveau refus. Personne ne pourra me reprocher de ne pas avoir fait de mon mieux.

Nous étions en 1974. Cette fameuse année où Mobutu décida d'interdire l'enseignement religieux dans les écoles, et où il accueillit le championnat du monde de boxe poids lourds, entre Mohamed Ali et George Foreman.

J'arrivai à Kinshasa en pleins préparatifs du match. L'excitation était à son comble, les rues et les principaux bâtiments officiels avaient été nettoyés, l'université fermée, les chambres d'étudiants repeintes et préparées pour les invités en provenance des quatre coins du monde.

Le président affichait un air triomphant sur toutes les photos, aux côtés des boxeurs. Mohamed Ali l'admirait beaucoup, voyant en lui un charmant philanthrope plutôt qu'un sinistre dictateur.

L'atmosphère était extraordinaire et l'économie du pays se portait encore bien, nous le remarquions jusque dans nos vies d'étudiants. La générosité du régime m'avait stupéfié : nous avions droit à trois repas par jour et à cette époque il n'était guère difficile d'obtenir une bourse de l'État.

Celle que j'avais décrochée était d'un montant important, en fait bien au-dessus de mes besoins. Après m'être acquitté de tous mes frais, il me restait une somme rondelette, suffisante pour que je décide de l'investir dans un petit commerce. J'ai ainsi acheté deux pousse-pousse, de ceux qu'on croise souvent dans les rues de

Kinshasa. Au lieu de porter leur fardeau sur la tête ou le dos, les gens, moyennant une modique somme, utilisent ces moyens de transport pour rapporter chez eux leurs achats, leur bois ou tout autre objet.

J'ai engagé deux personnes à qui j'ai confié la gestion de ces pousse-pousse.

« Vous pouvez les utiliser à votre guise et réaliser tous les bénéfices que vous voudrez. La seule chose que je demande, c'est que vous me cédiez chaque soir deux dollars chacun. »

Tout marchait comme sur des roulettes, à croire que j'avais été bien inspiré. Mais l'avenir s'annonçait moins idyllique… Je séjournais depuis environ un an et demi à Kinshasa quand l'économie du pays s'effondra brutalement, de manière spectaculaire, pratiquement du jour au lendemain. La gestion des affaires publiques était si déplorable que tout le monde commençait à en prendre conscience.

Ce cataclysme frappa aussi l'université, avec des effets immédiats : moins de repas, la qualité de la nourriture en net recul, la plupart des bourses supprimées… alors qu'en même temps la corruption se généralisait. Celui qui tenait vraiment à sa place à l'université ou cherchait une chambre d'étudiant devait être « pistonné » par des cadres influents du parti au pouvoir. Sans ces « coups de main », c'était pratiquement impossible.

Ma petite activité commerciale n'étant pas trop affectée par la crise – mes exigences de bénéfice étant modestes –, je pouvais chaque jour encaisser quatre dollars et les mettre de côté. Et, au fur et à mesure que le pays s'enfonçait, j'imaginais peu à peu à quoi servirait mon pécule : grâce à lui, je pourrais financer une partie de mes études de médecine.

Ma situation était pour le moins bizarre – devoir étudier les technologies pour devenir médecin –, mais j'avais le regard tourné vers l'avenir et, à la fin de ma première année, j'eus des résultats plus que satisfaisants. Ayant atteint mon objectif partiel, je me préparais à entrer en faculté de médecine.

La voie était libre, pensais-je, mais de nouveaux obstacles se dressèrent devant moi. J'avais *trop* bien réussi… Tous ceux qui avaient obtenu plus que la moyenne aux examens écrits (60 % ou plus) devaient continuer dans la même voie, c'est ce que décrétèrent les autorités académiques.

Or, j'avais obtenu des notes bien supérieures à la moyenne (73 %) et, si je voulais poursuivre mes études à Kinshasa, je n'avais pas le choix, il fallait continuer la formation d'ingénieur. Me sentant piégé, je voyais la perspective de devenir médecin s'éloigner de plus en plus.

Mais faire la médecine, était-ce vraiment une si bonne idée ? Et si ce n'était pas ma vraie voie ? Cette vocation à laquelle je m'accrochais, peut-être ne relevait-elle que de l'imaginaire ? Il fallait éventuellement me destiner à autre chose dans la vie…

Je n'ai pas lâché mes études et j'ai essayé de voir le bon côté des choses. Mais il est difficile de se mentir longtemps. La motivation n'y était plus, et puis vint le tournant décisif : alors que nous visitions un chantier afin d'étudier les matériaux résistants qu'on emploie pour les escaliers, tout en écoutant les explications du professeur Van Kerkoff, je me suis demandé : *Alors, c'est ça qui va être ma vie ? C'est vraiment ce métier que je veux exercer ?*

Non, je ne pouvais pas me résoudre à accepter cette perspective. Peu de temps après, ma mère me téléphona. Je lui avais récemment rendu visite et ma déprime ne lui avait pas échappé.

— Il doit y avoir une solution, me consola-t-elle au bout du fil.

Non seulement mes études ne m'emballaient guère, mais on m'avait entre-temps refusé une bourse que je croyais déjà acquise. La demande avait été envoyée à une grande organisation chrétienne qui accordait ce genre d'aides pour des études à l'étranger – le meilleur moyen pour aller faire ma médecine en France, pensais-je. Ce rejet me fit mal, d'autant que deux personnes que je connaissais avaient obtenu le précieux sésame de cette même organisation.

— Viens à la maison, me dit finalement ma mère, on va en discuter tranquillement.

Mes parents étaient très ouverts, toujours prêts à dialoguer avec leurs enfants, ce que j'appréciais beaucoup. Et, même s'ils avaient pris une décision, ils voulaient toujours en parler avec nous, ne fût-ce que pour nous faire comprendre leur point de vue et les raisons de leur choix. Je sais que nous avions des rapports inhabituels car, chez mes camarades, cela ne se passait pas du tout ainsi ; au contraire, la limite était très nette entre adultes et enfants, les jeunes n'étant jamais associés aux discussions des parents.

Il y avait donc chez nous une belle atmosphère et, quand ma mère me proposa de venir les voir, je n'hésitai pas une seconde. Je savais que cela pouvait m'aider à trouver une solution.

Au cours de nos échanges, maman me suggéra de m'inscrire à l'université de Bujumbura, la capitale du Burundi, située à 135 kilomètres de Bukavu.

J'objectai que c'était une petite université, manquant de prestige et sans envergure. Où est-ce que cela me mènerait ? Non, je voulais faire mes études en France, c'est à cette idée que je m'accrochais.

— Et comment rejoindras-tu la France ? demanda ma mère.

— Je ne sais pas, je trouverai un moyen.

En attendant et pour avoir toutes les cartes en main, je voulus vérifier les possibilités offertes par le Burundi ; j'entrai donc en contact avec l'université, qui m'apprit qu'elle avait justement un partenariat avec l'Éducation nationale en France. L'organisation des cours m'enchanta : les deux premières années, on étudiait au Burundi, les quatre suivantes en France.

J'envoyai immédiatement ma demande et fus admis, à mon grand soulagement. Mais l'année scolaire avait à peine commencé que le système d'échange fut modifié : au lieu d'envoyer les étudiants en France, on faisait venir les professeurs au Burundi. Je compris aussitôt que je n'irais pas en Europe.

Là n'était pas l'essentiel, cependant, ce qui comptait à mes yeux c'étaient les perspectives qui s'offraient à moi. J'étais maintenant sur la bonne route : j'aurais la formation à laquelle j'aspirais tant, et je serais médecin.

Sur le plan financier, je pouvais voir venir, les économies réalisées avec ma petite entreprise de transport à Kinshasa devaient couvrir mes frais d'études durant le premier trimestre. Les déplacements, le loyer, les droits d'inscription et les livres – tout cela, je pouvais le payer. Dans un deuxième temps, il me faudrait toutefois trouver un moyen de gagner un peu d'argent.

J'avais constaté que chez nous, à Bukavu, certains articles étaient souvent manquants dans les magasins, par exemple en papeterie, alors qu'on pouvait les trouver facilement au Burundi. J'en achetais donc une certaine quantité que j'apportais à Bukavu au moment des vacances ; leur revente me procurait un petit bénéfice. L'inverse était aussi vrai : plusieurs produits pouvaient s'acheter au Kivu, mais plus difficilement chez nos voisins. Je repartais à chaque fois chargé comme une mule, avec de nouveaux articles faciles à écouler.

À Bukavu, mon commerce trouvait preneur ; la maroquinerie que j'achetais au Burundi étant particulièrement prisée. Je me rappelle surtout cette journée où je parvins à vendre deux sets de valises. C'était un samedi. Or, le lundi d'après, Mobutu annonça que les billets en circulation n'étaient plus valables. L'inflation s'était envolée et la population disposait de très peu de temps pour échanger ses anciens billets contre les nouveaux.

Pour une majorité de Congolais, coincés dans leur village, au fin fond de leur campagne, se rendre dans une banque relevait de l'impossible. N'oublions pas non plus que nombre de nos concitoyens cachent leurs maigres économies loin de leur habitation, dans un petit récipient, au fond d'un trou creusé à même la terre… Pour de larges pans de la population, cet événement se révéla catastrophique. Le pays était sous le choc et, un peu partout, les gens criaient et pleuraient leur détresse.

À ce moment, j'étais déjà revenu au Burundi, avec en poche la forte somme reçue pour les valises – heureusement sous forme de chèque, je n'avais donc rien perdu. Quelle chance, j'étais du côté des « gagnants » alors qu'en même temps tant de mes compatriotes connaissaient la ruine…

Est-il exagéré de dire que la vie prend parfois des allures étranges ?

Lors de mon premier trimestre de médecine, il se passa quelque chose qui allait changer mon existence. Je rencontrai une jeune fille qui, tout de suite, éveilla en moi un intérêt.

Nos chemins se sont croisés chez mes parents, durant les congés scolaires. Ce soir-là, nous eûmes la visite de l'un de mes meilleurs amis, accompagné de sa fiancée et d'une jeune femme que je n'avais encore jamais vue. Elle s'appelait Mapendo (Madeleine), était ravissante et ses bonnes manières m'enchantaient. Nous avons bavardé quelques instants en présence de mes parents. C'était une courte visite et le temps passé ensemble fut trop bref. Mais elle me fascinait, j'avais du mal à la quitter des yeux.

Quand nos visiteurs s'apprêtèrent à partir, je pris mon ami à part.

— Quelle fille formidable, lui confiai-je. Qui est-ce ?

Tu ne le sais pas ? C'est la fille de Kaboyi.

— La fille de Kaboyi ! m'écriai-je, déçu. Bon, alors, pas la peine d'y penser.

Kaboyi était l'un des principaux négociants de Bukavu. Important grossiste, grand personnage, il était à la tête d'une entreprise qui disposait de plusieurs véhicules. Il fournissait les cantines des écoles, possédait une grande boulangerie, alimentait en carburant les stations-service.

Sachant qui était le père de la jeune fille, j'ai immédiatement vu une barrière se dresser entre nous. Elle, la fille de l'un des hommes les plus riches de la ville, moi, le fils d'un pasteur…

Non, cet obstacle semblait infranchissable. Mon ami, sa fiancée et la fille de Kaboyi ont pris congé de nous. Je les ai regardés s'en aller. Si elle était née dans n'importe quelle autre famille ou presque, j'aurais probablement quémandé un rendez-vous dès le lendemain.

Mais, vu la situation, il n'y avait plus qu'à l'oublier. Cela allait de soi, malheureusement.

Un an plus tard, un autre de mes amis allait se marier dans notre église. Comme il fallait la décorer pour la cérémonie, nous nous étions retrouvés à plusieurs et, dans ce petit groupe, il y avait la fille de Kaboyi. Nous ne nous étions pas revus depuis la rencontre chez mes parents. Si l'idée de l'épouser un jour devait sans doute être écartée, je ne m'en désintéressais pas pour autant. J'avais envie de mieux la connaître puisque, de toute façon, nos chemins se croisaient à nouveau.

Nous nous sommes mis à la tâche, décorant l'église pour le mariage, et les mots coulaient entre nous, nous parlions, nous parlions sans cesse. Elle me raconta sa vie, et moi, la mienne. Les paroles s'enchaînaient entre nous et rien ne semblait pouvoir nous arrêter. Bref, nous avons passé un très bon moment.

Nous sommes restés ensemble toute la matinée et je suis tombé amoureux d'elle. Il y avait entre nous une différence d'âge, j'avais vingt-cinq ans et elle vingt, mais cela ne posait guère de problème puisque nous nous comprenions si bien.

Assis à côté d'elle lors de la cérémonie nuptiale, j'ai tout d'un coup lâché :

— Viens vivre avec moi à Bujumbura…

Je pensais qu'elle allait répondre à ces mots prononcés sur le ton de la plaisanterie par un petit sourire. Ou en s'esclaffant. Mais pas du tout.

— Oui, pourquoi pas ? répondit-elle.

Sa réponse m'a tellement surpris que j'en suis resté bouche bée. Cohabiter sans être mariés ? C'était impensable, dans notre milieu. En tout cas, d'après le ton de sa voix, elle ne plaisantait pas. Quant à moi, mes sentiments à son égard ne souffraient aucun doute : en quelques heures, j'étais tombé éperdument amoureux. Un vrai coup de foudre ! Et la barrière sociale que j'avais jusque-là jugée insurmontable, je la considérais à présent comme un défi. Il restait à m'assurer qu'elle éprouvait le même amour pour moi. Son regard et sa réponse spontanée sur le banc de l'église étaient déjà une indication. Mais je n'eus pas à attendre, je compris bientôt que nos sentiments étaient partagés. Le fait que nous venions de deux mondes différents ne pouvait toutefois être gommé. Se posait alors la question de savoir si nous allions pouvoir vivre ensemble, regarder dans la même direction. Est-ce que nous partagions les mêmes valeurs ?

Nous nous sommes revus à plusieurs reprises, avons beaucoup discuté, et l'image que j'avais d'elle évoluait continuellement. Je croyais connaître les gens issus d'un milieu aisé mais Madeleine ne rentrait pas dans ce schéma, elle était différente. Elle était tout simplement extraordinaire… et, je finis par en être convaincu, nous allions pouvoir vivre ensemble.

Nous n'avions cependant pas toutes les cartes en main ; il faudrait sérieusement se démener avant de pouvoir envisager une vie à deux.

— L'amour est plus fort que tout, dis-je. Il n'empêche, ce n'est pas toujours facile. Il arrive souvent que des facteurs externes mettent des bâtons dans les roues de ceux qui s'aiment…

C'est ainsi que j'ai proposé que si l'un de nous rencontrait de son côté un quelconque obstacle à notre amour, il veillerait à l'éliminer.

— Notre persévérance montrera à quel point nous voulons réussir.

— Oui, dit-elle, cela semble raisonnable.

Nous avions un accord !

J'ai exposé à mes parents mon projet d'épouser Madeleine, la jeune fille qui nous avait rendu visite il y avait un an à peine.

— La fille de Kaboyi ?

— Oui. La fille de Kaboyi.

Je leur ai demandé s'ils avaient des objections.

Mon père élevait rarement la voix ; il avait l'esprit ouvert et ne s'opposait pratiquement jamais à la volonté de quelqu'un, surtout lorsqu'il s'agissait de l'un de ses propres enfants. Il n'eut donc pas grand-chose à redire.

Ma mère en revanche formula quelques réserves. Elle savait que c'était un grand pas à franchir, elle en entrevoyait déjà les problèmes.

— Es-tu tout à fait certain que c'est ça que tu veux ?

— Absolument certain. Je l'aime.

— Je te demande quand même de bien réfléchir. Je ne veux pas que tu t'engages dans quelque chose que tu pourrais regretter plus tard.

De toute façon, l'accord de la famille de Madeleine restait indispensable, et j'attendais avec impatience les premiers signes. Ceux qui sont venus n'étaient guère encourageants, il fallait s'y attendre.

Sans surprise, certains membres de la famille se montraient hostiles à nos projets. « Cela ne se fait pas », objectaient-ils ; leur position était claire et nette.

Quant à savoir ce qui se passait dans la tête de son père… C'était frustrant. Car nous nous sommes vus, il s'est montré très gentil, fort accueillant, mais il ne livrait pas le fond de sa pensée.

Trois mois après l'annonce de notre relation, il en a discuté avec sa famille et j'en ai été informé. Il doutait fort que ce mariage soit une bonne idée. Comment un étudiant sans revenus s'y prendrait pour subvenir aux besoins de sa fille ?

— Ce n'est pas la peine, l'opposition est trop forte, dis-je à Madeleine. J'ai fait une erreur.

Elle protesta vigoureusement.

— Mais on a un accord, non ? Que celui qui rencontre un obstacle de son côté se charge de l'éliminer. Fais-moi confiance, accorde-moi seulement un peu plus de temps.

Comment espérer une preuve d'amour plus claire ? Il n'était plus question d'abandonner. Elle réussit à convaincre son père que je ferais un excellent mari ; que c'était sur moi qu'elle avait jeté son dévolu et sur personne d'autre. Qu'il se rassure, nous nous débrouillerions, il n'avait aucune raison de se faire du souci.

Le mariage, qui eut lieu le 1er août 1980, éveilla beaucoup d'intérêt puisqu'il unissait les enfants de deux familles bien connues à Bukavu. Notre église était comble durant la cérémonie nuptiale et les festivités se prolongèrent pendant une semaine.

Chacune de nos familles avait organisé une fête, comme le veut la tradition. La première, orchestrée par la famille de Madeleine, eut lieu avant le mariage : c'était leur façon de lui dire adieu. Elle réunit quelque mille personnes, invitées à une réception qui se tenait dans la cour de l'entreprise de mon futur beau-père.

La deuxième, c'était le mariage à proprement parler. Rassemblés dans le réfectoire de mon ancien lycée, nous étions moins nombreux, environ trois cents. J'ai pu régler la plus grande partie de la note grâce à l'affaire des valises. J'avais eu beaucoup de chance lorsque Mobutu avait supprimé les anciens billets car cette mesure avait entraîné une chute des prix et j'avais eu l'impression d'être soudain devenu riche. En tout cas, assez pour assumer les frais de mon mariage.

Et voilà qu'une nouvelle phase de ma vie s'ouvrait, l'avenir se dessinant désormais à deux. Après la lune de miel, Madeleine vint habiter à Bujumbura. Nous y avions loué une petite maison car trois années d'études m'attendaient encore.

Parmi les invités au mariage figurait le directeur de mon ancien lycée, un Suédois qui travaillait pour la Mission pentecôtiste. Je me suis assis un instant à ses côtés pour lui exposer mes projets, notamment sur le court terme. Je voulais savoir si l'obtention d'une bourse dans son pays était envisageable.

— Je ne peux rien promettre, mais je vais voir ce que je peux faire, me répondit-il.

Notre maison à Bujumbura se composait d'une chambre et d'un petit espace qui nous servait à la fois de salle de cuisine et de living. C'était vraiment très modeste. Si mes souvenirs sont bons, nous vivions alors avec moins d'un dollar par jour, mais Madeleine avait cette capacité de faire beaucoup avec peu, j'en étais fort impressionné. Malgré nos maigres ressources, nous n'avions jamais le ventre creux.

Pas une seule fois, elle n'a appelé son riche père au secours et lui n'a jamais proposé de nous aider – la tradition d'ailleurs ne le prévoyait pas.

Avant le mariage, mon père a payé la dot à la famille de Madeleine.

En dot, on donne normalement une ou plusieurs vaches, le nombre peut varier ; ce sont les familles qui s'accordent là-dessus. Dans notre cas, il s'agissait de quatre vaches.

Une fois cette question réglée, c'est la famille du mari qui devient responsable de la femme, tandis que ses parents n'ont plus aucun devoir envers elle.

En revanche, les frères de mon épouse ont vécu aux frais de mon beau-père, qui les envoya faire leurs études à l'étranger, deux aux États-Unis et un en Belgique. Leur niveau de vie correspondait en gros à celui d'un fils de président…

Le fait que ses filles ne bénéficient pas du même traitement n'avait rien à voir avec une quelconque malveillance de sa part. Au contraire, c'était un homme aimable et sympathique. Mais il suivait scrupuleusement les traditions, comme la plupart des gens d'ici.

Chez nous au Congo, la position de la femme n'est guère enviable ; il est difficile de trouver pire statut ailleurs dans le monde. Elle ne peut presque rien attendre ni de sa famille ni de la société. Cette situation, nous devrions en avoir honte. Et la changer sans tarder.

Notre premier enfant, Alain, est venu au monde un peu plus d'un an après notre mariage, dans des circonstances difficiles. Dès le début de la grossesse, il y eut des complications. Madeleine souffrait d'un kyste à un ovaire, source de beaucoup d'ennuis. Souffrant de douleurs atroces, elle vomissait régulièrement et perdit quinze kilos en l'espace de quelques semaines. J'eus très peur pendant quelques mois, me demandant si tout allait bien se terminer.

Les kystes de ce genre sont fréquents et disparaissent souvent d'eux-mêmes. Mais, lorsqu'ils causent autant de tracas, la question de leur ablation se pose. Les médecins jugèrent toutefois qu'en cas d'intervention chirurgicale la grossesse risquait de mal se passer, tout le contraire de ce que nous souhaitions.

Au sixième mois, cela se calma et la gestation suivit enfin son cours normal. Mais, un jour, nouvelle frayeur! Après quelques heures de pratique à l'hôpital en matinée, je me trouvai par hasard à la maison et m'apprêtai à partir pour un cours à l'université.

— Je ne me sens pas bien, dit Madeleine. Il se passe des choses bizarres dans mon ventre.

Elle me décrivit ce qu'elle ressentait et ses symptômes. Je n'étais encore qu'étudiant en médecine et sans réelle expérience, donc pas le mieux placé pour poser un diagnostic correct.

— Il faut qu'on aille à l'hôpital, coupai-je.

Là-bas, le verdict ne se fit pas attendre : nous allions être parents plus vite que prévu. Trois semaines avant terme, mais qu'est-ce que cela pouvait bien faire – l'heure était venue. Tout alla très vite, dans une désorganisation presque totale.

J'accompagnai Madeleine à la salle d'accouchement et l'aidai à s'installer sur la table. Du fait de notre arrivée précipitée, rien n'était prêt. Je me trouvai en terrain « non admis » puisque le conjoint n'avait pas le droit d'assister à la naissance. Mais, étant donné qu'il y avait urgence, la sage-femme m'a prié de rester, le temps qu'elle aille chercher ce qui lui manquait. Le calme de mon épouse m'épata, elle n'avait pas de douleurs. Difficile d'imaginer qu'elle allait bientôt accoucher.

Et puis, soudain, elle me dit :

— Il arrive !

J'ai tendu les mains pour accueillir l'enfant, notre enfant. Ce fut l'affaire de quelques secondes, mais mon émerveillement était immense. Tout d'un coup, je me trouvais avec un nouveau-né dans les bras. Comme s'il était venu de nulle part.

J'étais là, mon bébé dans les bras, quand la sage-femme revint. Son étonnement n'avait sans doute rien à envier au mien.

— Ça y est déjà? s'écria-t-elle en ouvrant grand les yeux.

Je lui laissai alors le soin de couper le cordon ombilical puis de faire tout le reste, car le savoir pratique me manquait. Je ne valais sans doute pas mieux que n'importe quel autre mari pour aider à l'accouchement.

Notre premier souci était de savoir comment se portait le bébé. Est-ce que tout était normal? Il était né avant terme, la grossesse avait été compliquée, dès lors… Mais rien d'anormal n'est apparu, tout se terminait bien.

Le lendemain, on m'informa du grand sujet de conversation à la maternité: ma présence dans la salle d'accouchement. Non pas parce que j'avais pu donner un coup de main, mais parce que je ne devais pas m'y trouver… «Tu aurais dû le chasser de là et nous appeler, dirent les autres mamans à Madeleine. Nous aurions pu t'aider.»

Ces reproches ne nous touchaient guère, tout heureux que nous étions d'avoir un bébé. En même temps, nous comprenions que notre petite maison allait encore «rétrécir»… Nous nous y sentions déjà à l'étroit, et voilà qu'à présent nous étions trois. Et nous avions un autre souci, bien plus préoccupant: l'argent. Depuis notre installation, un an plus tôt, nous avions toutes les peines du monde à joindre les deux bouts. Mon entretien avec le directeur de mon ancien lycée, lors de mon mariage, avait cependant porté ses fruits. Ma requête avait été transmise en Suède et une bourse me fut accordée.

Cet argent arrivait à point nommé, alors que nous étions en train de fonder une famille ; je fus comblé de joie quand j'appris la nouvelle. Car une bourse, ce n'est pas seulement un soutien financier, cela signifie aussi que quelqu'un vous fait confiance. Je savais que, une fois mes études terminées, je n'aurais aucune difficulté pour trouver du travail. La bourse des Suédois m'ouvrait quasi automatiquement les portes de l'hôpital missionnaire de Lemera et, même sans cette piste, je n'aurais aucune peine à me faire embaucher quelque part. Au Zaïre, il y avait pénurie de médecins, j'aurais donc le champ libre.

Ma première période à Lemera fut brève, un stage pratique de quelques semaines juste avant la fin de mon cursus universitaire. J'avais l'impression d'avoir été parachuté dans un village suédois posé au milieu des montagnes. Avec quarante missionnaires suédois sur place, la vie de la station était fort imprégnée par la culture scandinave.

Cette atmosphère ne datait pas d'hier : elle remontait à 1924 et l'arrivée des premiers évangélistes, la veille de Noël. Le roi de la région leur avait indiqué une certaine colline : c'est là qu'ils pourraient s'installer. Il leur avait fait ce « cadeau » non sans arrière-pensée. Car la colline était déserte, la population la croyant habitée par des esprits maléfiques, ces étrangers n'y prendraient pas racine.

Mais les missionnaires s'y plurent et apprécièrent l'air frais de la montagne. L'entrée en contact avec la population fut pour le moins difficile : les autochtones ne comprenaient pas vraiment ce qu'ils voulaient. Petit à petit, ils réussirent néanmoins à se faire accepter et purent commencer leurs activités : création d'une modeste église locale, ouverture d'une école et d'une structure assez basique pour les soins médicaux et les accouchements.

Les infirmières de la Mission développèrent aussi tout un programme de soins primaires axé sur les enfants et les femmes enceintes : elles vaccinaient, diagnostiquaient et traitaient les maladies les plus courantes. Pour les cas plus complexes tels que les accidents graves ou les accouchements compliqués, le centre était dépassé ; il fallait alors transporter les malades en voiture jusqu'à un hôpital, malgré la distance.

Au bout de presque cinq décennies d'activité, la Mission décida de passer à la vitesse supérieure. Le dispensaire sur place serait agrandi et, bientôt, il y aurait un véritable hôpital, avec des salles de radiologie et des blocs opératoires. Une décision certainement difficile à prendre, puisque Lemera se trouve au bout du monde. Mais, une fois ce choix opéré, l'offre médicale s'est rapidement élargie. Dix ans plus tard, l'hôpital avait pris son envol et comptait plus de trois cents lits.

Un bémol : le nombre de médecins n'était pas proportionnel à la taille de l'institution, loin s'en faut. Comment en effet recruter un corps médical en suffisance dans un endroit si difficile d'accès, et miné par des conflits politiques et ethniques aussi effrayants qu'interminables ? Quand j'y suis arrivé pour mon stage en 1983, il n'y avait qu'un seul médecin sur place, Svein Haugstvedt, un Norvégien.

Mon séjour à l'hôpital fut bref mais me permit néanmoins d'acquérir une expérience qui allait influer sur la suite de ma carrière. J'avais suivi des études de médecine avec l'idée de devenir pédiatre et venais de terminer ma thèse, consacrée à la transmission de l'hépatite de la mère à l'enfant durant la grossesse.

Nous étions toute une équipe à la faculté à plancher sur ce projet ; notre intention étant de recenser sur un an le nombre d'enfants atteints d'hépatite à la naissance. Notre étude devait aussi explorer la question de la contagion, ce qui exigeait de nombreux tests avancés, que nous avons réalisés nous-mêmes, mais pour lesquels nous avons bénéficié de l'aide du Sénégal et de la France. La découverte des voies de transmission devait nous amener à trouver de meilleurs traitements, tel était notre espoir.

C'était là un projet essentiel et intéressant qui me passionnait, et cette thèse allait normalement servir de tremplin à ma carrière de pédiatre. Mais, durant ces semaines passées à Lemera, j'ai vu des choses qui m'ont tant bouleversé que j'ai commencé à reconsidérer mon avenir. Jusque-là, je n'avais pas la moindre idée de ce que pouvaient endurer des femmes qui accouchaient dans des villages de montagne perdus. J'étais témoin de souffrances atroces. Des scènes insoutenables ! J'ai vu arriver des hommes portant leurs épouses inconscientes sur le dos. Victimes de graves hémorragies après un accouchement compliqué, elles étaient dans un état si désespéré qu'on ne pouvait plus faire grand-chose pour elles. À l'hôpital, nous étions désemparés. Ces femmes ne venaient pas pour être soignées, elles venaient pour mourir… J'ai vu certaines d'entre elles arriver exténuées, passer la porte de l'hôpital en chancelant, un fœtus mort pendant entre les jambes. Elles avaient marché des jours et des jours depuis leur village. Le fœtus s'était coincé au passage et pendait ainsi depuis des semaines, déchirant leurs organes génitaux.

À la suite de cela, je compris toute l'étendue du problème de la fistule dans notre région. La fistule est une formation de fissures dans le tissu du vagin et du canal cervical occasionnées par un accouchement compliqué. De tels problèmes sont fréquents dans les pays pauvres, où les mères sont jeunes, souvent très jeunes. Si le squelette n'est pas complètement développé ou s'il a été déformé en raison de lourds fardeaux portés dès l'enfance, le bébé risque de rester coincé dans le passage lors de la naissance. Le bassin est trop étroit. Le travail d'accouchement s'éternise, l'enfant décède et il faut parfois plusieurs jours avant qu'il ne sorte. Et le canal cervical étant bloqué, le tissu meurt par manque de sang, devient fragile et des fissures se créent dans les parois de la vessie et du rectum. Avec des conséquences dramatiques pour la femme : elle devient incapable de contrôler ses urines et ses selles, tout s'écoule sans retenue et elle sent mauvais. Devenue un problème pour elle-même comme pour son entourage, elle est menacée d'exclusion sociale… Non seulement elle a perdu son enfant, mais elle peut aussi oublier la vie qui était la sienne auparavant.

Pendant ces semaines à Lemera, j'endurais chaque jour ma dose d'horreur, mais c'était bien avant que je ne découvre que la fistule peut aussi être l'une des séquelles de violences sexuelles, lorsque des bâtons, des baïonnettes ou autres instruments sont introduits dans le vagin, condamnant les victimes à perpétuité.

Quelqu'un devait aider ces femmes des montagnes, extrêmement vulnérables, quelqu'un qui connaissait bien la région. Mettre un enfant au monde, cela fait partie de la vie, c'est un acte normal ; pourtant, ici, cela se faisait dans des conditions qui mettaient leur existence en péril. Et la plupart d'entre elles étaient encore adolescentes.

Il y avait bien un hôpital, avec plusieurs centaines de lits, mais un seul médecin. C'était largement insuffisant, tant les besoins étaient criants. Et le problème médical le plus frappant, au Kivu, c'étaient les difficultés que rencontraient les femmes quand elles accouchaient : il faudrait quelqu'un qui se destine prioritairement à cette question. Or, s'il était déjà compliqué de faire venir des médecins tout court dans ce coin perdu, comment espérer trouver un spécialiste dans ce domaine ?

Presque instinctivement, je me posai alors la question : *Et pourquoi pas moi ?*

La graine n'était pas seulement semée, elle avait déjà commencé à germer…

Pendant mon stage survint un autre événement crucial. Le seul médecin sur place, Svein, avait dû placer ses enfants dans un internat au Burundi. Il ne les avait plus revus depuis très longtemps et cela commençait à lui peser. Souhaitant leur rendre visite, il me demanda d'assumer la responsabilité de l'hôpital pendant son absence.

L'avais-je bien compris ?

— Moi ? L'entière responsabilité de l'hôpital ?

— Oui, confirma-t-il. Je ne m'absenterai que quelques jours.

Une certaine inquiétude s'empara de moi – comment le nier ? Je n'étais encore qu'un interne en médecine… Avoir en charge ce grand hôpital me paraissait une tâche insurmontable. Je n'avais pas l'expérience. Il fallait seulement espérer qu'il n'y aurait pas de cas d'urgence dépassant mes capacités.

Mais je perçus aussi cette proposition comme un geste de confiance de la part de Svein. Et cette prise de responsabilité faisait partie de ma formation, sans doute était-ce aussi son intention. À ce moment, nous nous connaissions plutôt bien, nos chemins s'étaient croisés plusieurs fois ces dernières années et, s'il avait eu des réserves à mon égard, il ne m'aurait pas confié ce poste. C'est pourtant le cœur battant que je me suis couché lors de son premier soir d'absence, avec l'espoir que mon sommeil ne serait pas interrompu…

C'est justement ce que j'avais craint qui arriva. Au beau milieu de la nuit, on me tira du lit pour une urgence. Une femme venait de vivre un accouchement très pénible, son utérus était déchiré. Victime d'une violente hémorragie, elle était en danger de mort. Seule une opération pouvait la sauver.

Mais comment faire une ablation de l'utérus alors qu'il fallait agir dans l'urgence ? À vrai dire, je ne le savais pas. J'avais néanmoins une idée de la manière dont j'allais m'y prendre pour, *a priori*, réussir cette intervention. Il fallait que je consulte mes manuels. Dans l'un de ces livres, l'opération était décrite étape par étape. J'ai réveillé Epike, un jeune homme que nous avions engagé en principe pour désherber et ratisser les allées en gravier de l'hôpital, et comme homme à tout faire. Comme il manifestait beaucoup d'intérêt pour tout ce qui se passait dans la salle d'opération, on l'avait aussi chargé de la stérilisation des instruments. Il avait ainsi commencé à donner des coups de main lors des interventions chirurgicales. Il n'avait pas la moindre formation médicale mais c'était un esprit curieux et réceptif, un individu au potentiel incontestable. Plus tard, il devait suivre toute la filière pour devenir chirurgien, bien qu'au départ autodidacte, et, quand les violences sexuelles ont commencé à gangrener l'est du Congo, nous prîmes ensemble la responsabilité des opérations chirurgicales. Il est aujourd'hui l'un des spécialistes de la fistule les plus compétents et les plus expérimentés de tout le pays.

Mais cette nuit-là, en 1983, Epike n'était encore qu'assistant, même s'il était très compétent. Pendant que mon regard naviguait entre la femme agonisante et le manuel de chirurgie, il surveillait sa tension et faisait tout ce qui incombe normalement à l'équipe complète d'un bloc opératoire. Je suivais textuellement les instructions du manuel, implorant le Ciel à chaque incision. Avais-je tout compris correctement ?

À la moindre hésitation, Epike et moi nous nous consultions pour décider ce qui nous paraissait le plus logique. Finalement, nous sommes arrivés à la dernière étape du « mode d'emploi », et l'opération s'est achevée. La réussite allait-elle être au bout du chemin ? Pas sûr. Peut-être avais-je commis une erreur qui allait inéluctablement entraîner la mort de la patiente ? Ou l'opération était-elle trop tardive ? Je l'ignorais, j'étais un débutant, je pouvais tout au plus espérer une issue favorable. La seule chose qu'il nous restait à faire était de conduire la femme jusque dans la salle de réveil accueillant les patients opérés, puis de regagner notre lit, quelques heures nous séparant encore de l'aube.

Au réveil, la première question qui me traversa l'esprit fut, bien sûr : *est-elle en vie ?* Rapidement debout, j'enfilai mes vêtements pour me précipiter dans le service.

J'y trouvai la patiente, endormie. Désireux de savoir si elle avait eu des problèmes après l'opération, je questionnai une infirmière.

— Non, répondit-elle, comme si la question l'étonnait. Tout est normal, tout ira bien.

Ce moment reste inoubliable. J'étais si heureux. Je me suis rendu compte que je pouvais aider mes semblables. Mais j'y voyais aussi une confirmation de ma capacité à gérer une situation imprévue et qui s'annonçait mal, ce qui est d'ailleurs assez fréquent, même pour un médecin expérimenté. Peut-être que le gynécologue-obstétricien que je suis a gravi ce jour-là, sans le savoir, la première marche de sa vie professionnelle…

Le soleil du matin était accablant et la soif insupportable. Mon corps refusait d'obéir. Ce ne fut qu'au prix d'un effort surhumain que je parvins à avancer.

Quelque part dans les montagnes autour de Lemera, j'étais en route pour l'hôpital. Le directeur de l'école de la Mission marchait à mes côtés. Le terrain était difficile et la pente raide.

— Je n'en peux plus, dis-je, dégoûté. Je m'arrête ici.

— Ce n'est pas possible, objecta mon compagnon. Le soleil va vous tuer. Essayez de continuer.

La veille, nous avions pris le bus à Bukavu. Descendus au village de Sange, nous espérions disposer de suffisamment de temps pour faire à pied les 20 kilomètres qui nous séparaient de l'hôpital avant la tombée de la nuit. Finalement, nous avons jugé qu'il était un peu tard, que nous n'y arriverions jamais avant le crépuscule. Après une nuit passée au village, nous nous remîmes en route le lendemain matin.

Et tout à coup, arrivé à mi-chemin, j'étais assommé par une soif terrible, une soif comme je n'en avais jamais ressenti. À chaque pas, j'avais l'impression que mes forces me lâchaient. Au bout du rouleau, j'étais sur le point d'abandonner.

— Vous devez poursuivre, m'encouragea le directeur, sous un soleil de plus en plus brûlant.

Il n'avait pas plu depuis quelques jours et le sol était totalement desséché. Nous nous sommes arrêtés dans l'espoir de distinguer quelque part le ruissellement d'un petit cours d'eau, mais, peine perdue, nous étions plongés dans le plus grand silence. Je me forçai à continuer, un pied devant l'autre, alors que mes jambes me faisaient mal. Vu la cadence et la lourdeur de mes pas, je doutais fort que nous atteindrions l'hôpital. Je n'avais jamais imaginé que la soif puisse être si pénible. J'étais allé au-delà de mes limites.

Puis, en plein calvaire, mes yeux fixèrent soudain des traces profondes sur le sol. Pas de doute, des vaches venaient brouter ici car c'étaient bien les marques de leurs sabots que je voyais. Des empreintes assez profondes pour que là, à l'ombre, au fond des traces, il reste quelques gouttes d'eau. J'enfonçai ma main et réussis à en sortir un peu, pas assez pour boire mais suffisant pour humecter ma langue. À quatre pattes, je les « vidais » et, au bout de quelques minutes, je sentis mes forces revenir. Relevé, je repris la marche. Je savais pertinemment que j'allais au-devant de problèmes intestinaux et, dès notre arrivée à l'hôpital, je me prescrivis des antibiotiques – tout simplement parce que ces minuscules flaques créées par les sabots des vaches contenaient aussi autre chose que de l'eau...

Cela se passait en janvier 1984, j'avais obtenu mon diplôme de médecine six mois plus tôt. Tout de suite après, j'avais été engagé à l'hôpital de Lemera. J'étais enfin médecin ! Principale ombre au tableau, les problèmes de logement et de transport. La famille s'était encore agrandie – notre fille Zawadi était née – et Madeleine habitait avec les enfants chez mes parents à Bukavu.

Nous aurions préféré rester tous ensemble. Mais, dans les conditions d'alors, ce n'était pas possible. J'habitais à la station missionnaire et je devais partager mon logement avec deux autres employés.

Nous avions chacun notre petite chambre, la cuisine et la douche étant communes. Cela aurait pu se comprendre si la station avait manqué de place. Or, il n'en était rien : nombre de logements et plusieurs maisons restaient inoccupés. En fait, selon le règlement, seuls les missionnaires avaient le droit d'y habiter. Même chose pour les véhicules – seuls les Blancs pouvaient les conduire.

Et comme je n'étais pas missionnaire, « seulement » un médecin autochtone, un employé, il était hors de question que je réside dans l'une de ces maisons ou que j'utilise l'une de leurs voitures. La conséquence de tout cela était que ma femme et mes enfants ne pouvaient pas habiter avec moi à la station et, pour aller les voir le week-end, je n'avais pas le droit d'emprunter un véhicule.

C'est ainsi qu'un médecin et un directeur d'école étaient forcés de traverser la montagne à pied pour rejoindre leur lieu de travail. Et c'était chaque week-end pareil, il fallait d'abord descendre au village pour prendre le bus et puis, un ou deux jours plus tard, remonter, ce qui faisait bien 50 kilomètres aller-retour.

Mais, cette fois-ci, c'en était trop. Brûlé par le soleil et amené à boire de l'eau souillée par de la bouse, j'estimais que la limite avait été dépassée. Je fis comprendre à la direction de la station que je ne supportais plus ces conditions de vie. Quelle situation indigne ! Surtout que certaines maisons restaient vides. Il fallait que ma famille vienne habiter à la station et, si cela ne pouvait s'envisager, je me verrais dans l'obligation de chercher un emploi ailleurs.

— Je suis épuisé, fis-je remarquer. Je ne peux pas continuer ainsi.

Mon père me disait souvent : « Dieu nous impose parfois certaines privations, il faut alors attendre jusqu'à ce qu'il nous envoie un signe. » J'aurais donc dû voir dans cette question de logement « la volonté de Dieu » ? Désolé, mais je ne m'en sentais pas capable. Cette situation, intenable, me rongeait. En attendant, il n'y avait qu'une seule personne susceptible de passer outre à ce règlement, c'était Jean Ruhigita, le dirigeant du mouvement pentecôtiste, une véritable légende dans l'est du Congo.

J'ai demandé à lui parler et je me souviens que c'est avec une certaine appréhension que je me suis rendu chez lui. Comment allait-il réagir ? À vrai dire, je craignais que lui aussi me considère comme un homme manquant de foi. Je répétai néanmoins ce que j'avais dit à la station missionnaire.

— J'ai déjà pensé chercher un autre travail, ajoutai-je.

Mais Ruhigita fit non de la tête ; à ses yeux, cette affaire n'était pas un problème.

— Continue à travailler à Lemera et ta famille viendra te rejoindre, je m'en occupe.

Il se montra très compréhensif, ce qui m'étonna quelque peu. Le fait qu'il n'ait pas considéré cette situation sous un angle exclusivement religieux me surprit aussi. Il avait compris mon problème et s'arrangea pour trouver une solution – peu de temps après, ma famille et moi avons pu nous installer dans l'une des maisons inhabitées.

Mais cette histoire ne s'arrêta pas là, il y eut d'autres suites, tout aussi importantes. L'ancien règlement fut mis au rebut, ce qui voulait dire qu'il n'y aurait plus de différence entre les missionnaires et les Africains. Finis les privilèges ! À partir de maintenant, qu'il s'agisse de logements ou de véhicules, ceux qui en avaient besoin y avaient droit.

Je tiens à souligner que je ne voyais ni racisme ni attitude colonialiste dans ce règlement, je connaissais trop bien les missionnaires. Il s'agissait tout simplement d'une règlementation et de rien d'autre, même si elle avait ses défauts. Décidée il y a des lustres, elle n'avait jamais fait l'objet de modifications. Elle était restée en vigueur et l'on s'en contentait, la routine en quelque sorte, ce qui est probablement là une réaction très humaine.

J'étais heureux que nous soyons enfin réunis et assez fier de moi ; mon obstination avait permis de déboucher sur ce changement, même si j'aurais pu le payer cher.

Je savais que nous n'allions pas nous éterniser à Lemera puisque mon choix de poursuivre mes études et de me spécialiser était définitif. Quand mon professeur à Bujumbura en fut informé, il m'appela au téléphone pour me mettre en garde : « Ta vie privée va en souffrir. »

— Je n'ignore pas le sort réservé aux gynécologues, dit-il d'emblée. Ils connaissent des problèmes dans leur vie de couple. Ce métier laisse des traces et risque de peser sur vos relations. La situation devient souvent intenable et finit en divorce. J'en ai été témoin plus d'une fois.

Stupéfait, je restai bouche bée.

— En as-tu parlé avec ton épouse, renchérit-il. Sais-tu ce qu'elle en pense ?

Je ne m'étais jamais posé ce genre de question. Mais je supposais qu'il savait de quoi il parlait.

— Tu devrais en discuter avec ta femme, elle doit être consciente de ce qu'un tel choix de carrière implique.

C'est ce que j'ai fait. J'ai expliqué à Madeleine la mise en garde du professeur.

— Crois-tu que cela puisse créer des problèmes entre nous ?

— Non, déclara-t-elle, pas si nous conservons notre confiance mutuelle.

Elle comprenait parfaitement mes intentions. Lors de notre rencontre, déjà, je lui avais fait part de mes projets – ma vision d'avenir. Je voulais certes devenir médecin, mais peut-être plus que cela : je voulais être aux côtés des marginalisés, dénoncer les injustices. C'est cette attitude que j'avais observée chez Osvald Orlien, le médecin norvégien à Kaziba. Il a été pour moi une source d'inspiration. Mais il n'était pas question de faire cavalier seul, Madeleine devait faire partie de ce projet. Je la voulais à mes côtés, j'avais besoin de son soutien.

Je considérais le métier de médecin comme une vocation, une profession pour laquelle il faut être passionné et qui exige un engagement de tous les jours. Dans un premier temps, je comptais aider les enfants vulnérables, puis j'étais venu à Lemera où j'avais découvert des femmes en détresse. Bouleversé, j'avais décidé de changer d'orientation car personne ne se souciait d'elles. Et, en un sens, je n'abandonnais pas les enfants ; j'allais aussi m'occuper d'eux. Ceux qui risquaient de mourir dans l'utérus pendant la mise au monde ou qui, faute de soins médicaux, naissaient déformés voire handicapés. Empêcher la mort et la souffrance au moment de l'accouchement, voilà quelle était ma vocation, et j'étais prêt à faire toutes les études nécessaires pour y parvenir.

L'avertissement du professeur a toutefois soulevé quelques inquiétudes chez moi. Et si ma vocation n'était pas compatible avec une vie de couple ?

Mais Madeleine me rappelait notre pacte : nous nous faisions confiance mutuellement. Et elle insistait sur les raisons qui m'avaient amené à prendre cette décision.

Nous habitions ensemble à Lemera et la souffrance de ces femmes l'avait tout autant accablée que moi.

— Ce travail est essentiel, dit-elle. Je suis à tes côtés.

⁂

Quelque temps plus tard, je quittai l'Afrique pour la première fois. C'était en 1984, j'avais vingt-neuf ans. Avant ce départ, j'avais 2 000 dollars en poche, l'ensemble de mes économies. La moitié de cette somme avait servi à payer le billet d'avion, le reste devant m'aider à vivre.

Après une escale à Paris, je suis arrivé à Angers. Nous étions en octobre et, quand je descendis de l'avion, un vent glacial m'accueillit. S'il pouvait faire froid à Lemera, ici, c'était autre chose – un froid humide qui pénétrait jusqu'aux os. Il fallait toutefois relativiser, puisqu'il n'y avait aucune comparaison avec l'hiver scandinave si souvent évoqué par les missionnaires !

J'étais en France pour suivre une formation initiale en obstétrique ; si j'étais reçu à l'examen, je pourrais continuer les études proprement dites. Et au bout de cinq ans, si tout allait bien, je rentrerais au Zaïre, à Lemera, avec le titre de médecin spécialiste en gynécologie-obstétrique.

Mais il fallait d'abord passer ce premier cap, réussir l'initiation qui allait durer trois mois. Et, pour cette étape, je disposais de 1 000 dollars en tout et pour tout. Cette somme devait suffire pour payer une chambre d'hôtel bon marché, m'acheter des vêtements chauds, me nourrir, me déplacer en transports en commun.

Je réussis la première épreuve sans encombre et pus commencer ma spécialisation. Mais j'étais à court d'argent. Comment allais-je me débrouiller ? Avec le diplôme de la formation initiale en poche, je pouvais exercer en France, ce qui m'ouvrait certaines portes. Mon directeur à l'hôpital universitaire me proposa ainsi des remplacements durant les week-ends, notamment des services de garde. Il restait toutefois un obstacle : les transports. Comme j'habitais loin de l'hôpital, il me serait difficile d'être rapidement sur place en cas d'urgence, surtout la nuit.

— Vous n'avez donc aucun accès à une voiture, me demanda-t-il après avoir fait le tour des possibilités.

— Malheureusement pas, dis-je en secouant la tête.

La situation semblait trop compliquée. J'envisageai alors de reporter mes études : j'allais d'abord travailler pendant un an ou deux, mettre de l'argent de côté, et ensuite poursuivre ma formation. À cette perspective, je me sentis déjà beaucoup plus à l'aise.

Le cours que je suivais était également fréquenté par un médecin exerçant dans un petit hôpital. Comme il allait entamer sa spécialisation, il m'a proposé de reprendre son poste.

— J'ai parlé de toi à mon chef, dit-il. Il veut te voir.

J'ai ensuite appelé Madeleine pour lui faire part de la situation.

— Je dois faire des économies, lui annonçai-je. Et si je travaillais d'abord et reportais à plus tard ma spécialisation ?

— Jamais de la vie ! me répondit-elle, indignée, sur la ligne téléphonique crachotante, depuis Bukavu. Tu es en France pour suivre des études, pas pour bosser. Fais de ton mieux !

— De mon mieux ? Je n'ai plus un sou, je vois mal comment survivre.

Quel dilemme : j'étais coincé entre la dure réalité du quotidien et les exigences de ma femme.

J'ignorais qu'une énorme surprise m'attendait au coin de la rue.

Je me trouvais à la caisse du supermarché, je venais juste de payer.

— Tenez, me dit la caissière, en me tendant un papier. Remplissez ça et mettez-le dans la boîte là-bas.

J'y jetai un rapide coup d'œil. La chaîne de supermarché célébrait un anniversaire et les clients étaient invités à participer à un tirage au sort. Cela ne coûtait rien d'y participer, il suffisait d'indiquer son nom et son adresse au verso de la feuille.

Je rangeai mes courses dans un sac. Selon mes souvenirs, j'avais acheté six œufs, un morceau de poulet et un paquet de riz. Après avoir rempli le papier, je le glissai dans la boîte à la sortie, presque comme par réflexe, sans guère y prêter attention.

Convaincu que mon séjour en France allait perdurer, j'avais quitté l'hôtel pour louer une chambre dans une villa, non loin du supermarché. Trouver ce nouveau logement m'avait pris du temps. J'avais répondu à plusieurs petites annonces, mais en arrivant sur place pour jeter un coup d'œil – même s'il y avait à peine quinze minutes que nous avions parlé au téléphone –, cela se terminait chaque fois par le même refrain : « C'est déjà pris. » Et, le lendemain, la même annonce reparaissait dans le journal. Les gens réagissaient bien sûr à la couleur de ma peau. Il y avait des Africains à Angers, mais peut-être pas tant que ça, et laisser entrer un Noir dans sa maison était déjà un grand pas. Ce n'était pas du racisme brutal que je rencontrais, je dirais plutôt que les gens avaient peur de l'inconnu. Il arrivait de temps à autre que des personnes changent de place dans le bus quand je m'asseyais à côté d'elles, mais je ne me sentais jamais directement menacé. Il n'y avait pas de violence dans l'air.

Après de nombreuses recherches infructueuses, je compris qu'il fallait changer de stratégie afin d'éviter tous ces déplacements inutiles.

À l'appel suivant, j'ai d'abord commencé comme d'habitude :

— Je m'appelle Denis, j'ai vu dans le journal que vous aviez une chambre à louer.

— C'est exact, me répondit mon interlocuteur sur un ton aimable. Il y a déjà deux autres étudiants dans la maison, dont l'un est mon fils Dominique. Ils ont chacun une chambre mais partagent la cuisine, le séjour et la salle d'eau. Il reste une troisième chambre qui est inoccupée. Vous voulez venir voir ?

— Aujourd'hui ?

— Oui, d'accord, ça marche.

Et, cette fois, j'ai tout de suite ajouté :

— Mais, avant de décider quoi que ce soit, il faut que je vous dise une chose, je suis noir.

— Ce n'est pas un problème. Au fait, je m'appelle Paul. À quelle heure comptez-vous passer ?

Quelques jours plus tard, j'emménageais dans cette villa.

Le jour où j'étais rentré du supermarché avec mes œufs, le poulet et le riz, j'y habitais depuis une semaine. Peu à peu, le découragement reprenait le dessus. Tant que mes problèmes financiers ne seraient pas résolus, mon avenir restait incertain. J'espérais pouvoir travailler à mi-temps à côté de mes études, mais je n'avais rien trouvé d'autre que ces remplacements le week-end, qui exigeaient un moyen de déplacement rapide. Il restait la proposition de mon collègue de cours, le remplacer dans son petit hôpital. C'était peut-être la solution la plus réaliste, mais elle signifiait donc le report de mes études à plus tard.

Une semaine après ma visite au supermarché et cette fameuse tombola, je vidai ma boîte aux lettres. Il y avait, au milieu des dépliants publicitaires, outre deux enveloppes marquées « par avion » en provenance d'Afrique, une enveloppe blanche portant le cachet de la Poste française. Assis à la table de la cuisine pour ouvrir tout ce courrier, je portai d'abord mon choix sur ce dernier envoi. Il m'intriguait, puisqu'il ne mentionnait aucun expéditeur.

Je sortis la lettre, le logo familier accrocha mon regard. C'était celui du supermarché du quartier. Je lus ensuite le texte. Quelques lignes seulement. Mais la formulation du message m'incita à le relire plusieurs fois. Je voulais être sûr que j'avais bien compris et qu'il ne s'agissait pas, comme ça arrive souvent, d'une publicité camouflée. Finalement, je dus admettre que ce n'était pas un rêve. Sinon, comment l'expéditeur aurait-il pu connaître mon adresse ? Je résidais dans le pays depuis peu et, excepté à mon chef à l'hôpital, je n'avais communiqué ma nouvelle adresse qu'une seule fois : sur le formulaire que la caissière du supermarché m'avait invité à compléter.

Donc, ce message que je tenais d'une main de plus en plus tremblante ne pouvait être que vrai. La lettre m'annonçait que j'étais l'unique gagnant d'une toute nouvelle Renault 5 blanche, à l'occasion de l'anniversaire de cette chaîne de supermarchés.

Les yeux rivés sur le texte, j'avais la tête qui tournait. Je compris tout de suite que je n'avais pas seulement gagné une voiture, j'avais aussi trouvé la solution à mes problèmes. Je pourrais me déplacer rapidement et, très bientôt, dire à mon chef: « Oui, je peux travailler pendant les week-ends. » Mais je ne pouvais m'empêcher d'interpréter ce message, j'étais convaincu que tout cela ne relevait pas du hasard. « Quelqu'un » était intervenu dans mon existence et m'avait remis dans le droit chemin. J'étais en France pour me préparer pour une grande cause : aider les femmes souffrantes dans les montagnes de Lemera.

Le Créateur ne m'avait pas chuchoté à l'oreille : il avait crié haut et fort pour éviter tout malentendu.

Une patiente ouvrit la porte de mon cabinet puis s'arrêta net sur le seuil. Son regard trahissait son étonnement.

— Oh, pardon, dit-elle. Je me suis trompée de médecin.

Cette femme ne portait qu'une simple blouse d'examen. Après s'être déshabillée dans l'une des cabines, elle avait attendu qu'une des infirmières l'appelle.

— Vous allez voir quel médecin, lui demandai-je avant qu'elle ne referme la porte.

— Le docteur Mikwesz, répondit-elle.

— Oui, c'est avec moi que vous avez rendez-vous. Docteur Mukwege.

— Ah. Je pensais que j'avais un rendez-vous avec un docteur polonais.

— Non, vous ne vous êtes pas trompée. C'est bien moi que vous allez voir. Entrez, je vous en prie.

Je devinai pourquoi elle avait réagi ainsi. L'idée de se faire examiner par un gynécologue noir la rebutait un peu.

Je me suis avancé, lui ai pris le bras gentiment tout en lui disant :

— Venez, vous serez entre d'aussi bonnes mains avec le docteur Mukwege qu'avec le docteur Mikwesz, je vous le promets.

— Espérons-le, dit-elle d'une voix faible en refermant la porte derrière elle.

Cette anecdote remonte à la deuxième année de mon séjour en France. À cette époque, j'avais l'impression que ma chance à cette tombola avait déclenché une réaction en chaîne : les événements heureux se succédaient. J'avais beaucoup de plaisir à travailler, je recevais les encouragements du chef à l'hôpital, mes études supérieures se déroulaient comme espéré. Peu de temps après la surprise du véhicule, j'avais reçu un coup de téléphone d'une infirmière suédoise, Ingrid Åkerström, qui avait travaillé avec moi au bloc opératoire de Lemera. Ayant eu vent de mes problèmes financiers, elle en avait déduit que mes études en souffriraient et que je serais peut-être obligé de les reporter.

— Est-ce que je peux t'aider ? m'avait-elle proposé. Je le ferai de bon cœur.

Pour ma spécialisation en obstétrique, le ministère avait mis des conditions : c'est à l'étranger que je devais trouver un mécène. Il n'y avait guère de règles concernant l'origine de ce financement, mais la personne ou l'organisation devait s'engager sur une période assez longue, et se porter garant des frais d'études.

— De quelle somme s'agit-il, demanda Ingrid.

— Trois cent dollars par mois, soit 1 800 francs.

— Il faut fournir un document officiel, je suppose ?

— Oui…

— Bon. Est-ce que tu peux me trouver le formulaire et me le faire parvenir ?

— D'accord.

Ingrid accepta donc d'être mon mécène. Mais comment allait-elle réunir les fonds ?

— Je vais demander de l'aide à ma famille et mes amis, me rassura-t-elle. Ce n'est pas un problème, ça marchera ! L'essentiel, c'est que tu continues selon tes plans.

Une fois encore, j'étais passé par une porte qui m'avait d'abord paru trop étroite. Je pouvais entamer mes études.

Un an plus tard, Madeleine et les enfants vinrent me rejoindre. J'étais devenu entre-temps très ami avec mes propriétaires et je ne fus guère surpris lorsqu'ils me proposèrent de nous louer toute la maison. L'arrivée de ma famille était absolument indispensable. Si nous avions dû vivre séparés pendant toutes ces années d'études, nous serions redevenus des étrangers l'un pour l'autre. Je n'ose imaginer ce qui se serait passé à mon retour au pays. Peut-être la fin de notre couple et de mes relations avec les enfants. Je serais retourné au Zaïre avec l'expérience d'un monde difficile à partager avec eux. Mais, avec leur venue, c'est tout le contraire qui se produirait.

Ce séjour en France a cimenté notre union. Le jour où nous serions de retour, personne n'aurait à se demander de quoi parlait l'autre.

Le soutien d'Ingrid signifiait aussi que j'allais pouvoir combiner travail et études tout en subvenant aux besoins de ma famille. Nous habitions depuis trois ans en France quand la Mission pentecôtiste en Suède nous annonça qu'elle reprenait à son compte le parrainage d'Ingrid ; elle achèverait ainsi ce à quoi elle s'était engagée. Et cela permettait à Madeleine d'achever ses propres études universitaires ; elle suivait une formation d'infirmière en médecine tropicale, avec l'idée de renforcer notre complicité en y ajoutant une touche professionnelle.

Pendant toutes ces années en France, nous eûmes une vie que je qualifierais de parfaite. Nous étions entourés de nombreux amis et notre famille s'était encore agrandie d'une petite Sylvie, notre troisième enfant. Les relations avec nos propriétaires étaient excellentes. J'ai rarement rencontré des gens aussi sympathiques et prévenants. Ils nous avaient presque adoptés, nous formions une grande famille. Et ils nous ont appris qu'on peut donner sans nécessairement posséder grand-chose : en dépensant peu pour soi-même, il reste toujours la possibilité de partager avec les autres. Chaque fois que nous mangions ensemble, je remarquais qu'ils ne laissaient rien sur leur assiette. Ils prenaient même un bout de pain pour la saucer, jusqu'à ce qu'elle soit tout à fait propre. C'était sans doute la coutume en Europe du Sud, mais je trouvais qu'ils exagéraient quelque peu et, un jour, je ne pus me retenir de leur poser la question.

La réponse parut évidente. Ils avaient grandi durant la Seconde Guerre mondiale et les mots « manque » et « faim » n'avaient rien d'abstrait pour eux. Une seule petite pomme de terre prenait beaucoup de valeur lorsqu'il n'y avait rien d'autre.

En raison de cette expérience, ils ne pouvaient accepter le moindre gaspillage.

— Les jeunes d'aujourd'hui ne connaissent pas ça, ils gaspillent tant et plus, mais pour nous qui avons vécu la guerre, la modération est dans notre sang, nous expliqua Georgette, notre hôtesse.

Je le répète, les rapports avec cette famille étaient extraordinaires. Entre eux et nous, la compréhension était naturelle et, quand j'évoquais les difficultés rencontrées par les gens du Sud-Kivu, je ne devais pas leur faire un dessin. Nos amis français n'avaient jamais mis les pieds là-bas mais ils comprenaient fort bien ce que je leur racontais.

※

Alors que j'étais presque arrivé à la fin de mes études, nous avons commencé à évoquer l'avenir. Fallait-il vraiment rentrer au Zaïre alors que nous nous étions si bien adaptés en France ?

— Je voudrais bien rester, dit Madeleine, surtout pour les enfants, je pense à leur scolarité. Il vaudrait mieux qu'ils poursuivent leurs études ici.

Cette option était certes envisageable. L'hôpital où je travaillais ne demandait pas mieux que je reste et m'offrait un salaire cent fois plus élevé que celui qui m'attendait au Zaïre. Nous avions déjà établi et développé des relations sociales, et nous aurions certainement une vie aisée.

Je ne pouvais toutefois me résoudre à rester : nous ne devions pas oublier la raison pour laquelle nous étions venus ici.

En m'installant définitivement en France, j'aurais trahi ma parole. Je me devais de terminer ma spécialisation et de retourner à Lemera, voilà ce qui avait été convenu. Maintenant que j'arrivais au bout, je ne devais pas seulement penser à ma propre promesse, mais aussi à tous ceux qui avaient cru en moi et s'étaient démenés pour rendre ce séjour possible. En restant ici, je les aurais trompés.

De plus, la France n'avait pas besoin de moi : dans la seule région d'Angers, il y avait trente-cinq gynécologues, et bientôt je me sentirais superflu. Il était par contre extrêmement gratifiant, je ne l'avais pas oublié, de soigner et d'aider les femmes dans les montagnes de Lemera. En Europe, je n'éprouverais jamais les mêmes émotions, j'en étais persuadé.

— Je pourrais rester ici avec les enfants et, toi, tu nous rejoindrais de temps à autre, proposa Madeleine.

Nous en avons discuté et sommes rapidement arrivés à la conclusion que ce plan ne tenait pas la route. Trop compliqué et trop cher. Finalement, nous avons compris que le retour de toute la famille était le seul choix raisonnable.

Avant de rentrer au pays, je tins à prévenir mes patientes de mon départ. Dans les derniers jours à l'hôpital, l'une d'elles apporta des fleurs et un gâteau fait maison ; celle-là même qui avait cru que j'étais polonais et qui n'avait pu cacher son appréhension en découvrant un Africain. Elle était restée ma patiente, et nous nous étions même liés d'amitié. Au bout de six mois, elle m'avait envoyé l'une de ses filles, déjà adulte, pour un examen et, un nouveau semestre plus tard, c'était sa sœur que j'accueillais dans mon cabinet.

— Je voudrais vraiment vous remercier, me dit cette dame au moment des adieux. Vous êtes le premier Noir dont j'aie vraiment fait connaissance, et je dois avouer qu'à notre première rencontre j'étais quelque peu choquée. Normalement, les Polonais n'ont pas la peau noire… Mais tous mes préjugés se sont dissipés. Vous avez fait tout votre possible pour que je me sente à l'aise lors des examens, je n'ai jamais rencontré un docteur comme vous. Pourriez-vous me recommander un autre gynécologue, maintenant que vous partez ?

Notre séjour en France fut parsemé de nombreux événements qui auront marqué ma vie, le gain de cette voiture étant sans doute le plus décisif. Ce jour-là, plusieurs problèmes avaient été résolus d'un seul coup. J'avais interprété cette bonne nouvelle comme un signe très clair : je devais m'en tenir au plan original. Aujourd'hui encore, il m'arrive de penser à cet épisode, pas tant pour la voiture que pour ce que cela signifiait. Cette histoire me rappelle que je n'ai pas choisi cette profession par hasard.

Il y a un sens caché derrière tout cela, et je ne pourrai jamais agir contre ce destin.

C'est pourtant ce qui faillit se produire, un jour de septembre 2011. Ce jour-là, je reçus des menaces que je ne pouvais pas ne pas prendre au sérieux ; je devais choisir.

Cette intimidation marqua le début d'une nouvelle période de troubles pour moi et ma famille, et treize mois plus tard, en octobre 2012, j'étais victime de l'attentat qui nous a forcés à fuir Bukavu.

Je considère le fait d'avoir survécu à cet attentat comme un miracle, un parmi tant d'autres.

Le mercredi 21 septembre 2011, peu après 21 heures, je me trouvais au restaurant du rez-de-chaussée du Waldorf Astoria à Manhattan, New York.

J'étais face à un individu manifestement envoyé par Kinshasa. Me regardant droit dans les yeux, il tint des propos qui me glacèrent. Son message était on ne peut plus clair : c'était une menace non déguisée. Il me proposait une alternative, en ajoutant que mon avenir en dépendait.

Jamais je n'avais imaginé me retrouver un jour dans une telle situation. J'étais dans tous mes états, la peur me paralysait. Le discours de cet homme ne pouvait être pris à la légère. Cette fois-ci, la menace était sérieuse.

Le lendemain, j'étais censé participer à une rencontre au sommet à l'Onu dédiée aux violences sexuelles en temps de guerre. Une réunion au plus haut niveau à laquelle plusieurs chefs d'État et des personnes de haut rang avaient été conviés. Le président de mon pays, Joseph Kabila, figurait aussi sur la liste des invités, mais sa venue n'avait pas été confirmée.

Mon programme était connu : d'abord une participation à un groupe de discussion, ensuite ma communication et enfin les réponses à d'éventuelles questions. L'homme en face de moi se fit de plus en plus précis : il valait mieux pour moi que je renonce à cette rencontre, puisque mes propos allaient jeter le discrédit sur notre président. Or, celui-ci devait assister sous peu à l'Assemblée générale.

J'étais coincé : en prenant la parole, je serais obligé de m'exiler ; en m'abstenant je pourrais rentrer au pays et continuer à y travailler. Mais il était exclu que je m'exprime à la tribune de l'Onu et que je retourne ensuite chez moi. Dans ce cas, ma vie ne tiendrait plus qu'à un fil. Voilà en gros ce que le représentant du gouvernement voulait me faire comprendre. Deux heures d'entrevue au Waldorf Astoria au cours desquelles il démolit, point par point, mon engagement aux côtés des femmes martyrisées.

— Nous connaissons toutes vos déclarations au sujet du Congo. Ailleurs, les citoyens font tout leur possible pour rehausser l'image de leur pays et, vous, vous faites le contraire.

Je savais qu'il occupait un poste important au sein du gouvernement et qu'il venait d'une région du Congo où l'on résout volontiers les conflits en recourant à la violence. Le président lui-même était logé dans cet hôtel, et je compris qu'il était déjà sur place. Toute cette mise en scène avait pour but de me mettre mal à l'aise et de semer la peur. Une autre personne assistait également à cet entretien : un agent de l'Onu congolais que je connaissais depuis longtemps.

Il avait suivi nos discussions. Quel ne fut pas son étonnement face à toutes ces menaces à peine déguisées ; il se sentit lui aussi secoué.

Nous sommes repartis ensemble et c'est sous la pluie, à pied, que nous avons regagné mon hôtel. Les mots me manquaient, j'étais abasourdi. Mais, très vite, je retombai sur mes pattes. Je contactai Margot Wallström pour lui raconter la rencontre au Waldorf Astoria. Après un long silence, elle s'exclama :

— Ce n'est pas possible ?

— Ma participation à votre réunion semble compromise, lui dis-je.

— Oui, apparemment, mais c'est invraisemblable !

— J'ai l'impression que ceux qui sont derrière tout cela sont bien décidés à mettre leurs menaces à exécution.

À cette époque, Margot Wallström était l'envoyée spéciale de l'Onu pour les questions relatives aux violences sexuelles dans les conflits armés ; elle était donc responsable de la réunion qui allait se tenir le lendemain.

— Nous avons affaire à des gens qui ont la mémoire longue, fis-je observer à Margot. Je veux pouvoir rentrer au Congo et reprendre mon travail, je me vois dans ces conditions obligé d'annuler ma participation à la conférence.

J'en informai le représentant du gouvernement. J'étais non seulement bouleversé mais aussi très déçu, puisque j'avais prévu de livrer mon avis sur les graves problèmes secouant l'est du Congo. Et j'avais l'intention d'évoquer les solutions pour les surmonter. Mais, comme d'habitude, mon point de vue ne semblait pas intéresser les dirigeants de mon pays.

Le fait que je renonce à mon exposé n'avait pas dissipé toutes les inquiétudes chez Margot ; à ses yeux, le danger n'avait pas complètement disparu.

— Ce que nous pouvons envisager, c'est de demander aux forces des Nations unies à Bukavu de renforcer la surveillance autour de votre maison quand vous serez de retour, dit-elle.

Le lendemain, je pris part à une cérémonie au Sheraton New York Towers, un hôtel de la Septième Avenue. Je figurais parmi les six lauréats du Global Citizen Award, une distinction accordée par une fondation créée par l'ancien président Clinton. Ce prix honorait le travail réalisé par mes collègues et moi pour venir en aide et soigner les femmes victimes de violences sexuelles.

Près de mille personnes s'étaient déplacées : artistes, acteurs de cinéma, chercheurs, hommes et femmes politiques… J'avais soigneusement préparé mon discours de remerciement, c'était la toute première fois que j'allais intervenir en anglais. Un « coach » m'avait aidé ; nous avions ainsi travaillé les intonations et les pauses afin que tout soit bien compréhensible. Il me semblait que chaque syllabe avait son importance.

J'ai d'abord fait remarquer que je recevais ce prix avec des sentiments mitigés.

« Vous m'octroyez une récompense pour quelque chose qui ne devrait pas exister, mes collègues et moi avons été formés pour d'autres tâches », leur expliquai-je.

J'ai ensuite parlé du fonctionnement de l'hôpital, de la situation des femmes dans les deux provinces du Kivu et de mon impression, parfois, de prêcher dans le désert.

Vers la fin de mon allocution, je conjurai toute l'assemblée d'agir.

« La situation est certes complexe, expliquai-je. Mais, au fond de vous-mêmes, vous savez aussi bien que moi qu'une solution peut être trouvée. Nous pouvons tous y contribuer. Je suis convaincu que chacun à son niveau joue un rôle, par son action, ou bien son indifférence. Vous qui êtes réunis ici ce soir, vous avez les compétences, les ressources, les connaissances et le pouvoir de contribuer à la résolution des problèmes en République démocratique du Congo. Cette aide peut se décliner sous de multiples formes, allant du soutien matériel à l'hôpital à un travail de lobbying afin que la politique et la stratégie changent, tant dans mon pays que sur le plan international. »

Je quittai des yeux mon manuscrit pour regarder le public. Je reconnus parmi d'autres célébrités la chanteuse

Barbra Streisand, le Premier ministre zimbabwéen Morgan Tsvangirai, ou encore Donna Karan, créatrice de mode.

« Cherchons donc les solutions ensemble et faisons tout notre possible. Car ce n'est pas de votre pitié que les femmes au Congo ont besoin, elles souhaitent que vous agissiez. Et si j'ai un vœu à formuler, c'est que chaque personne ici présente apporte sa pierre à l'édifice. »

J'eus droit à un tonnerre d'applaudissements, les gens étaient debout et quand je quittai l'estrade, Bill Clinton est venu vers moi. Mon discours l'avait touché, me confia-t-il après m'avoir serré la main.

Tout le monde s'est ensuite retrouvé au Salon vert, à l'arrière de la salle de conférences. Parmi les lauréats de la soirée figurait le chanteur Sting. Lui et son épouse, l'actrice Trudie Styler, avaient vu leur engagement en faveur de la préservation de la forêt tropicale salué par ce prix.

— Vous avez reçu cette distinction pour une grande cause, me dit Sting.

L'acteur Morgan Freeman était là aussi ; il affichait le même doux sourire qu'on lui connaît dans les films.

— Vous faites un travail fantastique, lâcha-t-il.

Deux heures plus tôt, presque personne ne savait qui j'étais ; à présent, tout avait changé. Quel contraste ! Pas de doute, mon discours avait bouleversé l'audience et tous tenaient à me féliciter. Mais quel contraste aussi avec ce qui s'était passé la veille, et les sueurs froides que j'avais connues alors. Maintenant, c'étaient des embrassades et des accolades à n'en plus finir. J'avais pour seul espoir que cela se traduise en quelque chose de concret sur le terrain.

⁂

De retour à Bukavu, je savais que ma vie ne serait plus la même. Cette mise en garde au Waldorf Astoria m'avait fait réfléchir ; je comprenais que je devais faire preuve de prudence.

Mon épouse m'avait déjà souvent averti : « Pense à ce que tu dis, ça peut être dangereux. »

Toutefois, après quelques heures au bloc opératoire, la frustration et la colère reprirent vite le dessus. Je suis de ceux qui parlent avec leur cœur, ce qui peut se révéler lourd de conséquences, non seulement pour moi mais pour toute ma famille.

J'en garde quelques souvenirs pénibles, comme par exemple ce jour où notre fille aînée Zawadi, alors âgée de seize ans, rentra de l'école en larmes. Elle nous raconta que le papa d'une de ses copines de classe venait d'être assassiné. Il avait pris position, ouvertement. Cela se passait vers la fin des années 1990, nous étions alors occupés par le Rwanda. Une liste noire reprenant les noms d'individus considérés comme « importuns » circulait, c'était un secret de polichinelle. Il se disait que j'étais le suivant sur la liste. Zawadi m'implora de déménager de Bukavu.

— Je ne veux pas perdre mon père, ajouta-t-elle.

Mais la situation au début des années 2000 était encore plus préoccupante. Nous assistions aux premiers actes de violences sexuelles dans la région ; ils allaient rapidement se répandre telle une épidémie et c'est l'époque où j'ai commencé à alerter le monde extérieur. J'eus alors droit à des menaces précises : mon épouse et mes filles subiraient le même sort que ces femmes que nous traitions à l'hôpital. Ceux qui voulaient m'intimider avaient trouvé mon point sensible : ma famille. J'avais l'impression d'être piégé dans une maison en feu sans issue. Je les appelais plusieurs fois par jour pour m'assurer que rien ne leur était arrivé. Et parfois, quand elles ne décrochaient pas, j'étais fou d'angoisse, et je m'interrogeais quant à la poursuite de mon travail. Je me rappelle que nous en avons discuté à la maison : allions-nous quitter Bukavu, peut-être même le pays ? Nous avons finalement décidé de rester car, en fuyant, nous aurions cédé à la violence et aux forces du mal. C'est ici que sont nos racines et notre vie.

— Continue ton travail, m'ont dit mon épouse et mes enfants d'une seule voix. Nous sommes à tes côtés.

Ici, on se situe évidemment sur un terrain très sensible. J'aime ma famille et c'est réciproque ; je comprends évidemment leurs peurs. Mais existe-t-il un endroit où l'on est vraiment à l'abri ? À mon avis, la « sécurité » est une notion toute relative. Fermer les yeux, se boucher les oreilles et ne rien faire ne signifie pas que l'on écarte tout risque. Au contraire, c'est peut-être beaucoup plus dangereux de rester passif : la mort peut vous attendre au tournant et certainement emporter beaucoup de gens autour de vous.

Je pourrais vivre en réfugié dans un pays occidental, m'asseoir confortablement dans un fauteuil, une tasse de café à la main et me sentir hors de danger. La question de ma sûreté ne se poserait plus. Mais, dans ce scénario, je ne penserais qu'à ma propre sécurité. Or, si l'on est individualiste à ce point, à quoi bon vivre en ce bas monde ? Pour moi, la vie n'a de sens que si on peut la partager avec les autres.

Cependant, il arrive sans doute un moment où la vocation et le sens de la vie doivent passer au second plan. Nous en avons souvent discuté en famille, pour arriver toujours à la même conclusion : c'est ensemble que nous formons un bouclier. Si nous restons unis, aucun d'entre nous ne sera frappé. Il est évident que la situation peut rapidement changer et il est difficile de savoir à l'avance comment se positionner. De toute façon, si je suis à court de réponses, il me reste toujours ma foi en Dieu et le fait d'être encore en vie, alors que j'ai frôlé la mort à plusieurs reprises.

Ce qui caractérisait les menaces proférées contre moi pendant toute cette période, c'était leur côté anonyme. Parfois, on pouvait deviner d'où elles provenaient ; à d'autres occasions, le mystère restait entier. Il y avait tant de pistes. Mais, pour ce qui est du message transmis à New York, pas de doute quant à l'expéditeur. C'était plus qu'une simple tentative d'intimidation, c'était une véritable menace, à prendre au sérieux.

En novembre 2011, deux mois après mon séjour à New York, j'ai perdu un très bon ami dans des circonstances tragiques. C'était un homme d'affaires qui n'hésitait pas à afficher ses opinions. Un jour, quelqu'un lui a tiré dessus à son domicile, en plein jour. Grièvement blessé, il a été poussé par sa femme dans la voiture qui l'a amené d'urgence à l'hôpital de Panzi. Il avait perdu beaucoup de sang et, à son arrivée, il avait déjà succombé. C'était l'une de ces personnes qui osait dire tout haut ce qu'elle pensait, et qui l'a payé très cher, comme tant d'autres. Ces dernières années, Bukavu a été happée par une violence mortelle, toujours entourée des plus grands mystères. La mort rôde et on ignore qui est à la manœuvre. Pire, on a l'impression que personne ne veut savoir, parce qu'être curieux c'est se mettre en danger.

J'ai parfois la nostalgie de l'époque où je suis revenu au pays après ces cinq années passées en France, mon diplôme de gynécologue en poche. Je pouvais alors me vouer corps et âme aux femmes délaissées dans les montagnes. C'était avant les guerres, les viols de masse et les menaces en tout genre. Je m'étais lancé dans ce travail avec enthousiasme et passion, et constatais avec bonheur qu'on pouvait effectivement alléger les souffrances des femmes. Ce fut une période exaltante, l'une des plus belles de ma vie, et je ne peux que regretter qu'elle soit irrémédiablement révolue.

C'est en août 1989, après notre séjour en Europe, que nous sommes donc rentrés à Lemera, ma famille et moi. J'avais une vision claire de ce que je voulais faire et des méthodes à utiliser, l'objectif étant d'offrir aux femmes de la région des soins efficaces avant et après leur accouchement.

Je n'y arriverais pas tout seul, c'était une évidence, il me fallait une équipe autour de moi. C'est ainsi que j'ai commencé à former des infirmières en m'inspirant des connaissances acquises en France.

Je voyais aussi plus loin, plus grand : je voulais que l'hôpital dispose de sa propre école d'infirmières et de sages-femmes. Les responsables de la Mission suédoise se montraient hésitants. À leurs yeux, il en existait déjà suffisamment pour couvrir les besoins, sans oublier qu'une nouvelle institution serait une charge de plus à assumer.

Je restai toutefois accroché à mon idée, convaincu que nous pourrions offrir une formation de haut niveau. Après avoir gagné le soutien de mes collègues de l'association France-Kivu et de la population locale, j'expliquai à la Mission que nous prendrions nous-mêmes la responsabilité de cette école.

Malgré un certain scepticisme, ils ne s'opposèrent pas au projet ; il fut donc mis sur les rails, avec l'aide des gens du coin. De nombreux bénévoles s'attelèrent à façonner les briques, et les travaux de construction furent menés par des artisans locaux. De notre côté, nous avons élaboré un programme d'études qui cadrait avec les exigences en vigueur et, dès l'automne 1990, l'école fut inaugurée. Elle fonctionnait en internat pouvant accueillir jusqu'à vingt-quatre élèves. Secondé par quelques collègues, j'étais responsable de la formation.

À en juger d'après les postes qu'occupent aujourd'hui nos anciennes élèves, je crois pouvoir dire que nous avons réussi notre défi. Certaines travaillent à Panzi, les autres sont éparpillées un peu partout à travers le pays. Nous avons donné à ces filles bien plus qu'un certificat.

J'avais une autre idée qui me trottait dans la tête et celle-là aussi a fini par se concrétiser : un pavillon spécial pour accueillir les femmes enceintes avant leur accouchement. Elles pourraient ainsi bénéficier d'un minimum de surveillance médicale. Traditionnellement, les femmes d'ici vaquent à leurs occupations jusqu'au dernier moment, avec pour résultat que beaucoup d'accouchements se terminent très mal. Désormais, elles pouvaient venir à l'hôpital à partir du huitième mois de leur grossesse et y rester en attendant l'heureux événement.

C'était bien la première fois que ces femmes pouvaient se sentir « libres ». Aller chercher du bois ou de l'eau au puits, concocter les repas…, toutes ces tâches qui leur incombent généralement, à présent le mari et le reste de la famille devaient s'en occuper. C'était touchant à voir.

Leurs proches apportaient souvent à manger aux futures mamans et restaient à leur chevet durant des heures. Après la naissance, nombre de femmes n'étant pas en état de rentrer directement, il leur était loisible de prolonger un peu leur séjour à l'hôpital et de s'y reposer. Là encore, la famille pouvait être à leurs côtés, pour les soutenir. Toutes ces mamans avaient à présent droit à un autre regard, leurs hommes se rendant enfin compte que la mise au monde d'un enfant est une épreuve qui nécessite des soins.

Les conditions de prise en charge de toutes ces patientes s'améliorèrent rapidement et le nombre d'accouchements augmenta, pour atteindre bientôt les dix naissances par jour. Notre travail portait ses fruits, incontestablement, et c'était avec un sentiment de bonheur que je parcourais chaque matin les quelque 100 mètres qui séparaient ma maison de l'hôpital.

Parti en France avec des idées plein la tête, je les voyais à présent se concrétiser. Pas une seconde je ne pensais à la sécurité et au revenu confortable que l'Europe m'avait proposés. Ma vie ici, à cette époque, était exaltante et dépassait tout ce que je pouvais imaginer. C'est ce travail auquel j'aspirais et j'aurais même été prêt à payer pour le faire. Un métier certes exigeant, pour lequel j'ai beaucoup donné, mais en recevant davantage encore en retour. Comment pourrais-je oublier ces femmes tenant leur nouveau-né dans les bras, rayonnantes, comblées de joie d'avoir pu accoucher sans douleurs prolongées et sans crainte que tout se termine mal ? Elles avaient vécu une expérience que les mères du monde occidental considèrent comme normale. Au contraire des femmes bafulirus qui vivent dans les montagnes ; en général de petite taille, elles ont des hanches minces et un bassin fort étroit, et nous devions souvent avoir recours à une césarienne. Ce genre d'intervention ne pouvait être prodigué par les sages-femmes dans les villages, pour autant qu'il y en ait. Mais nous, nous pouvions rapidement parer et la plupart du temps prévenir les complications, réduisant le nombre d'accouchements qui se terminaient par la mort de la maman ou de l'enfant. C'étaient là des résultats on ne peut plus concrets.

La nouvelle tomba tôt le matin sur les ondes de la radio. Nous étions en octobre 1991. L'ambassadeur suédois à Kinshasa priait tous ses concitoyens se trouvant dans l'est du Zaïre de quitter le pays.

La situation dans la région était tendue et instable. Les tribus et des groupes armés étaient en conflit ouvert et, dans les plaines, les villageois subissaient les razzias des soldats de Mobutu.

Conséquence immédiate : les missionnaires de Lemera devaient partir. Sans tarder, ils chargèrent leurs affaires dans des véhicules pour avaler les 100 kilomètres qui les séparaient de la frontière du Burundi. Mais, avant de s'en aller, ils se réunirent avec le reste du personnel dans l'église de la station. Ils n'avaient aucune idée de la durée de leur absence mais, vu le chaos général, elle pouvait se chiffrer en mois, voire en années.

Pour l'hôpital, cela signifiait que nous serions privés de direction puisque Svein, le médecin-chef, faisait partie du voyage. Il confia dès lors les diverses responsabilités aux employés congolais et, arrivé au poste de directeur, il s'empara du grand trousseau de clés de l'hôpital. Je dois préciser que la situation n'était pas tout à fait inédite puisque nous avions déjà connu de brefs moments sans médecin missionnaire, mais ce qui advint alors surprit la plupart d'entre nous : il me tendit le trousseau en précisant qu'il ne le réclamerait plus jamais.

— À partir de maintenant, c'est toi le directeur de cet hôpital, dit-il en souriant. Ce n'est pas une solution temporaire, mais définitive. C'est à toi et à ton personnel qu'incombe la gestion, toutes les décisions vous reviennent et si vous voulez opérer des changements, libre à vous de les mettre en œuvre.

Ce fut un tournant dans l'histoire de l'hôpital. Durant vingt années, en fait depuis la création, tous les choix importants incombaient au siège central en Suède ou aux missionnaires sur place. Dorénavant, c'était nous qui déciderions. J'y voyais non seulement un signe de confiance mais aussi une opportunité pour développer l'institution. Mes sentiments étaient toutefois partagés. Était-ce la fin de l'engagement des Suédois ? Estimaient-ils que nous devions à présent voler de nos propres ailes ? J'y voyais certes un beau défi, mais je gardais les pieds sur terre.

Si le soutien suédois cessait, la survie de l'hôpital ne tiendrait plus qu'à un fil.

— Non, ne t'inquiète pas, me rassura Svein. Nous resterons présents, mais comme partenaires. Dorénavant, c'est à vous de pointer les besoins et toute intervention jugée nécessaire. J'ai pleine confiance en vous et la prochaine fois que je remettrai les pieds ici, Dieu sait quand, je m'attends à trouver un hôpital encore mieux géré qu'il ne l'est déjà.

Après son départ et celui des autres missionnaires, il ne m'a pas fallu beaucoup de temps pour comprendre le sens de mon nouveau statut. Les gens qui venaient des villages environnants me regardaient d'un œil insistant, ils s'attendaient à ce que je remplace les Suédois et que je me montre aussi généreux et « compréhensif » qu'eux. Les missionnaires avaient pu compter sur le soutien des églises dans leur pays, et parfois sur de généreux donateurs privés. Une partie de cet argent leur permettait d'aider la population locale. Il fallait de toute façon le dépenser, afin de ne pas froisser les donateurs ; les missionnaires payaient donc souvent les frais d'hospitalisation et secouraient les plus défavorisés. Tout cela partait d'un bon sentiment, c'est évident, mais cette pratique n'était pas tenable parce que les gens s'habituent vite à ce genre d'assistance. Et n'oublions pas son côté pervers puisqu'elle leur renvoie l'image de personnes irrémédiablement pauvres, prisonnières de leur destin. Moi, de toute manière, je ne disposais pas des mêmes ressources et ne pouvais guère répondre à leurs attentes. Il a donc fallu leur expliquer, sans fard, qu'ils devaient à présent s'habituer à régler eux-mêmes leurs soins médicaux.

— Mais comment allons-nous faire ? Nous n'avons pas d'argent, se plaignirent-ils.

— Pour faire tourner un hôpital, nous avons besoin de ressources, leur expliquai-je. Sans rentrée d'argent, nous allons au-devant de graves difficultés, que je ne pourrai résoudre.

Je compris qu'il fallait faire quelque chose sur ce plan, il fallait aider ces gens à développer une autre image d'eux-mêmes. Selon moi, ils étaient capables d'exercer une activité rémunératrice à condition de prendre conscience de leur potentiel, et c'est ainsi que nous avons imaginé à l'hôpital un programme que nous sommes allés présenter dans les villages. Ce n'était rien d'extraordinaire, nous expliquions simplement à la population comment être prévoyant, planifier son travail et gérer ses économies afin d'anticiper les aléas de la vie. Dans un premier temps, nous avons ciblé les femmes qui cultivaient le manioc en leur proposant de se mettre à épargner dès qu'elles se savaient enceintes. « Si chaque semaine vous mettez de côté une partie des bénéfices que vous réalisez sur la vente du manioc, vous aurez les moyens de venir chez nous, c'est nettement plus sûr qu'un accouchement à même le sol chez vous à la maison. »

Ces conseils de prévoyance furent ensuite diffusés auprès d'autres groupes et, un an plus tard, quatre-vingt-douze pour cent de nos patients purent régler eux-mêmes leur note d'hôpital. Un chiffre impressionnant.

Parallèlement à ces actions pédagogiques, nous passâmes au crible tous les postes de recettes et dépenses, et la politique du personnel fut réorganisée afin que tout le monde sache exactement quel était son rôle. Les chiffres de la comptabilité passèrent rapidement au vert, ce qui nous permit de purger les énormes dettes que l'hôpital avait contractées. Passé cet exercice, nous constatâmes, ravis, que nous avions largement les moyens d'aller de l'avant, de voir plus grand.

Deux grandes idées nous trottaient dans la tête : nous voulions créer un autre hôpital, plus petit, à Bukavu. Car Lemera attirait de plus en plus de patients de la ville, beaucoup accomplissaient jusqu'à des centaines de kilomètres pour des blessures et des maladies souvent mineures qui auraient pu être traitées sur place, plus rapidement. Une structure dans la capitale du Sud-Kivu accueillerait tous ces patients dans un premier temps et, si jamais l'intervention d'un spécialiste ou un traitement plus long se révélait nécessaire, ils pourraient alors être transférés chez nous. Persuadés du bien-fondé de ce projet, nous avons acquis un terrain dans la région de

Panzi, à quelque 8 kilomètres du centre de Bukavu, sans bien savoir si nous allions construire en dur ou si un établissement mobile plus simple suffirait. En attendant, nous disposions d'un emplacement et n'avions plus qu'à attendre le moment propice pour passer à l'acte.

Notre deuxième idée était la suivante : créer un service spécialisé pour les patients fortunés. À l'occasion d'un voyage d'études en Asie, j'avais observé comment les soins prodigués aux gens riches permettent aux hôpitaux de recréer un minimum de justice. Le concept est simple : offrir aux classes aisées un séjour confortable, avec notamment une douche et des toilettes privatives, et bien leur facturer ces extras. Ces différences ne se remarqueraient qu'au seul niveau de l'hébergement, les soins étant les mêmes pour tous. Je trouvais que ce concept conviendrait parfaitement à Lemera. Certains malades arrivaient à l'hôpital en Mercedes dernier modèle, et étaient bien équipés pour leur séjour chez nous, avec réfrigérateur et matelas personnels. Ces mêmes personnes n'avaient pas hésité, auparavant, à aller se faire soigner en Europe ou aux États-Unis et y débourser des milliers de dollars. Je trouvais toujours étrange de leur demander le même tarif que celui appliqué aux plus démunis.

J'avais suggéré de corriger cette aberration mais mon idée ne passait pas auprès des missionnaires, ils la trouvaient choquante car ils ne voulaient pas introduire une distinction entre patients. J'avais insisté, en rappelant que nous étions au Zaïre et non en Suède, que ces gens-là s'étaient enrichis d'une manière qui ne serait guère acceptée en Europe et que nous aurions là un moyen, peut-être le seul, de le leur « faire payer ».

Nous finîmes par nous mettre d'accord mais le temps pour concrétiser ce projet nous manqua ; car les travaux avaient à peine commencé que la guerre éclata, avec les effets désastreux que l'on sait pour l'hôpital.

Cela dit, j'ai apporté ce concept avec moi à Panzi et il fonctionne à merveille. Les patients qui optent pour une chambre individuelle, confortable, paient vingt-cinq fois plus cher que ceux qui choisissent le séjour ordinaire. Cette tarification différenciée permet de couvrir une grande partie des salaires du personnel. Cette façon de prendre aux riches pour donner aux pauvres est tout à fait légitime et, finalement, tout le monde est content.

La situation était étrange et virait même au tragique. Je courus en me baissant pour éviter les grosses pierres lancées dans ma direction. Depuis deux ans, j'occupais le poste de médecin-chef de l'hôpital de Lemera et voilà qu'on m'en chassait à présent avec une brutalité inouïe.

Je fus entouré d'une foule en furie ; il pleuvait des cris et des pierres. La haine était palpable. J'avais essayé de ramener les gens à la raison, en vain. Impossible de rester…

Deux voitures et un camion s'apprêtaient à nous emmener, une partie du personnel et moi, à Bukavu. Avec mon épouse, nous nous précipitâmes dans un des véhicules et, en un rien de temps, la benne du camion fut pleine à craquer. Je vis à travers les vitres de la voiture la foule se précipiter sur nous, les uns brandissant des lances ou des bâtons, les autres le poing levé ; elle hurlait qu'elle ne voulait plus jamais nous voir.

Qu'est-ce qu'on nous reprochait ? Avions-nous détourné l'argent de l'hôpital ? Les soins n'étaient-ils pas à la hauteur ? Non, rien de tout cela. Nous avions pour seul tort de ne pas appartenir à la tribu locale, les Bafulirus. Victimes d'un tribalisme exalté, nous étions accusés de prendre le travail des gens de la région.

Ce climat détestable s'était installé petit à petit. Tout avait commencé avec le retour d'un jeune gars qui avait quitté son pays pour suivre une formation; revenu sur ses terres, il diffusait des messages xénophobes auprès des autres jeunes: ils ne devaient plus accepter que l'hôpital embauche des « étrangers ». Par la suite, l'atmosphère s'était fortement tendue et c'est le recrutement d'un nouvel ingénieur qui avait mis le feu aux poudres et provoqué notre départ précipité.

Nous avions un technicien suédois qui s'occupait entre autres de la supervision de la petite centrale électrique de l'hôpital. Étant donné qu'il retournait dans son pays, il avait fallu lui trouver un remplaçant. On m'avait proposé un ingénieur expérimenté, nommé Ngabo Asher, qui travaillait dans une usine de tabac à Bukavu. Je lui avais proposé de venir à Lemera pour un entretien. Comme il possédait clairement toutes les qualifications requises pour ce poste, je le lui avais offert.

— Je ne fume pas mais je sens terriblement le tabac, et mon épouse ne le supporte plus, m'avait avoué Ngabo. C'est bien volontiers que je viendrai travailler ici.

À peine entré en fonctions, il s'était rendu en voiture à la centrale qui se trouvait dans une vallée derrière l'hôpital. Sur le chemin du retour, le véhicule s'était tout à coup mis à zigzaguer, risquant à tout moment de quitter la route. Ngabo s'était arrêté pour vérifier et avait dû constater, effrayé, que les écrous des roues avant avaient été desserrés. Il les avait resserrés mais il y avait encore quelque chose qui clochait. À son arrivée à l'hôpital, nouvelle frayeur: l'une des roues s'était détachée, se retrouvant au bord de la route.

Il s'était avéré que presque toutes les vis du châssis avaient été desserrées. Le doute ne fut pas permis: quelqu'un avait saboté la voiture dans l'espoir de se débarrasser du nouveau venu. Grâce à Dieu, il nous était revenu sain et sauf ; avec cette route étroite et sinueuse, bordée de ravins, on aurait pu craindre le pire.

Ce tribalisme acharné ne trouvait pas seulement écho auprès des jeunes, les vieux aussi s'en étaient mêlés et, parmi les lanceurs de pierres, figuraient d'anciens fidèles de l'église de la station. Cette dernière aurait bien sûr dû s'opposer à ce vent de folie, mais elle ne le fit pas ; c'étaient ses ouailles qui réclamaient les emplois. Dans ces conditions, comment résister ? Ce n'est qu'avec le soutien de l'église que je pouvais envisager un retournement de situation…

La plupart des missionnaires de la station choisirent de partir avec nous, seul un couple marié décida de ne pas fuir. Ils habitaient à 20 mètres seulement de l'église et c'était dans la cour, devant chez eux, que le gros des manifestants s'était rassemblé. Avant de m'en aller, je fis une dernière chose : j'entrai chez ce couple et les suppliai de rester cloîtrés chez eux.

— Il ne faut pas que vous sortiez, c'est trop risqué.

Des menaces avaient été proférées et les plus fanatiques annonçaient la démolition de leur maison dans la minute suivant notre départ. Le passage de la parole aux actes était à mon avis plus que probable. La région avait déjà connu des épisodes tragiques dans des atmosphères tout aussi électriques. Mais peut-être pouvait-on éviter ce vandalisme si le couple restait à l'intérieur. Et on pouvait toujours espérer que les gardiens de la station – puisqu'ils restaient – s'interposeraient le cas échéant.

Nos véhicules démarrèrent, la foule courut derrière eux et se remit à lancer des pierres. « Maintenant, l'hôpital est à nous », scandaient les meneurs. Ils avaient déjà déclaré, non sans arrogance, qu'ils prendraient en charge la gestion de l'hôpital et qu'ils se partageraient les différents emplois. Mais avoir des principes est une chose, faire preuve de bon sens en est une autre ; peu d'entre eux avaient la formation nécessaire pour occuper les postes devenus vacants.

Le couple de missionnaires n'avait pas voulu suivre mes conseils. Nous étions à peine partis qu'ils sortirent pour aller inspecter les maisons abandonnées. La foule les regarda en grondant, mais sans plus. De retour devant leur maison, ils entamèrent une marche de protestation en quelque sorte, une ronde de la station missionnaire. Tour après tour, ils repassèrent chaque fois devant l'attroupement. C'était non seulement risqué mais aussi à bien des égards courageux. J'y vois un acte de loyauté envers ceux qui avaient dû s'en aller.

Après sept boucles, la foule se dissipa et la station retrouva son calme. Les deux Blancs ne se sentaient pas pour autant en sécurité, ils craignaient que les jusqu'au-boutistes mettent leur menace à exécution : démolir leur maison. Mais ceux-ci ne revinrent pas et le couple comprit plus tard qu'ils avaient changé de stratégie en cours d'après-midi. « Maintenant que nous allons prendre la relève, s'étaient-ils sans doute dit, ce serait bête de démolir une si jolie maison. Autant la garder intacte. »

⁂

C'était étrange de revenir à Bukavu affublé du statut de « personne déplacée ». Bien sûr, je me sentis mal à l'aise et toutes ces dégradations m'avaient beaucoup peiné. La direction de mon église, qui était le propriétaire légal de l'hôpital, m'accusa d'avoir failli à mon devoir en quittant Lemera. Mais qu'aurais-je pu faire d'autre ? Si nous étions restés, les conséquences auraient pu être terribles, j'en suis convaincu. J'avais décidé de partir quand j'avais senti que nous étions au bord d'une explosion de violence. Craignant un bain de sang, je n'avais plus guère le choix.

Mais, ce jour-là, nous n'étions pas les seuls fugitifs en ville. Nous étions en 1994, en plein mois de juillet. Au Rwanda, les massacres avaient enfin pu être stoppés ; le génocide avait duré plus de trois mois. Des réfugiés hutus, dont beaucoup avaient trempé dans les assassinats, débarquaient à présent à Bukavu, par vagues successives ; quelque dix mille personnes traversaient chaque heure la frontière du Rwanda en passant par le petit pont sur la Ruzizi. Comme si tout un pays se déversait chez nous… Les uns venaient à pied, chargés de tout ce qu'ils possédaient, d'autres s'étaient entassés avec leurs ballots sur une remorque de tracteur qui les tirait sur le pont étroit, d'autres enfin arrivaient dans des voitures volées à l'État ; ces dernières, transportant plus de passagers qu'elles ne pouvaient en supporter, avec leurs matelas et plein de bagages sur le toit, faisaient penser à un immense déménagement.

Ces réfugiés n'avaient pour la plupart nulle part où aller ; tout espace inoccupé faisait dès lors l'affaire. En quelques jours seulement, la population de la ville doubla et il se créa une communauté dans la communauté. Les trottoirs furent encombrés, et comme cette masse humaine manquait de nourriture et d'eau potable, que les mesures sanitaires étaient par ailleurs inexistantes, une explosion de choléra et de dysenterie menaçait de paralyser la ville à tout moment.

Avec Madeleine, je m'étais réfugié chez mes parents à Kadutu, le seul endroit qui s'offrait à nous en attendant un apaisement de la situation dans les montagnes. L'hôpital fonctionnerait tant bien que mal avec le personnel qui y était resté, mais je ne pouvais guère compter sur la radio pour avoir des informations précises ; on n'y parlait que du conflit. Il arriva toutefois que des gens de la région me critiquent à l'antenne. Je pouvais vivre avec ces reproches, c'était surtout la renommée de l'hôpital qui me préoccupait.

Pour un hôpital d'Afrique centrale, nous étions particulièrement bien équipés et avancés ; nos patients venaient parfois du fin fond du Zaïre et même des pays limitrophes. En attendant, la donne avait changé. Nul besoin d'être originaire de la région pour comprendre les raisons de ces troubles. Mais qui aurait eu envie d'aller se faire soigner dans un endroit où la population locale avait chassé les médecins et risquait à tout moment de provoquer un nouveau chaos ?

Ces événements n'étaient malheureusement pas un phénomène isolé ; de nombreux Congolais se réfugiaient dans un régionalisme ou un tribalisme qu'ils considéraient comme protecteurs. Dans ce climat délétère qui touchait plus particulièrement le sud du Katanga, tous ceux qui n'étaient pas de souche risquaient d'être chassés de la région.

La profonde crise financière et l'impasse politique qui caractérisaient le Zaïre de l'époque étaient à l'origine de cette situation. Pendant de longues années, Mobutu avait eu la maîtrise de tout. À présent, il ne contrôlait plus rien, et il n'était plus que l'ombre de lui-même. La pression nationale et les exigences de la communauté internationale l'avaient obligé à faire des concessions ; un système de multipartisme avait été mis en place et le Parlement avait voté une nouvelle Constitution limitant drastiquement son pouvoir. Le président avait rejeté ces nouvelles règles et nommé un gouvernement composé de fidèles, ce qui avait pratiquement privé le pays de direction.

L'inflation s'envolait et, dans ces circonstances, la gestion de notre activité était devenue de plus en plus compliquée. J'encourageais continuellement mes collaborateurs à ne pas reporter les achats de tout ce dont nous avions besoin car, du jour au lendemain, l'argent pouvait perdre beaucoup de sa valeur.

Au fur et à mesure que le pays s'enfonçait dans la crise, les communautés commencèrent à se refermer sur elles-mêmes selon une ligne de fracture ethnique. Ceux qui « n'appartenaient pas » au groupe n'étaient plus les bienvenus, même s'ils habitaient ou travaillaient dans la région depuis des lustres.

À Lemera, une seule personne était à même d'intervenir et de sauver l'hôpital : Sven-Erik Grön, l'ancien chef de la Mission suédoise au Zaïre.

Même si la gestion quotidienne était de mon ressort, la responsabilité générale restait entre les mains des Suédois. Grön me fit venir à Lemera avec quelques-uns de mes collègues, pour nous expliquer sa position et celle de la Mission. Il avait convoqué une grande réunion à laquelle furent aussi conviés la population, les dirigeants de l'église, le chef de la région et, enfin, des représentants des villages environnants. Dans un discours passionné, Grön les mit en garde : le tribalisme ne pouvait en aucune façon être toléré, ni à l'église ni à l'hôpital.

« C'est quelque chose que nous Suédois n'accepterons jamais, lança-t-il d'emblée. Si le docteur Mukwege et ses collègues ne peuvent plus travailler sans être exposés à des menaces ou à la violence, nous fermerons l'hôpital. Je m'en chargerai moi-même, s'il le faut. »

Cette réunion détendit quelque peu l'atmosphère – pas suffisamment toutefois pour nous rendre confiance et nous inciter à reprendre le chemin du travail. Cela faisait un mois que nous avions été écartés et la population locale se rendit compte que l'hôpital tournait au ralenti. Cela commençait à bien faire... Tout le monde comprit que les locaux n'étaient pas capables de prendre la relève et, devant la menace de fermeture de l'hôpital, l'église envoya une délégation à Bukavu pour me rencontrer.

Très gênés, ces émissaires me demandèrent pardon. Pardon pour leur conduite et celle des jeunes. Rongés par le remords, ils admirent s'être conduits d'une manière ignoble, un comportement indigne d'un chrétien, et me supplièrent, mes collègues et moi, de revenir.

« Ce qui s'est passé ne se reproduira plus », m'assurèrent-ils.

Nous sommes retournés là-bas par vagues et je fus parmi les derniers à reprendre ma place. Mais rien ne serait plus jamais comme avant. L'atmosphère était plombée ; dans ces conditions, comment garder le moral ? Je pouvais heureusement compter sur le soutien des missionnaires ; sans eux, je ne sais pas si j'aurais eu la force de rester.

⁂

L'histoire de la Mission pentecôtiste suédoise dans l'est du Congo prend racine au début des années 1920. Pour les envoyés de la première heure, les conditions étaient rudes : chaleur suffocante dans les plaines, terrains inaccessibles, maladies infectieuses, scepticisme voire hostilité des autochtones, obstacles administratifs imposés par le colonisateur belge… Mais ils finirent par s'adapter et se faire accepter, et il y eut de plus en plus de stations et d'arrivages de nouveaux missionnaires, dont un certain Oscar Lagerström, débarqué en 1934. Son chemin croisa celui du jeune évangéliste Matteo Mukwege, mon père. Ils devinrent amis et se rendirent de temps à autre à Bukavu pour célébrer l'office ou visiter les hôpitaux, les casernes et les prisons.

Un peu plus tard, vers le milieu des années 1940, on comptait déjà un nombre appréciable d'églises locales, la première ayant été fondée à Lemera. Ce mouvement portait le nom de Communauté des églises de Pentecôte en Afrique centrale (Cepac). Après l'Indépendance, la Mission céda les églises de même que tous leurs biens à ses antennes locales. Mais jamais il n'avait été question que les missionnaires s'en aillent ; tout le monde s'accordait pour dire que leur présence restait nécessaire.

À partir des années 1990 toutefois, ils se faisaient de plus en plus rares, et ceux qu'on croise à présent ne restent qu'un temps limité, leur séjour étant lié à des projets spécifiques. Je pense sincèrement que le départ des missionnaires s'est déroulé de manière trop rapide. N'oublions pas que le Congo est un pays pauvre qui a besoin de connaissances et d'expériences extérieures.

Quoi qu'il en soit, les Scandinaves ont laissé des traces dans notre région, c'est incontestable. Aujourd'hui, la Cepac compte presque un million de membres et plus de 700 églises locales, elle soutient des projets sociaux et comble les carences de l'État, voire son absence. Le mouvement gère ainsi 1 400 écoles, 5 hôpitaux dont celui de Panzi, qui est le plus important, 15 cliniques, 288 dispensaires et une pharmacie.

Je suis né dans cette mouvance, qui occupe une place essentielle dans ma vie et qui a été mon employeur pendant toutes ces années. On me connaît comme médecin-chef de l'hôpital de Panzi, que j'ai d'ailleurs fondé, mais je suis aussi président du département médical de l'Église, responsable de toutes les structures thérapeutiques et sanitaires, et pasteur dans une petite église à Bukavu qui compte quelque 700 âmes.

L'action de la Cepac et ce que je fais moi-même, tout cela est finalement lié à l'arrivée des premiers missionnaires il y a bientôt cent ans. En y pensant, j'éprouve un certain vertige et je me rappelle alors les commentaires de ma mère, qui m'avait accompagné à Stockholm pour y recevoir le prix Olof-Palme. Après avoir côtoyé des missionnaires presque toute sa vie, elle découvrait enfin le pays dont ils étaient originaires. À presque quatre-vingts ans, au plus fort de l'hiver nordique, emmitouflée comme jamais elle ne l'avait été, elle se disait impressionnée par le voyage qu'avaient enduré les premiers missionnaires. En ces temps-là, on ne pouvait rejoindre l'Afrique que par bateau et cette traversée pouvait durer des mois. Les idées se bousculaient dans sa tête car, outre la distance géographique, il y avait aussi un contraste culturel saisissant. Tout ce que les missionnaires avaient trouvé au Congo leur était étranger et, réciproquement, tout ce qu'ils représentaient était étrange pour les Congolais.

« Ils auraient pu rester ici et mener une vie bien ordonnée et aisée, dit-elle, mais ils ont délaissé leur confort douillet pour s'engager auprès des autres et ce, dans un milieu dont ils ignoraient à peu près tout. C'était formidable et tellement désintéressé. »

J'aimerais pouvoir dire que les causes profondes de ce qui s'est passé à Lemera, le régionalisme et le tribalisme, sont en train de disparaître… Hélas, il n'en est rien, ce phénomène continue de peser sur notre société et l'empêche de progresser. Je le compare volontiers à un poison qui se répand dans toute une communauté pour finalement la paralyser.

Même les églises qui font partie de ces collectivités n'échappent pas à cette logique de division. Le tribalisme s'y est infiltré et certaines paroisses ne s'adressent désormais plus qu'aux membres d'une même ethnie. C'est extrêmement regrettable puisque la maison de Dieu se doit d'être ouverte à tous.

Pour moi, le tribalisme est un signe de faiblesse qu'on détecte chez ceux qui n'ont pas de vision et se méfient de tout changement. Il y a beaucoup à redire sur le régime de Mobutu et toutes ses années au pouvoir. Qu'il ait causé beaucoup de tort à son pays, c'est une évidence. Mais j'essaye toujours de voir les deux côtés de la médaille et sur un point essentiel, Mobutu menait le pays dans la bonne direction.

Je me rappelle que pendant mon enfance, au lendemain de l'Indépendance, j'eus un premier rendez-vous avec la violence. À cette époque, les gens se définissaient en fonction de leur appartenance ethnique, et c'était sur la base de ce critère que beaucoup choisissaient leur camp.

Le président a changé cet état de choses. Adepte d'une centralisation du pouvoir, il a créé une grande administration qui recrutait essentiellement selon les capacités. Les fonctionnaires étaient ainsi envoyés un peu partout dans le pays, nombre d'entre eux se mariaient sans se soucier des frontières tribales et le sentiment national congolais supplanta les identités locales. Dans ce Congo qui compte plus de 400 ethnies, grâce aux mouvements de population, le risque de conflits régionaux s'était sensiblement amenuisé.

Mais, après la désintégration du régime, la cohésion nationale s'effrita et, en un rien de temps, les vieux réflexes tribaux refirent surface. S'ensuivirent d'épouvantables massacres au Katanga, une province très riche en cuivre; le travail dans les mines y avait attiré d'innombrables Kasaïens, originaires de la province voisine. Installés depuis des générations, ces gens devinrent tout à coup indésirables et différentes vagues d'expulsion furent fatales à des milliers d'entre eux. Encore une page noire de l'histoire moderne de notre pays...

Je repense à ces événements chaque fois que j'entends parler de la division du Congo en plusieurs entités indépendantes. Cela conduirait à un bain de sang à l'échelle nationale, j'en suis convaincu. Nombre de nos tribus ne dépassent pas la taille critique pour être considérées comme des pièces utiles dans la construction d'un État; au contraire, elles seraient perçues comme des charges; presque tout le pays risquerait alors de sombrer dans une spirale de violence.

« Le Congo est trop grand pour être gouverné et développé », c'est l'argument le plus fréquemment avancé par les partisans d'une balkanisation du pays.

Mais il est facile de les contredire puisqu'il existe de nombreuses nations qui sont justement fortes parce que pourvues d'un vaste espace et où la diversité et les différences ethniques contribuent à façonner un projet. Regardez par exemple les États-Unis, un pays bien plus vaste que le Congo, ou la Chine, le Brésil et l'Inde.

D'aucuns estiment que les Congolais seraient incapables de mettre de l'ordre chez eux. C'est un point de vue irrespectueux voire insultant. Je suis certain qu'ils pourraient soulever des montagnes si seulement ils y croyaient et considéraient cela comme un défi à relever. Car mes concitoyens doivent avoir le sentiment que des changements sont envisageables. Avec un projet bien dessiné, le Congo pourrait retrouver sa dignité, devenir une nation où la grandeur et la diversité ethnique et culturelle seraient des atouts, et non plus des obstacles. Si l'on me confiait les rênes du pouvoir, l'une de mes premières mesures consisterait à envoyer les gens loin de chez eux : ceux du Sud iraient au Nord, ceux du Nord prendraient la route vers l'Ouest, et ainsi de suite. Je mélangerais les populations autant que possible, afin de combattre ainsi le tribalisme. Et je créerais en même temps les conditions d'une dynamique qui peut surgir quand des personnes d'horizons divers vivent ensemble.

Dans ce même ordre d'idées, il faudrait stimuler l'esprit d'entreprise et changer les mentalités. Aujourd'hui, un entrepreneur est jugé à l'aune des bénéfices qu'il réalise. Comme si le développement ne se mesurait qu'en termes d'argent. À mes yeux, le succès devrait être défini autrement, du moins si l'on se veut acteur de progrès. Ce ne sont pas tant les bénéfices de l'entreprise qui importent, mais le nombre d'emplois créés, ce qui permet de participer à l'avancement de la société. L'argent n'a de la valeur que s'il favorise le développement, surtout dans un pays où l'initiative privée et l'entreprenariat peuvent contribuer à un changement radical de la situation.

Des patrons bâtisseurs qui ont le sens du bien commun, voilà ce dont le Congo a besoin. C'est l'une des conditions pour que le pays se relève et devienne une nation dont nous pourrions être fiers. Nous sommes nombreux à espérer voir ce rêve se concrétiser.

Des changements s'imposent aussi dans d'autres domaines ; je pense à certaines traditions que je considère comme un phénomène proche du tribalisme. Dans mon travail aux côtés des victimes de violences sexuelles, je suis perpétuellement confronté à la question du machisme. Il règne ici une culture dominée par les hommes, la femme est « écrasée », confinée dans des rôles subalternes. Les Congolais, dont de nombreux chrétiens, sont persuadés que le viol rend impur et cause des troubles, ce qui explique que les femmes « souillées » sont souvent exclues du cercle familial, de la communauté de l'église ou sont obligées de demander pardon devant l'assemblée.

J'essaye de combattre ces comportements rétrogrades chaque fois que l'occasion m'en est offerte en expliquant que la vague de viols qui a frappé notre région n'a rien à voir avec des envies sexuelles ; chez la plupart des auteurs de tels actes, les motivations sont tout autres.

« Ce n'est pas une question de rapports sexuels et de plaisir, mais de pratiques bestiales, leur dis-je souvent. Ces tortionnaires pensent ainsi pouvoir s'emparer du pouvoir et faire main basse sur les richesses du sous-sol ; d'autres le font par vengeance, parce que l'armée ne leur verse pas leur solde et les laisse croupir dans la misère. »

Si l'on parvient à faire passer ce message auprès des responsables de l'Église, bien des choses pourront changer. Et j'ai l'impression que ça bouge, que beaucoup d'églises commencent à se préoccuper du sort des femmes, en tout cas plus qu'avant.

Mais cela reste insuffisant, le changement doit être plus profond, plus radical. Pourquoi les femmes n'auraient-elles pas le droit d'occuper une place à part entière dans la société ? Certaines églises locales accordent beaucoup d'importance aux apparences extérieures, à la manière dont les fidèles s'habillent quand ils viennent au culte. Des femmes maquillées, ornées de bijoux ou qui portent des pantalons sont difficilement acceptées, leur conduite est considérée comme un péché.

Et, pour se justifier, ces pasteurs se réfèrent aux premiers missionnaires. Ils semblent oublier que l'interprétation de la Bible et les valeurs morales des Suédois reflètent une Église et une société d'une autre époque.

« Nous gérons seulement un héritage », se défendent-ils.

Personnellement, je suis convaincu que leur raisonnement ne tient pas la route. La foi chrétienne n'a rien à voir avec ces signes extérieurs et il ne me viendrait jamais à l'esprit d'exclure une personne de mon assemblée parce qu'elle a mis du rouge à lèvres ou porte des boucles d'oreilles. Dieu n'a que faire de ces futilités, c'est notre relation avec Lui qui compte. Cette question me tient beaucoup à cœur, et ce n'est pas un hasard si j'invite tous les membres de mon assemblée à faire preuve d'ouverture d'esprit et à se montrer accueillants. La Cepac compte soixante paroisses à Bukavu et dans les environs, et il existe une grande diversité d'attitudes et de systèmes de valeurs. Je ne représente pas le point de vue majoritaire et, pour faire accepter mes idées, j'ai parfois l'impression de devoir vraiment batailler. Mais c'est ma position, je ne pourrais pas en avoir une autre, car il s'agit ici de la place de la femme dans notre société et cette place doit être changée, améliorée ; les Églises ne peuvent pas rester à l'écart de ce processus. Trop de pasteurs montrent un intérêt limité pour ce qui se passe dans le monde, or ce n'est pas compliqué de s'informer. Peut-être auraient-ils alors un autre regard sur leur environnement ? Mais j'ai l'impression que certains hommes d'Église ferment les yeux, ils préfèrent s'accrocher à leur confort moral et ne pas se compliquer la vie. C'est sans doute trop leur demander que de rompre avec les traditions et de prendre position…

Chaque semaine, je reçois au moins soixante-dix patientes, des femmes surtout, puisque je suis gynécologue. Elles viennent évidemment consulter le médecin mais il arrive souvent que nous débordions sur d'autres sujets, comme les valeurs morales ou la foi ; toutes savent que je suis aussi pasteur. Car telle est notre culture, chez nous le corps et l'esprit sont intimement liés, il est donc normal que je m'intéresse aussi aux aspects immatériels. Je n'ai pas suivi une formation en théologie mais je ne crois pas qu'on ait besoin d'un diplôme pour comprendre Dieu. C'est avec le cœur qu'on entre en communion avec Lui, et non avec le cerveau, et le jour où il faudra faire des études pour être pasteur, je n'exercerai plus. Est-ce que ce sera la fin de mes prêches ? Non, je continuerai ailleurs, peut-être dans la rue ou sur les places publiques… Je ne peux m'en passer puisque ma foi et ma compréhension de l'Évangile constituent une part essentielle de mon identité. Tout ce que j'entreprends en découle, c'est une vocation. À vrai dire, je n'ai pas le choix.

Le train démarra en douceur de la gare centrale de Stockholm. Il était 12 h 10, ce 5 juillet 2012, c'était un jeudi. Avec Madeleine, j'étais en route pour Göteborg où nous comptions passer une semaine de vacances.

Arrivés quelques jours plus tôt à Gotland, la plus vaste des îles de la Suède, nous avions participé à un grand rassemblement. Une semaine de débats et de séminaires réunissant partis politiques, lobbyistes et toute une série d'organisations.

Par la suite, nous étions allés à Stockholm pour y passer la nuit dans un hôtel. Nous avions dormi comme des loirs. Le lendemain matin, nous étions ainsi bien reposés et fin prêts pour prendre le train en direction de la côte ouest ; un séjour de détente nous y attendait. Nous allions habiter sur une île et ne rien faire d'autre que profiter de l'été suédois.

Dans notre wagon se trouvaient deux autres Congolais que nous avions croisés sur le quai. Ils s'étaient approchés de nous pour nous saluer et je leur avais demandé si nous nous connaissions.

— Non, mais nous vous avons reconnu, dirent-ils. Si on est congolais, on sait qui vous êtes.

Ils nous aidèrent à ranger nos sacs et nos valises sur le porte-bagages au-dessus de nos sièges. Ils avaient leurs places à l'avant du wagon, tandis que nous étions à l'arrière. Ils me donnaient l'impression d'habiter en Suède.

En route depuis dix minutes à peine, je sentis mes paupières se fermer. Après une bonne nuit de sommeil, je trouvai cela curieux. Madeleine, elle aussi, lutta pour rester éveillée. Finalement, nous avons dû nous assoupir.

Après une demi-heure de somnolence, je me réveillai en sursaut. Dans un état de semi-éveil, je notai que nous quittions une gare. Le train s'était arrêté pour laisser sortir et entrer des passagers. Je me frottai les yeux et me redressai sur le siège, alors que mon épouse dormait toujours. Je décidai de m'emparer de mon ordinateur pour lire quelques courriels que je n'avais pas eu le temps de consulter et je levai les bras pour prendre mon sac. Mais il n'y était plus. Pensant m'être trompé de place, je regardai sur le porte-bagages en face, il n'y était pas non plus…

Aussitôt mes idées se remirent en place, je compris ce qui s'était passé, et fus pris de panique. Madeleine s'étant réveillée entre-temps, je lui décrivis notre mésaventure. À part l'ordinateur, il y avait aussi plusieurs clés USB servant à sauvegarder des documents importants que j'utilisais lors de mes exposés de sensibilisation. Et dire que j'avais emporté certaines de ces preuves, les estimant davantage en sécurité avec moi que laissées au Congo…

Dans mon sac se trouvait enfin mon passeport. Selon toute vraisemblance, le vol avait eu lieu quand le train s'était arrêté, pendant que nous somnolions. J'imagine que quelqu'un s'en était promptement emparé avant de s'éclipser.

Arrivés à Göteborg, je demandai conseil à mes deux compatriotes qui avaient voyagé dans le même wagon. Que faire pour le passeport ? Ils me certifièrent que je pourrais me procurer des pièces d'identité provisoires avant notre départ. Ils connaissaient l'ambassadeur du Congo à Stockholm et me communiquèrent son numéro de téléphone.

Vint ensuite le temps des questions. Pourquoi ce vol ? Qui était à la manœuvre ? Une petite frappe qui avait besoin d'argent et qui comptait revendre son butin ? Ou était-ce un acte politique ? Quelqu'un qui se doutait que ce portable renfermait des informations sensibles ?

Je déposai une plainte à la police mais ne me faisais guère d'illusions : les chances de récupérer mon ordinateur étaient minces. Au-delà des considérations matérielles, c'était comme si, dans la gare de cette petite ville suédoise si calme, quelqu'un avait dérobé une part de moi.

Hasard du calendrier, cet événement coïncidait avec des nouvelles inquiétantes en provenance du Congo. Un groupe rebelle nouvellement créé, le M23, venait de déclencher une offensive sur Goma, capitale du Nord-Kivu et, si les choses tournaient mal, l'est du pays s'enfoncerait de nouveau dans la guerre. Goma est à moins de 200 kilomètres par route de Bukavu, les deux villes se trouvant chacune aux deux extrémités du lac Kivu. S'il était dans l'intention des insurgés de continuer vers le sud, ils seraient chez nous en l'espace de deux ou trois jours. Ce ne serait pas une première puisque d'autres groupes rebelles nous avaient attaqués par le passé. Que faire ? Prolonger notre séjour en Suède et nous lamenter sur la perte de l'ordinateur ? Mais, comme nos plus jeunes filles étaient restées à Bukavu, nous étions inquiets et pas d'humeur à rester en Europe.

J'avais toujours pensé que notre famille devait rester unie en dépit des troubles dans notre région. Trois de nos enfants avaient certes déjà quitté le toit paternel et résidaient à l'étranger, non pour des raisons de sécurité d'ailleurs, c'étaient l'amour et les aléas de la vie qui en avaient décidé ainsi. Mais, maintenant, je me posais des questions, peut-être qu'il était temps que nos plus jeunes filles quittent la région, elles aussi…

L'espoir d'un retour à la paix avait été anéanti à plusieurs reprises et, avec l'entrée en action de ce M23, la situation redevenait plus explosive que jamais. Et si j'étais à des milliers de kilomètres de chez moi, le vol de mon ordinateur, dont le mobile restait une énigme, et les rapports venant de Goma me donnaient l'impression que les distances s'étaient rapetissées.

La douce brise du bel archipel nordique ne put rien y changer.

Je me demande parfois si ma longue fréquentation des Scandinaves n'a pas déteint sur moi. Je me considère en premier lieu comme Congolais et Africain, mais le contact avec les Suédois et les Norvégiens a bien évidemment influencé ma façon de penser et ma vision du monde – le contraire aurait d'ailleurs été étonnant.

※

La première fois que je mis les pieds en Suède, avec ma famille, ce fut durant l'été 1983. Nous habitions alors en France. Pendant cette visite pour le moins spéciale, je pus enfin découvrir de mes propres yeux ce pays dont j'avais tant entendu parler depuis mon enfance; nous y rencontrâmes des personnes que nous avions côtoyées au Congo.

Depuis lors, j'y suis souvent retourné et j'ai pu percer certaines énigmes. Quand j'étais jeune, pendant les années 1970, deux noms suédois brillaient au firmament: Björn Borg et Abba. J'adorais la musique du groupe et le tennisman m'impressionnait; j'ai suivi plusieurs de ses matchs à la télé, chez moi. Leurs succès me rendaient fier, certainement à cause de mes contacts avec leurs compatriotes, mais je ne comprenais pas la réaction des Suédois eux-mêmes. Le fait que les disques d'Abba soient joués aux quatre coins de la planète et que Borg écrase tous ses adversaires n'avait pas l'air de les impressionner; aucun signe de satisfaction! À leur manière et sans faire de vagues, ils lâchaient tout au plus que c'était « bien ». Comment se construit une identité nationale? Difficile à dire mais, à propos des Suédois, on m'a souvent raconté que c'est le froid et l'obscurité des longs mois d'hiver qui expliqueraient peut-être leur nature et le fait qu'ils n'expriment pas leurs émotions.

Je suis maintenant docteur *honoris causa* de l'université d'Umeå, une ville typiquement suédoise, avec des hivers à n'en plus finir: des amas de neige impressionnants durant des mois, des températures de 25 degrés au-dessous de zéro, la nuit qui tombe à 2 heures de l'après-midi... Celui qui s'y est frotté comprend mieux le tempérament de ces gens.

Mais il est donné à très peu de Congolais de faire cette expérience, ce qui conduit inévitablement à des situations où l'incompréhension semble totale. Je me rappelle un séjour en Suède, il y a quelques années. J'étais accompagné par Estelle, l'une de mes collaboratrices à l'hôpital. Nous allions prendre le métro à Stockholm et il fallait attendre quelques minutes sur le quai. Estelle s'est alors assise sur un banc. Il y en avait plusieurs de libres mais elle en a choisi un, le seul, qui était déjà occupé par quelqu'un.

— Hello! a-t-elle lancé en souriant.

La réaction ne s'est pas fait attendre; la personne a fixé Estelle d'un air méfiant, puis s'est levée pour aller s'asseoir un peu plus loin, sur un banc libre. Ma collègue, se sentant presque offensée, n'y a rien compris. Je dus lui expliquer que c'était comme ça, en Suède, que les gens s'accrochaient à leur territoire : s'il y avait un banc de libre, il valait mieux le prendre. Sinon, votre geste pouvait être pris pour une avance, comme si vous aviez une idée derrière la tête.

Chez nous, au Congo, c'est tout à fait l'inverse. Si, dans un endroit public, on choisit un banc où il n'y a personne quand on peut s'asseoir à côté de quelqu'un, cela est presque considéré comme une insulte. Pour nous Africains, le contact et la conversation rythment la vie sociale ; rechercher la solitude, c'est exceptionnel, contrairement au nord de l'Europe…

※

Dernièrement, les comptes de l'hôpital de Panzi ont été passés au peigne fin ; j'ai franchement vécu cet épisode comme une vexation. L'un de nos bailleurs de fonds, l'ASDI, agence de développement du gouvernement suédois, avait « gelé » tous les paiements à la Cepac, toujours propriétaire, à la suite de rumeurs signalant des irrégularités.

Ici, à Bukavu, les rumeurs vont vite ; il se murmurait que je m'étais rempli les poches. L'argent dont il était question, je l'avais reçu grâce aux prix qui m'avaient été attribués et il s'agissait aussi des fonds octroyés par diverses organisations ; cette petite fortune servait à financer des projets spécifiques à l'hôpital. Mais, selon les bruits qui circulaient, je pouvais maintenant m'acheter de superbes voitures et vivre dans le luxe. Ceux qui répandaient de tels ragots ne me connaissaient pas. Car je peux affirmer en toute honnêteté que mes besoins matériels sont limités ; comme je le dis souvent, on ne peut pas manger plus de deux fois par jour.

Ici au Congo, la lecture est un calvaire pour nombre de citoyens ; la tradition orale prévaut, même chez ceux qui ont appris à lire. Donc peu importent les écrits, c'est la parole qui compte.

La première récompense qui m'a été attribuée fut le prix de l'Onu pour les droits de l'homme. À Bukavu courait alors le bruit que j'avais reçu cinq millions de dollars. Or c'est une simple distinction sans argent à la clé, un simple honneur.

« Celui qui gère une organisation comme celle de Panzi ne peut pas être pauvre, il doit posséder des capitaux équivalant à cinq hôpitaux », a un jour insinué quelqu'un d'autre.

Dans mon esprit, il n'y a jamais eu de doute quant à la destination de l'argent accompagnant tous ces prix reçus : il entre dans le budget de l'hôpital et sert à soulager les souffrances. L'idée que cet argent puisse me revenir ne m'a même pas effleuré, alors que les besoins de l'institution sont criants. Notre équipement, la plus grande partie du moins, n'était pas neuf quand nous l'avons reçu, et il commence à dater puisque nous avons commencé notre activité il y a un certain temps déjà ; il faut dès lors le renouveler, voire le compléter. À cela s'ajoute le fait qu'à l'époque de ces rumeurs nous construisions un nouveau service de radiologie et que nous venions d'acquérir un scanner ultramoderne pour l'hôpital ; rien de tout cela n'aurait été possible sans les prix qu'on m'a octroyés.

La construction de l'hôpital remonte aux années 1999-2002 ; nous étions alors en pleine guerre. Notre projet suscitait bien des questionnements dans notre entourage puisqu'on se battait autour de nous. « Ils doivent être complètement fous ! » C'était peut-être justement une bonne raison pour aller de l'avant. À tous ceux qui considéraient notre plan comme désespéré, nous avons voulu prouver le contraire. Dans la vie, la foi, ou du moins l'espérance, permet de soulever des montagnes…

La question de la nécessité d'un hôpital ne se posait pas, mais notre action devait aussi être comprise comme un signe d'espoir. Si la population nous voyait poser la première pierre, elle en déduirait peut-être que nous avions des informations privilégiées, et sans doute que la paix reviendrait bientôt.

« Le docteur Mukwege a tant de contacts, il sait ce qu'il fait, il ne se lancerait pas dans la construction s'il pensait que la guerre allait s'éterniser. »

Or nous étions dans le flou le plus total, comme tous les autres. À quand le retour de la paix ? Personne ne pouvait le prédire. Et pourtant, en ces moments extrêmement tendus, il fallait laisser les gens se bercer d'illusions, car un homme sans espoir risque de retourner à l'état sauvage…

Pendant les travaux, nous continuions de prodiguer des soins. Avec le crépitement des armes en bruit de fond, nous savions que la guerre était à nos portes. Parfois, des soldats débarquaient chez nous pour arracher une patiente de son lit et l'emmener vers une destination inconnue. Celle-là, nous ne la reverrions plus jamais.

Le budget de construction avoisinait 1,4 million de dollars. La Suède, par le biais de son agence de coopération pour le développement (ASDI), avait contribué pour un million ; le complément provenait de l'ONG Läkarmissionen. Conscient que les soupçons de corruption et d'irrégularités représentaient une menace aussi grande que la guerre, tous les soirs, pendant ces mois de construction, je comptais les sacs de ciment ; je vérifiais combien avaient été utilisés pendant la journée. Je voulais savoir si cela correspondait au nombre de sacs restants. Je peux affirmer que nous n'en avons perdu aucun au cours de cette période et je n'en suis pas peu fier.

Toujours est-il que ce bruit courait : il y aurait eu des irrégularités à Panzi. L'agence suédoise de développement, mise au courant, envoya des experts à Bukavu pour contrôler la comptabilité de l'hôpital. Ils se montrèrent très pointilleux. Ce fut ensuite le tour de cabinets belges et anglais et, en un an, nous fûmes soumis à huit vérifications différentes. Personne ne put trouver la moindre irrégularité et, bientôt, les paiements depuis la Suède reprirent.

Peu de temps après, ces mêmes experts-comptables de Stockholm reprirent contact pour nous annoncer qu'ils avaient organisé un événement sportif afin de collecter des fonds en faveur de l'hôpital. L'équivalent de 15 000 dollars avait ainsi pu être réuni.

Au-delà de l'effet de surprise, agréable, je ne pus m'empêcher d'y voir une forme d'excuse. Cet argent fut bien utilisé et nous permit d'opérer encore plus de fistules ; pour nombre de femmes, la vie reprit un sens.

Il y avait là le gouverneur, une chorale de l'église, quelques-uns de mes collaborateurs et moi. C'était le 27 juillet 1998, le jour où fut posée la première pierre de ce qui deviendrait un jour un hôpital, du moins l'espérions-nous.

Comme la menace d'une guerre se précisait, j'avais accéléré les choses, pour que la cérémonie puisse avoir lieu dans les plus brefs délais. J'avais supplié le gouverneur :

— Ce sera demain. Nous ne pouvons attendre un jour dc plus.

La présence de ce haut dignitaire s'imposait : non seulement elle conférerait une légitimité à la cérémonie, mais elle nous permettrait aussi d'avoir tous les documents signés ce jour-là.

Notre choix pour l'hôpital s'était porté sur le district de Panzi, au sud de Bukavu. De plus en plus peuplée, cette partie de la ville souffrait d'un manque de services publics.

J'avais signalé la situation des femmes enceintes dans ce quartier car, en cas de complications – s'il fallait par exemple recourir à une césarienne –, elles devaient rejoindre l'hôpital général, qui se trouvait à l'autre bout de la ville, à quelque 10 kilomètres.

Outre la question de la distance, nombre d'obstacles se dressaient devant elles en raison des mesures de sécurité.

Il y avait des barrages à chaque coin de rue et des soldats qui empêchaient les gens de passer ; plus d'une fois, des femmes avaient succombé à une hémorragie à cause de ces contretemps.

J'étais consterné par ce qui se passait sous mes yeux, voilà pourquoi je tenais à établir une clinique mobile à cet endroit. Les femmes pourraient ainsi être aidées sur place. J'avais un peu plus tôt acheté un autre terrain dans ce même quartier, mais, comme il était situé sous une ligne à haute tension, tous les experts contactés m'avaient vivement déconseillé d'y construire. « Ce n'est pas un emplacement recommandé pour un hôpital », m'avaient-ils prévenu à l'unisson.

Je m'étais donc adressé aux autorités municipales, leur demandant un autre terrain. Heureux concours de circonstances, on nous avait fait savoir peu de temps après que mon employeur, la Cepac, venait d'acquérir des terres ayant appartenu à une famille de colons belges. Sur une parcelle se trouvaient deux maisons d'habitation rustiques pratiquement en ruines.

L'Unicef, l'organisation de l'Onu pour l'enfance, avait promis de nous fournir l'équipement nécessaire, un hôpital mobile sous tente qui viendrait d'Europe. Mais nous n'avions guère eu le temps d'en faire usage : il avait été volé dès son arrivée. Triste fin de projet…

Pour l'heure, alors que tous les signaux viraient au rouge et que la guerre était imminente, je voulais quand même faire pression sur le maire et le gouverneur pour qu'ils viennent poser solennellement la première pierre. Après avoir perdu l'hôpital mobile, il était hors de question de laisser aussi échapper ce terrain qui, tôt ou tard, nous serait utile, j'en étais convaincu. La construction d'un hôpital y était envisageable vu son emplacement et sa superficie. Le moment de la cérémonie était venu, le gouverneur fit un discours, les chants de la chorale firent vibrer l'assemblée avant la pose de la première pierre, le tout sous les regards curieux et attentifs des gens du quartier.

Je poussai un soupir de soulagement tout en serrant très fort les titres de propriété que je tenais à la main. Sept jours plus tard, la deuxième guerre congolaise éclatait et Bukavu était à nouveau sous les bombes.

Si le gouverneur n'avait pas joué le jeu, les militaires ou quelqu'un d'autre auraient sans doute réquisitionné le terrain, qui aurait été perdu à jamais.

La suite des événements ne fut que le chaînon d'une très longue histoire qui se passait au Rwanda et qui culmina avec le génocide de 1994. Les massacres avaient commencé dans la nuit du 6 au 7 avril ; dans le viseur des Hutus extrémistes se trouvaient tous les Tutsis, mais aussi les Hutus dits modérés.

Sur le plan humanitaire, la situation vira rapidement à la catastrophe. La Cepac n'hésita pas à collaborer avec son équivalent rwandais, la Celpa, fondée en son temps par des missionnaires norvégiens. Ensemble, nous avons organisé un camp pour les réfugiés tutsis, à 25 kilomètres au sud de Bukavu.

Chez nos voisins, la descente aux enfers dura trois mois avant que les rebelles tutsis ne s'emparent du pouvoir à Kigali ; et, à présent, c'était au tour des Hutus d'endosser le rôle de réfugiés. Ils déferlaient par centaines de milliers sur les terres zaïroises, amenant avec eux tout un pays : l'armée, l'administration, le régime et, dans les camps d'exilés le long de la frontière, les habitudes criminelles se poursuivirent. Nombre de ceux qui avaient trempé dans le génocide réussirent à y détourner une grande partie de l'aide humanitaire et à s'imposer par la terreur ; en même temps, ils préparaient leur revanche.

Voilà les racines de la catastrophe sans précédent qui finit par frapper l'est de mon pays. Lorsqu'au Rwanda les Tutsis comprirent ce qui se tramait dans les camps, ils commencèrent à opérer à l'intérieur même du Zaïre, avant de finalement passer à l'attaque. La guerre commença par le bain de sang à l'hôpital de Lemera ; peu après, je fus obligé de quitter Bukavu dans le coffre arrière d'une voiture, comme je l'ai évoqué plus haut.

L'avion de la Mission nous transporta, ma famille et moi, au nord du pays. De là, je continuai jusqu'à Nairobi, au Kenya, pour participer à une conférence de presse sur cette nouvelle situation de crise. J'y suis revenu peu de temps après pour essayer de rédiger un rapport sur ces masses humaines qui fuyaient Bukavu ; elles s'efforçaient d'atteindre Kisangani, dans le Nord. Or, 700 kilomètres séparent les deux villes, et plus d'un demi-million de personnes en pleine débandade encombraient la route. Sans rien à manger, sans eau potable, dans le dénuement le plus total. Une situation terrifiante et, parmi cette foule en perdition qui essayait de se sauver, se trouvaient mes beaux-parents.

Où étaient-ils exactement ? Nous n'en avions aucune idée mais, quelque temps plus tard, je rencontrai des personnes qui les avaient croisés, ce qui nous rassura quelque peu. Au bout d'un mois, ils avaient fini par atteindre Kisangani ; toutefois, cette épreuve avait laissé des traces chez mon beau-père, tant sur le plan physique que psychique. Il passa un an à Nairobi pour y suivre différents traitements, mais sans jamais vraiment se remettre ; deux ans après ce pénible épisode, il nous quitta.

Au début, aucune aide d'urgence ne parvenait à ces personnes déplacées puisque les autorités zaïroises s'opposaient à toute intervention humanitaire, au prétexte que plus de la moitié de ces fuyards étaient des Hutus du Rwanda. À leurs yeux, s'ils voulaient être soutenus, ils n'avaient qu'à rentrer dans leur propre pays.

Moi, je voyais ce problème sous le seul angle humanitaire. Je pris un avion pour Kinshasa afin de faire changer d'avis les dirigeants de notre pays. Je rencontrai le ministre des Transports et le Premier ministre, pour leur faire remarquer que, parmi tous ces fugitifs, 250 000 étaient des Congolais. « Vous ne pouvez pas les ignorer ! » Ils acceptèrent de lever l'interdiction.

La Norvège envoya des avions cargos chargés de nourriture, tandis que l'Unicef distribua de l'eau. Je suppose que cette intervention d'urgence sauva de nombreuses vies. Mais combien sont arrivés à bon port ? On ne le saura jamais. L'armée des envahisseurs commandée par Laurent-Désiré Kabila avançait rapidement, et beaucoup de réfugiés furent massacrés.

Comme tous ceux qui travaillaient sur le terrain, le danger me guettait à chaque instant. À trois reprises, on avait tiré sur moi. Une fois, je faillis y laisser ma peau « par erreur » quand des soldats congolais prirent le Cessna dans lequel j'avais embarqué pour un avion ennemi. Les tirs ne cessèrent qu'au moment où le pilote effectua une manœuvre qui leur permit de voir notre identifiant.

Pendant toute cette période, nous habitions Nairobi. Ce n'est qu'après la chute de Mobutu et le retour de la « paix » que nous rentrâmes à Bukavu. Mais le calme fut de courte durée. Kabila avait pris le pouvoir et ses relations avec ses anciens alliés rwandais et ougandais tournèrent vite au vinaigre.

Une nouvelle guerre allait bientôt éclater, ce qui nous amena à reprendre le chemin de l'exil au Kenya. Là-bas, l'Aide d'urgence de l'Église norvégienne me proposa un poste de coordinateur médical à Bahr el-Gazal, dans le sud du Soudan, où une autre guerre faisait rage. J'allais être responsable d'une clinique mobile ; une offre que j'acceptai.

Mais, chaque fois que je m'apprêtais à rejoindre ma nouvelle destination, quelque chose venait entraver mon départ. Et une voix intérieure me disait : *Non, ta place n'est pas là-bas, tu dois rester ici !*

Les raisons qui m'empêchèrent de gagner le Soudan furent nombreuses. On m'avait réservé une place dans un avion, et voilà qu'un message annonçait l'annulation du vol. Une autre fois, je restai cloué au sol à cause d'intenses combats, ou pour autre chose.

Après quatre vols annulés, je commençai à me résigner, lorsque je reçus un coup de téléphone de Svein ; il était en route pour Bukavu. La Mission pentecôtiste l'avait chargé d'identifier les besoins d'aide en ville, et il me proposait de l'accompagner.

La situation dans l'est du Congo semblait inextricable. Quant à la région de Bukavu, elle était occupée par des troupes rwandaises. L'heure était grave – comment l'ignorer – mais je n'avais pas prévu ce qui m'attendait. Alors que j'allais repartir pour Nairobi, ma mission accomplie, on m'arrêta à la frontière ; je n'avais pas le droit de quitter le pays :

— Nous avons ordre de ne pas vous laisser passer, vous restez ici, me signifia un officier.

Prisonnier dans ma propre ville… Ce fut le début d'une période très difficile, qui allait s'éterniser deux ans. Je reçus des consignes précises quant aux endroits que je pouvais ou ne pouvais pas fréquenter, et un officier me collait aux basques pour suivre mes moindres faits et gestes. Je faisais tout pour embrouiller ces « anges gardiens ». Ne restant jamais longtemps au même endroit, j'avais aussi pris pour habitude de passer chaque nuit chez des amis différents.

Après quelques mois, ma famille fut autorisée à me rejoindre, mais cela ne modifia en rien mon régime de surveillance. La pression mentale à laquelle j'étais continuellement exposé me pesait. Il arrivait ainsi qu'en pleine nuit un coup de téléphone m'arrache à mon sommeil au prétexte d'une urgence médicale ; un malade se trouverait devant ma porte. Je répondais invariablement qu'en ce cas il devait se rendre au dispensaire. Or, quand j'allais aux nouvelles le lendemain, personne ne s'était présenté. Il était clair que quelqu'un voulait me faire sortir de chez moi, la nuit. Pour quelle raison ? Je peux seulement le deviner...

Pendant ces temps troubles, je revins à l'idée de créer un centre de soins de santé dans le district de Panzi, sur le terrain que les autorités avaient attribué à la Cepac. Je proposai à la Mission pentecôtiste qu'elle se charge de la remise en état des maisons de l'époque coloniale qui s'y trouvaient.

Les travaux eurent lieu au printemps 1999 et, quelques mois plus tard, le centre était opérationnel. Notre première patiente fut une femme que six soldats avaient violée avant de lui tirer dessus. C'est mon confrère finlandais Veikko Reinikainen qui l'a opérée. Vu la complication des blessures, l'intervention s'est étirée en longueur et il a fallu faire dix transfusions de sang, c'est dire...

Pendant la nuit, deux infirmiers veillèrent sur cette pauvre malheureuse et le lendemain matin, à l'heure de notre visite, elle n'était déjà plus la seule patiente. Entretemps, trois femmes enceintes étaient venues accoucher, on les avait aidées et elles se trouvaient maintenant là, dans un lit chacune avec son bébé.

Personne n'avait annoncé que l'hôpital était ouvert mais le fait de voir des personnes en blouse blanche circuler dans la cour avait aussitôt amené les gens à penser qu'ils pouvaient y aller ; ainsi, le centre fonctionnait déjà. Les patients affluèrent de partout et commencèrent à faire la queue, s'asseyant sur des planches qui restaient des travaux à l'entrée. Beaucoup vinrent avec des victuailles et il se trouve que, bien plus tard, dans cette salle d'attente à ciel ouvert, il y aurait une allée ornée de grands avocatiers. Une superbe végétation que nous n'avions pas envisagée, et encore moins plantée. Elle a poussé à partir des noyaux jetés par celles et ceux qui attendaient leur tour…

Le projet de développer l'hôpital prit rapidement forme et, lorsque la Suède nous confirma son soutien, j'engageai un architecte que je connaissais. Je lui expliquai brièvement comment j'imaginais les choses. Et, petit à petit, les bâtiments sortirent de terre. Trois ans exactement après la première opération eut lieu l'inauguration officielle de l'hôpital. Tous ceux qui avaient apporté leur pierre à l'édifice pouvaient en être fiers. Un résultat remarquable, une victoire du travail en commun.

De là à dire que tout était parfait, non. Je sentais qu'il manquait quelque chose : un pavillon destiné plus particulièrement aux femmes victimes de violences sexuelles, qui souffraient tant physiquement que psychologiquement.

J'avais déjà insisté sur ce besoin, d'abord dans mon propre pays, puis à l'étranger, durant mes voyages en Europe. Mais comme il était difficile de se faire entendre ! Comme si parler de « violences sexuelles » était choquant. J'avais l'impression que les gens détournaient le regard dès que je prononçais ces mots.

Les années passèrent sans qu'une issue favorable se dessine. Enfin, avec le temps, l'opinion internationale finit par comprendre que le cauchemar vécu par les femmes dans l'est du Congo n'avait pas d'équivalent ; nulle part ailleurs, on n'atteignait de tels tréfonds d'horreur. Jamais les abus sexuels n'avaient été aussi nombreux et aussi sophistiqués dans leur cruauté. Les médias s'en emparèrent, traitèrent le sujet en bonne place, et c'est à cette époque que l'organisation humanitaire de l'Union européenne ECHO décida d'appuyer la mise sur pied d'un service de soins pour ces femmes martyres.

Le projet sortit des cartons et devint réalité en janvier 2004. En une bonne quinzaine d'années, depuis la première opération, en 1999, l'hôpital de Panzi a traité, au total, plus de 42 000 victimes de crimes sexuels.

Chaque jour, il y a en moyenne sept femmes qui se présentent à nous ; elles ont été violées une ou plusieurs fois. Le nombre de victimes a beau diminuer et l'extrême brutalité se faire plus rare, c'est encore trop.

Aussi longtemps qu'elles viendront, ne serait-ce qu'une seule, je continuerai à crier ma colère.

Épilogue

Plus de quatre ans se sont écoulés depuis la tentative d'assassinat dont j'ai été victime à Bukavu. Comme je l'ai raconté, cette expérience nous a bouleversés, ma famille et moi.

J'aimerais pouvoir dire que notre vie est redevenue normale, mais ce n'est pas le cas. Nous habitons toujours dans l'enceinte de Panzi, sous haute surveillance. Si au travail c'est la routine habituelle, pour tout déplacement, même au sein de l'hôpital, je suis accompagné par des soldats de l'Onu lourdement armés.

Cette situation est pesante, non seulement pour moi et mes proches, mais aussi pour les patients et le personnel. Un hôpital devrait être un lieu de paix, une zone neutre où tout ce qui rappelle la violence est banni.

Il y a eu des périodes où je pouvais sortir de Panzi, quoique toujours en étant accompagné de gardes du corps. Je me rendais à l'église le dimanche, passais quelque temps chez ma mère, participais à diverses réunions et conférences en ville. Mais ce temps est révolu, tout simplement parce que les menaces se sont encore précisées. Je peux même dire à quel moment exactement la situation a empiré : cela remonte à la fin de l'année 2014, avec la remise du prix Sakharov à Strasbourg.

Cette distinction décernée par le Parlement européen et qui rend hommage à la liberté de l'esprit, j'en suis très fier. Parmi les nombreux prix qui m'ont été attribués, celui-ci est spécial puisque ce sont 28 pays, représentés par 751 parlementaires, qui me l'ont décerné d'un commun accord. Cela signifie que tous ces pays soutiennent mon travail, celui du personnel à l'hôpital, et ma lutte contre la barbarie sexuelle.

Il s'agit là d'une marque de reconnaissance extrêmement importante à mes yeux.

Mais quel paradoxe ! Alors que ce prix célèbre la liberté d'expression, certaines personnes dans mon pays pensent devoir agir en sens contraire…

Au Congo, les médias ont passé le prix Sakharov sous silence. À peu près à cette même période, l'hôpital subissait des tracasseries administratives, avec le gel et la saisie de ses comptes. Les malades furent ainsi privés de soins et de nourriture, et le personnel de Panzi de son salaire. Quant à moi, à peine avais-je regagné Bukavu que je fus soumis à une avalanche d'insultes : par téléphone, par courriel ou encore par voie postale. Avec le temps, c'était devenu une habitude, pourquoi dès lors m'en étonner ou m'en offusquer ? Mais il se trouve que, cette fois, le ton avait changé et nombre de ces menaces étaient non seulement virulentes, mais aussi très concrètes.

Peu de temps après, ceux qui veillent à ma sécurité ont reçu des informations qu'il m'est impossible de dévoiler ici. Il s'agissait toutefois de plans très avancés pour une attaque semblable à celle que nous avions subie, ma famille et moi, en 2012. J'en fus en partie rassuré, car si ces projets ont pu être déjoués, j'en ai déduit que le travail des équipes de sécurité autour de ma personne et de l'hôpital fonctionne plutôt bien.

Il reste que je suis plus que jamais exposé et je ne quitte plus l'hôpital, si ce n'est pour me rendre à l'étranger. Ces voyages sont toujours planifiés longtemps à l'avance et je bénéficie d'une protection rapprochée pour rejoindre l'aéroport.

Mais combien de temps devrons-nous vivre ainsi, comme dans une prison ? Mon seul espoir, ce sont les prochaines élections présidentielle et parlementaire en RDC. Je ne peux que souhaiter que tout se passe correctement et que le régime n'enfreigne pas la Constitution.

Un président, après deux mandats, ne peut être réélu. La loi dans mon pays est formelle, il doit céder sa place. Pouvons-nous cependant être sûrs qu'il en sera ainsi ?

Pas vraiment, puisque certains de ses partisans souhaitent violer la Constitution. J'espère sincèrement que cela n'arrivera pas, les conséquences seraient désastreuses : le Congo s'enfoncerait une fois encore dans la violence et les divisions.

Je suis convaincu qu'il y a dans ce pays des personnes capables d'imprimer une nouvelle direction au Congo. Et c'est ce que souhaitent nombre de mes concitoyens – le changement. Mais ceux qui prônent une autre politique, auront-ils la possibilité d'aller au bout de leur projet ? Mener une campagne électorale dans un pays aussi vaste et aussi pauvre que la RDC n'est pas facile. Ceux qui détiennent le pouvoir – ou gravitent autour – jouissent de tous les avantages. Ils peuvent se déplacer dans les endroits les plus reculés et n'hésitent pas à promettre monts et merveilles à des populations qui ont faim. Ils peuvent offrir du Coca-Cola ou du poisson frais en échange d'un vote.

Celui qui arrive les mains vides est battu d'avance…

Or, si nous voulons un changement de cap, il faut que les choses se passent autrement. Je souhaite que le peuple congolais choisisse librement ses dirigeants et qu'il ne se laisse plus piéger par des politiciens qui achètent littéralement le pouvoir, et qui, une fois installés, ne se sentent en rien redevables vis-à-vis de la société.

Je suis médecin et certains indices de la mauvaise gouvernance me sont familiers, j'en suis témoin tous les jours. Avec mes collègues, nous pouvons opérer, traiter et ensuite renvoyer chez elles des patientes. Pourtant, elles nous reviennent souvent peu de temps après, avec les mêmes lésions. En fait, nous pouvons seulement traiter les symptômes et, devant cette maladie qui ronge notre société, nous restons impuissants. Pour soigner ce pays, nous avons dès lors besoin de vous tous.

Comment combattre, ou du moins réduire la violence sexuelle ? Au cours des années, j'ai maintes fois essayé d'en discuter avec les dirigeants de mon pays. Or, non seulement ils restaient insensibles à mes interpellations mais, pire, ils m'ont fait comprendre que ce n'était pas un problème pour eux. Ce n'est pas en fermant les yeux et en vivant dans le déni que l'on parviendra à trouver une solution. En renonçant à leur responsabilité, ils ont trahi la confiance que la population a placée en eux et se sont ainsi rendus complices de ce qui se passe à l'est du Congo.

Mes collègues et moi ne sommes pas seuls, je le sais ; notre cause est soutenue de par le monde. Mais je reste persuadé que la transition doit s'opérer de l'intérieur. C'est en réalité à nous, Congolais, de trouver une solution à ce problème.

Je ne désespère pas, convaincu que la situation dans ce pays n'est pas figée. C'est de la base, des communautés que doit venir le changement, pour ensuite remonter jusqu'au sommet. Les conflits à l'est du Congo et la violence barbare et brutale ne sont pas une fatalité, de même que la corruption et le commerce illégal des minerais. Il est possible d'y mettre un terme. Le chemin pour y arriver ne passe pas nécessairement par des solutions partielles ou des accords spécifiques. Nous avons besoin d'un engagement collectif, d'une révolution morale et d'une évolution des mentalités ; de dirigeants qui ont une vision claire pour leur peuple, une vision fondée sur des valeurs morales et éthiques. Ces dirigeants ne doivent songer qu'au bien-être de leurs concitoyens et aspirer à faire renaître le pays de ses cendres. Est-ce naïf de croire en un tel scénario ? Je ne le pense pas. J'en veux pour preuve ces pays autrefois mal gérés et qui aujourd'hui sont prospères et fonctionnent plutôt bien.

J'attends avec impatience le résultat des prochaines élections, elles seront décisives pour moi comme pour l'avenir de ma famille. Avec un nouveau dirigeant, nous sortirons, c'est du moins notre espoir, de notre « captivité » à l'hôpital, et nous reprendrons une vie normale.

Mais ce que je souhaite par-dessus tout, c'est que le nouveau pouvoir se sente concerné par la situation des femmes, et l'améliore sensiblement. Toutes ces atrocités doivent cesser, il faut que les femmes puissent à nouveau se sentir en sécurité dans leur communauté. Qu'elles recouvrent leur dignité et, à travers elle, la dignité de tout un peuple. C'est pour ce jour-là que je me bats, et que je mets ma vie en danger. Je veux voir ce jour arriver, c'est mon vœu le plus cher…

Bukavu (RDC), mai 2016

Chronologie

1955
À peine né dans la maison de mes parents à Bukavu, je suis victime d'une grave infection. J'ai la vie sauve grâce à l'intervention énergique d'une enseignante suédoise.

1960
Le 30 juin, le Congo devient indépendant ; la population est en liesse – mais je n'arrive pas à comprendre pourquoi tous les Blancs sont si pressés de quitter Bukavu.

1961
Assassinat du Premier ministre Patrice Lumumba. En ces temps troubles, mon père, amené au commissariat de police pour interrogatoire, échappe de justesse à la mort.

1963
Je décide de devenir *muganga* – une personne en blouse blanche qui distribue des médicaments.

1964
Le Congo est secoué par un imposant soulèvement de rebelles. Plusieurs personnes sont exécutées sous mes yeux, devant notre église, au moment où j'allais fuir avec ma famille et des amis.

1965-1966
Coup d'État militaire : Mobutu s'empare du pouvoir. Quatre membres du précédent gouvernement sont condamnés à mort et exécutés en public. Les photos de leur pendaison me choquent.

1967
Une armée de mercenaires attaque Bukavu. Un obus s'écrase sur notre maison et tue deux jeunes qui se trouvaient dans ma chambre. Moi, j'avais fui à la campagne car toute cette violence me terrorisait.

1971
Le président Mobutu se lance dans sa « politique d'authenticité » ; les coutumes vestimentaires changent et tous les noms rappelant l'Occident sont désormais interdits. Le Congo devient le Zaïre et ma mère me rebaptise Mukengere – « Celui qui n'est pas oublié ».

1974
Arrivé au terme de mes études secondaires, je m'apprête à entrer à l'université pour faire médecine. Les autorités m'imposent une formation d'ingénieur.

1977
Je commence enfin mes études de médecine, à Bujumbura (Burundi). Première rencontre avec Mapendo (Madeleine), la fille du riche négociant Kaboyi.

1980
Madeleine devient mon épouse. Nous nous installons dans une petite maison à Bujumbura.

1981
Naissance de notre premier fils, Alain, dans des circonstances difficiles.

1983
Ma formation terminée, je commence à exercer à l'hôpital de Lemera.

1984
Je pars pour la France me spécialiser en gynécologie-obstétrique. Confronté à de graves difficultés financières, je vois mes problèmes résolus grâce à une loterie qui me fait gagner une voiture.

1989
Retour au Zaïre, dans les montagnes du Kivu, pour y soigner les femmes en détresse.

1991
Les missionnaires sont évacués en raison des troubles dans la région ; ils me confient la responsabilité de l'hôpital de Lemera.

1992
Je suis officiellement nommé médecin-chef. Le pays, dans l'impasse politique, s'enfonce dans la violence.

1994
La population locale me chasse de l'hôpital, de même qu'une partie du personnel. Cette année-là, au lendemain

du génocide au Rwanda, des centaines de milliers de Hutus déferlent sur l'est du Zaïre.

1996
Début de la « première guerre congolaise » qui commence par une attaque de l'hôpital de Lemera. De nombreux patients et une partie de mon personnel sont exterminés. Absent au moment des faits, je survis par miracle. Par la suite, je m'engage dans une grande action humanitaire ; quelque 500 000 personnes ont pris la fuite et essaient de rejoindre Kisangani.

1997
Le chef des rebelles, Laurent-Désiré Kabila, entre à Kinshasa et prend le pouvoir. Celui qui porte la responsabilité des massacres à Lemera devient notre président.

1998
La « deuxième guerre congolaise » éclate ; je m'enfuis avec ma famille au Kenya. Brièvement revenu à Bukavu pour mon travail, je suis empêché de sortir du pays. Constamment surveillé, me voilà prisonnier dans ma propre ville.

1999
L'hôpital de Panzi voit le jour, avec la remise en état de deux maisons coloniales ; premières consultations en septembre. Nous avions prévu de nous spécialiser dans les soins prénataux mais un nouveau phénomène frappe la région : une vague de viols s'accompagnant d'une extrême violence. Nos priorités changent.

2001
Après l'assassinat du président Kabila, c'est son fils Joseph qui lui succède. La construction de l'hôpital se poursuit, les opérations et les soins apportés aux malades aussi.

2002
Inauguration officielle de l'hôpital de Panzi, exactement trois ans après la première intervention chirurgicale.

2004
La ville de Bukavu est une fois encore attaquée, cette fois par des soldats commandés par Jules Mutebutsi et Laurent Nkunda ; des centaines de femmes, violées, paient un lourd tribut. Victime d'une nouvelle tentative d'assassinat, je suis sauvé grâce à un ami.

2006
Premières élections démocratiques au Congo depuis l'Indépendance. Invité à m'exprimer devant l'Assemblée générale des Nations unies, je constate que tous les ambassadeurs sont présents, sauf un : le représentant de mon pays…

2010
Joseph Kabila visite l'hôpital, une première ; on ne l'a plus jamais revu depuis. Le deuil frappe notre famille : deux adolescents considérés depuis toujours comme nos petits-enfants sont tués à un poste-frontière.

2011
Lors d'un séjour à New York, une personne très haut placée profère des menaces contre moi.

2012

Cinq hommes qui me sont parfaitement inconnus tentent de m'assassiner dans la cour de notre maison. La police ne mène aucune enquête ; ma famille et moi choisissons de quitter le pays.

2013

Après un bref exil en Europe et aux États-Unis, nous rentrons à Bukavu. Pour des raisons de sécurité, nous sommes désormais obligés d'habiter dans l'enceinte de l'hôpital. À l'automne, je me rends en France pour me voir décerner le prix de la Fondation Jacques-Chirac, puis en Suède où je reçois le Right Livelihood Award (sorte de prix Nobel alternatif).

2014

Début août, je m'envole avec Madeleine pour Washington, sur invitation de Barack Obama ; nous sommes conviés à un dîner à la Maison-Blanche où je croise quarante-six présidents africains. En novembre, à Strasbourg, le Parlement européen m'honore du prix Sakharov.

Bibliographie

Colette Braeckman, *L'homme qui répare les femmes. Le combat du docteur Mukwege*, GRIP/La Renaissance du livre, 2012.

Denis Mukwege et Guy-Bernard Cadière, *Panzi*, Éditions du Moment, 2014.

In Koli Jean Bofane *et al.*, *Le Viol, une arme de terreur*, préfacé par Denis Mukwege, GRIP/Mardaga, 2015.

Prix Roi Baudouin
pour le Développement en Afrique

Le Prix Roi Baudouin pour le Développement en Afrique récompense le travail d'individus ou d'organisations, initié et mené par des Africains, qui apportent une contribution remarquable au développement en Afrique.

Le Prix a pour objectif également d'attirer l'attention du public sur des réussites, des histoires positives par des Africains pour les Africains. Décerné tous les deux ans par la Fondation Roi Baudouin, le Prix pour le Développement en Afrique assure également la promotion des idées et des actions du lauréat qui peuvent inspirer d'autres en Afrique et ailleurs dans le monde.

Au-delà de sa valeur financière de 200 000 euros, le Prix offre en effet aux lauréats une visibilité internationale, en particulier auprès des principaux acteurs du développement : les Nations unies et leurs agences spécialisées, la Banque mondiale, l'Union européenne et d'autres organismes multilatéraux et bilatéraux, le monde des fondations et les ONG internationales.

www.prixdeveloppementafrique.org

Fonds Dr Denis Mukwege-Hôpital Panzi
géré par la Fondation Roi Baudouin

Denis Mukwege a créé en 2011 un fonds philanthropique au sein de la Fondation Roi Baudouin (Bruxelles). Le Fonds Dr Denis Mukwege-Hôpital Panzi veut contribuer à restaurer la dignité des femmes victimes de violences sexuelles, la paix et l'accès à la santé en république démocratique du Congo, à travers des soins médicaux, un soutien social et le développement de projets économiques et culturels.

Plus d'infos sur www.bonnescauses.be

Vous pouvez soutenir les activités du Fonds Dr Denis Mukwege-Hôpital Panzi en effectuant un don au compte de la Fondation Roi Baudouin.

IBAN : BE10 0000 0000 0404 – BIC : BPOTBEB1
(Banque de La Poste)
Sous la référence : ***191/3230/00060***

Sur www.bonnescauses.be, vous pourrez effectuer un don en ligne.

Les dons sont fiscalement déductibles à partir de 40 euros depuis la Belgique.
Si vous résidez en France, dans d'autres pays européens, au Canada ou aux États-Unis, et si vous souhaitez bénéficier de la déductibilité fiscale, merci de nous contacter au préalable : lisoir.h@kbs-frb.be

LES FILMS DE LA PASSERELLE ET RYVA PRÉSENTENT
L'HOMME QUI REPARE LES FEMMES
La colère d'hippocrate
UN FILM DE THIERRY MICHEL ET COLETTE BRAECKMAN
REALISE PAR THIERRY MICHEL
www.mukwege-lefilm.com
www.mukwege-themovie.com
Une coproduction Les Films de la Passerelle / Ryva Production / RTBF Secteur Documentaires / Public Senat / Lichtpunt / Wallonie Image Production
Produit avec l'aide du Centre du Cinéma et de l'Audiovisuel de la Fédération Wallonie Bruxelles et de Voo / RTS / TV5 Monde / Coopération belge au développement DGD / SPF Affaires étrangères / OIF / NED Fondation George A. Forrest / Brussels Airlines / Bisanga / Circus Belgium / Les Editions rurales / Laboratoires Sterop / Liege Airport / Neo-Tech Creative Europe – Media Programme of the European Union / Parlement Européen
Distribution Les Films de la Passerelle / Ventes internationales Cat&Docs
LES FILMS DE LA passerelle

CHEZ LE MÊME ÉDITEUR

Ensaf Haidar

MON COMBAT POUR SAUVER RAÏF

Djeddah, Arabie saoudite, 9 janvier 2015. Raïf Badawi, trente ans, est conduit menotté sur l'esplanade de la mosquée pour y recevoir cinquante coups de fouet. Sa peine en prévoit mille, assortis de dix années de prison, pour apostasie et insulte à l'islam. Deux jours après l'attentat de *Charlie Hebdo*, le spectacle de cette flagellation suscite l'indignation internationale. Et force le régime saoudien à surseoir à l'exécution du châtiment. Mais Raïf Badawi reste à la merci de ses juges.

Son crime ? Avoir prôné sur Free Saudi Liberals, le blog qu'il animait, la libéralisation du royaume. Il y défendait la liberté d'opinion, de culte et d'expression, mais aussi les droits des femmes. Autant de revendications inacceptables pour Riyad.

Ensaf Haidar, son épouse, lutte sans relâche pour obtenir sa libération. Ce livre, son témoignage, est le récit d'une histoire d'amour et de combat. Elle y montre une société muselée par la peur, mais aussi les réseaux clandestins qui font vivre l'espoir de la jeunesse. Et révèle le rôle du père de Raïf, qui a tout fait pour favoriser la condamnation de son fils. Lequel, demain, pourrait être exécuté en place publique. Ou recevoir le prix Nobel de la paix.

***Ensaf Haidar** est née à Jazan, en Arabie saoudite. En 2002, elle épouse Raïf Badawi contre la volonté de sa famille. Face aux menaces, en 2012, son mari lui demande de fuir son pays avec leurs trois enfants, pour s'installer d'abord au Caire, puis au Liban, avant de trouver l'asile politique à Sherbrooke, au Québec. En décembre 2015, elle a reçu le prix Sakharov des droits de l'homme décerné à son mari par le Parlement européen.*

ISBN 978-2-8098-1886-4 / H 83-1523-2 / 288 pages / 20 €

Shirin Ebadi

POUR ENFIN ÊTRE LIBRE

« Si vous persistez, nous serons obligés de vous faire taire. Définitivement. Si vous tenez à la vie, arrêtez de calomnier la République islamique. Cessez ce tapage hors de notre pays. Vous éliminer est la solution la plus simple pour nous. »
En 2004, lorsque Shirin Ebadi, récente lauréate du Prix Nobel de la paix, reçoit ce message, elle décide de l'ignorer et de poursuivre son combat en faveur de la démocratie et des droits de l'homme en Iran.

Mais les intimidations, les pressions et les menaces ne font qu'augmenter. Les services secrets s'en prennent même à ses proches. Jusqu'au jour où ne lui reste plus qu'une solution : tout abandonner – mari, amis, biens personnels – et fuir son pays.
Jamais Shirin Ebadi ne s'était livrée comme dans ce récit autobiographique. Un texte poignant qui met en lumière la vie quotidienne d'une femme décidée à se battre pour ses convictions et pour la liberté dans un État autocratique.

Après des études de droit, ***Shirin Ebadi*** *devient la première femme présidente du tribunal de grande instance de Téhéran. La révolution de 1979 la contraint à renoncer à ses fonctions. Elle engage alors un combat contre le régime, qui lui vaut d'être emprisonnée et menacée de mort. Première musulmane à recevoir le prix Nobel de la paix en 2003, elle vit à Londres depuis 2009. Elle est l'auteure de* Iranienne et libre *et de* La Cage dorée *(Archipoche, 2013).*

« Un récit puissant… parfois choquant.
Shirin Ebadi a payé son Nobel au prix fort ! »
The Sunday Times

« Cette héroïne de notre temps
incarne la résistance à tous les totalitarismes. »
The Daily Telegraph

ISBN 978-2-8098-2031-7 / H 32-7977-9 / 264 pages / 21 €

Cet ouvrage a été composé
par Soft Office (à Eybens)

Impression réalisée par

PRÉSENCE GRAPHIQUE

en octobre 2016
pour le compte des Éditions de l'Archipel,
département éditorial
de la S.A.S. Écriture-Communication

Imprimé en France
N° d'impression : 101656041
Dépôt légal : octobre 2016